Peter Lorson

Cajon & Rhythm Basics

Cajon spielen lernen ohne Noten

Rhythmus-Intensivkurs
Songs begleiten
Duette und Solo
Cajon Bauanleitung
Übungs-CD incl. E-Book

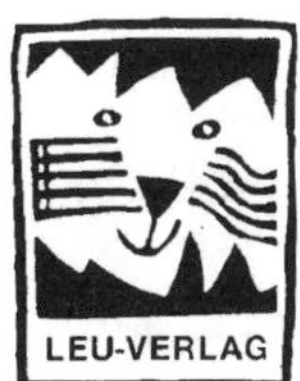

1. Auflage

Kolpingstraße 5

86356 Neusäß

www.leu-verlag.de

Konzeption: Peter Lorson

www.Peter-Lorson.de

Titelfoto, Fotos: Jürgen Gonder

Druck: Medienhaus Plump GmbH, 53619 Rheinbreitbach

Printed in Germany 2015

ISBN 978-3-89775-156-9

Inhaltsverzeichnis

Vorwort

Liebe Leserinnen und Leser,

ich habe in den letzten zehn Jahren meiner Unterrichtstätigkeit als Cajon-Lehrer immer meine eigenen Noten geschrieben und dieses Buch ist die große Zusammenfassung all meiner Unterlagen.
Bevor ich angefangen habe, diese zusammenzutragen, habe ich mich natürlich gefragt, ob es sich lohnt, noch ein weiteres Cajonbuch auf den Markt zu bringen, wo es doch schon so viele gibt. Aber ich glaube, es gibt bislang noch eine Lücke auf dem Markt, an die niemand gedacht hat: Ein Buch, mit dem ich meinen Unterricht von A - Z gestalten kann, ein Buch, welches Musiktheorie und Cajonspiel vereint, eines, welches ich mir kaufen kann und komplett durcharbeiten kann.

Kurzum: Ein Buch, welches mir einen schlüssigen Zugang zur Musik vermittelt und mich vom Kauf, über das Wohnzimmer oder den Überaum, bis zur Bühne lückenlos begleitet und wenn ich will, sogar in die Werkstatt, zum eigenen Cajonbau.

Nun, ich unterrichte seit Jahren, zumindest drei Tage die Woche, gebe Workshops und kenne die Bedürfnisse meiner Schüler aus unzähligen Unterrichtseinheiten ganz genau. Bislang geht jeder Schüler mit einem Lächeln nach Hause und freut sich über seine Fortschritte. Ich begleite Bands und spiele Solo und bekomme durchweg positive Resonanz, groove und bringe Leute zum Staunen....

...aber ob ich einer der besten Cajonspieler in Deutschland bin, vermag ich nicht zu beantworten. Ich habe meine Lehrer auch selbst immer anders kategorisiert. Natürlich ist es wichtig, dass Er oder Sie sehr gut spielen kann, aber es gibt noch eine Sache, die viel wichtiger ist:

Wie vielen Leuten konnte der Künstler seine Fähigkeiten vermitteln, schließlich will ich von meinem Lehrer in erster Linie kein Konzert, sondern Unterricht. Und wenn ich mich nach zwei Jahren nach einem Workshop an sogenannte „Aha-Erlebnisse“ oder Rhythmen von Dozenten noch erinnern kann, dann war es ein guter Workshop. Wenn ich allerdings einen Workshop besucht habe, von dem nichts hängen geblieben ist, dann nützt mir auch eine Vorführung von glühenden wirbelnden Fingern nichts, außer dass ich vielleicht ein schönes Konzerterlebnis hatte. Mich selbst bringt es aber kein Stück weiter.

Also, ich bin Pragmatiker!
Ich bin gut trainiert (an der Cajon), bin für die mir gestellten Aufgaben immer bestens vorbereitet und alle Leute freuen sich, wenn ich Cajon spiele und darauf kommt es an. Pragmatisch und nach meinem Wissen lückenlos, mit viel Groove und Spaß sollte mein Buch sein. Die trockene Theorie nicht ganz so trocken vermitteln und sich auf das beschränken, was man als guter Cajonspieler im Gepäck haben muss.

Und da gibt es, gerade bei der Theorie, mehr Lücken als man denkt: Sucht zum Beispiel mal ein Cajonbuch heraus, welches sich mit der Rock- und Popmusik beschäftigt und der Autor geschrieben hat, dass ein Refrain oder eine Strophe zumeist auf einer 8 Takte Struktur aufgebaut ist (Falls du das noch nicht wusstest, hast du nun genau das richtige Buch in der Hand!). Diese Erkenntnis ist fundamental wichtig, aber sie ist in keinem Buch zu finden.

Ob Solo, im Cajonduett oder mit einer Band: Hier findest du für dich selbst oder deinen Unterricht viele tolle Anregungen, um dein Leben mit der Kiste bunter und leichter zu gestalten.

Nie mehr Schweißperlen auf der Stirn, wenn beim Überraschungsbesuch jemand sagt: „Oh, du hast ja eine Cajon, spiel mal was.“ Zukünftig lautet die Antwort: „Klar, gerne :-).“

Zum Thema Playalongs:

Ich habe auf Playalongs verzichtet und stattdessen Songs und Evergreens herausgesucht, die im Internet auf diversen Plattformen wie Youtube oder My Video etc.... zu finden sind. Früher haben wir alle ausschließlich mit Schallplatten gespielt und gelernt. An Playalongs hat noch keiner gedacht. Heute gibt es mit dem Internet unzählige Stellen, wo Songs günstig zu finden sind und diese moderne Quelle sollte man auch ausnutzen.

Auf meiner Internetpräsenz: www.PeterLorson.de habe ich dazu noch aktuelle akustische Cover gesammelt, zu denen man auch mitspielen kann. Ich finde gerade das eine witzige und tolle „Kontinente übergreifende“ Möglichkeit, zu Musik zu spielen. Jemand, der zum Beispiel in Südamerika sitzt und eine Interpretation eines Popsongs mit einer Gitarre und Gesang ins Internet stellt, sitzt nun virtuell mit seinen Klängen bei mir im Proberaum und ich begleite ihn.

So habe ich in diesem Buch auf Playalongs komplett verzichtet und zeige aber im Gegenzug eine Menge Mitspielmöglichkeiten auf.

Auf meiner Internetseite stehen ebenso meine Kontaktdaten. Scheue dich nicht, mich persönlich anzusprechen. Für Fragen, Kritik oder Anregungen stehe ich jederzeit zur Verfügung und freue mich über jede Zuschrift!

So wünsche ich nun viel Spaß beim Lernen und Cajonspielen und eine super schöne musikalische Zeit mit diesem Buch und ganz, ganz, viele „Aha‘s“!

Viele Grüße
Peter

Allgemeine Cajon Infos

Cajonkauf, Modelle, Mikrofonierung etc..

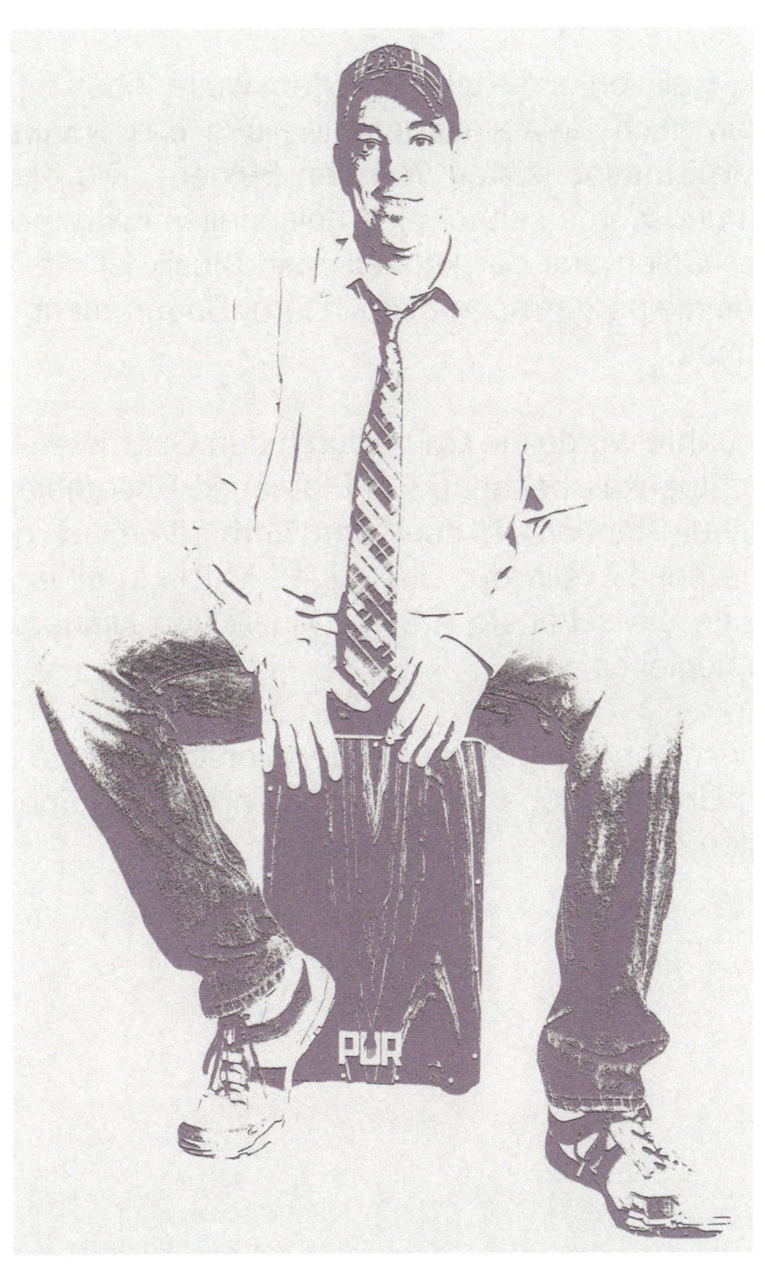

Die Geschichte der Cajon

Das spanische Wort Cajon bedeutet zu Deutsch schlicht und einfach Kiste. Die Cajon wurde zur Kolonialzeit, Mitte des 19.Jahrhunderts von den Sklaven in Lateinamerika erfunden. Den Sklaven wurde damals das Trommeln durch ihre Herrscher verboten. Aus Angst davor, dass die Sklaven sich untereinander mit ihrer Musik verständigen und somit Aufstände organisieren könnten, wurden ihre Instrumente allesamt vernichtet.

Um ihre Musik, Religion und Kultur trotzdem weiterleben zu lassen, suchten die Sklaven nach Ersatzinstrumenten und das waren einfache Arbeitsgeräte, wie Transportkisten von den Feldern. Die erste Cajon war damit geboren und wurde seither als traditionelles Instrument eingesetzt. Die Urform der Cajon aus der kubanischen Musik ist die Yambu Drum, währenddessen die peruanische Kiste in ihrer Bauart mehr der modernen Snarecajon ähnelt.

Ende der 70er Jahre wurde die Cajon durch den Gitarristen Paco de Lucia außerhalb Südamerikas bekannt. Ein Flamenco Ensemble mit Cajonbegleitung ist seither Standard. In den 90ern verbreitete sich die Cajon weltweit durch eine neue Welle der Unplugged Musik in allen Stilrichtungen und ist bis heute die schönste Art, die Musik von kleineren Ensembles rhythmisch zu begleiten.

Je nach gewünschter Klangfarbe werden verschiedenste Bauarten eingesetzt. Einen Überblick über die wichtigsten Modelle findet ihr auf den folgenden Seiten.

Cajon Kaufberatung

Immer wieder wird man als Musiklehrer gefragt, welche Cajon man kaufen sollte oder nicht. An dieser Stelle habe ich ein paar praktische Tipps zusammengestellt, welche euch die Auswahl etwas erleichtern sollen.

Der Preis und die Marke: Es gibt mittlerweile so viele Cajon Hersteller, auch kleinere Hersteller, die tolle Cajones bauen, dass ich an dieser Stelle keine konkreten Marken nennen will. Eine große Herstellermarke ist nicht immer ein Garant dafür, dass man ein besonders gutes Instrument bekommt. Große Hersteller haben einen großen Erfahrungsschatz, sind aber ebenso im Wettbewerb stets gewinnorientiert, was zur Verarbeitung günstigerer Materialien führt, zumindest im unteren Preissegment.

Meine persönliche Preiserfahrung ist Folgende:

Unter 100 € habe ich noch keine annähernd gut klingende Cajon gehört und gespielt. Hier wird kein zufriedenstellendes Instrument zu finden sein. Hier würde ich einen Bausatz empfehlen.
Unter 150 € gibt es hier und da auch Einsteigermodelle, die recht passabel klingen.
Ab 150 € sind die Cajones, die ich kenne, durchweg brauchbar und der Klang ist Geschmackssache.
Ab 250 € bis zu 900 € tummeln sich die Luxuscajones aus dem High End Bereich. Auch hier obliegt es eurem persönlichen Geschmack, was gefällt.

Denkt daran, dass gute 80% des Sounds eure Fingerfertigkeit und Spieltechnik ausmachen.

Cajon Kauf

Das Internet bietet alles, was das Herz begehrt, außer: Anspielen, ansehen, antesten wie es sich anfühlt und vor allem Vergleichen.

Ich würde bei jedem Cajonkauf einen Musikladen mit großer Cajonauswahl empfehlen. Nur vor Ort könnt ihr mit Beratung entscheiden, was euer persönlicher Favorit ist. Findet ihr eure Cajon, geht bitte nicht nach Hause und googelt, wo es dieses Modell 10 € günstiger gibt. Ein Musikladen vor Ort ist immer ein bisschen teurer als das Internet, aber den Aufpreis bezahlt man für die Möglichkeit der Beratung und des Antestens. Habt ihr euer Wunschmodell bereits im Kopf, bietet sich der Onlinehandel natürlich als günstige Alternative an.

Für wen ist welche Cajon geeignet:

Die „normale“ Cajon ist der Allrounder und immer die beste Wahl für die Rock- und Popmusik.
Die Basscajon ist für ethnische Rhythmen bestens geeignet und findet heute beispielsweise auch in der Black Music Verwendung. Für Rock und Pop ist die Basscajon manchmal schon zu basslastig.
Mincajons und Bongocajones sind ideale Begleiter für das Wohnzimmerkonzert oder das Lagerfeuer.
Die Yambudrums finden heute oft im Setup Ihren Platz. Sie lassen sich auf einem Ständer prima mit Congas und dergleichen kombinieren. Für Personen mit Rückenproblemen ist es ebenso die ideale Lösung.
Das Cajon-Setup ist die Zwischenwelt von Schlagzeug und Cajon: Schlagzeugtechniken, kombiniert mit Cajon Sounds.

Mein Cajon-Equipment

Mit der Firma Pur habe ich meine persönlichen Lieblingscajones und meinen Traumsound entdeckt. Wie ihr aus meinem Buch ersehen könnt, habe ich schon immer viel mit Bongosounds auf den Seitenflächen der Cajon herumexperimentiert.

Die **Pur Vision Cajon** ist auf allen Aufnahmen zu diesem Buch zu hören. Sie hat auf ihren Seitenflächen integrierte Bongosounds und das kommt meiner Spielweise ideal entgegen.

Und immer wenn ich unterwegs bin, ist natürlich auch eine von meinen **Vinodrums** mit im Gepäck. Ich bin stolz darauf zu sagen, dass ich der Urheber dieser Bauweise bin und der Allererste am Markt war, der in diesem kleinen Format Snaresounds und zwei Bongosounds auf der gegenüberliegenden Seite kombinierte. Im Dzigbo Kapitel ist die Bongofläche auch auf der beiliegenden CD zu hören. Zusätzlich habe ich auf dem letzten Track der beiliegenden CD ein kleines Solo eingespielt, auf dem man hören kann, welche Soundmöglichkeiten in einer Vinodrum stecken.

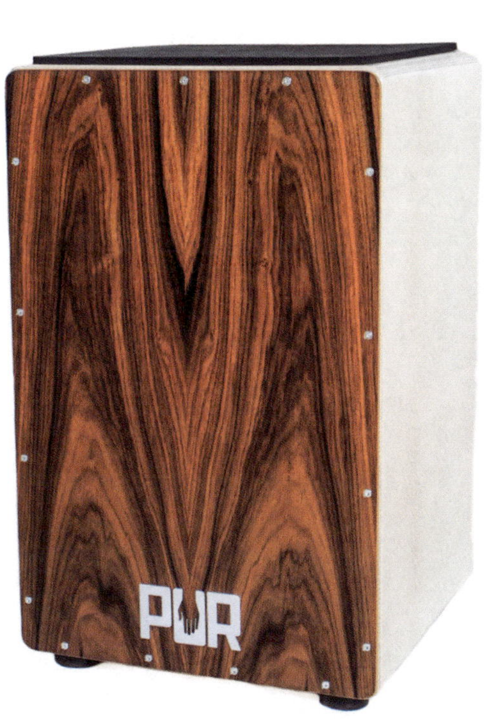

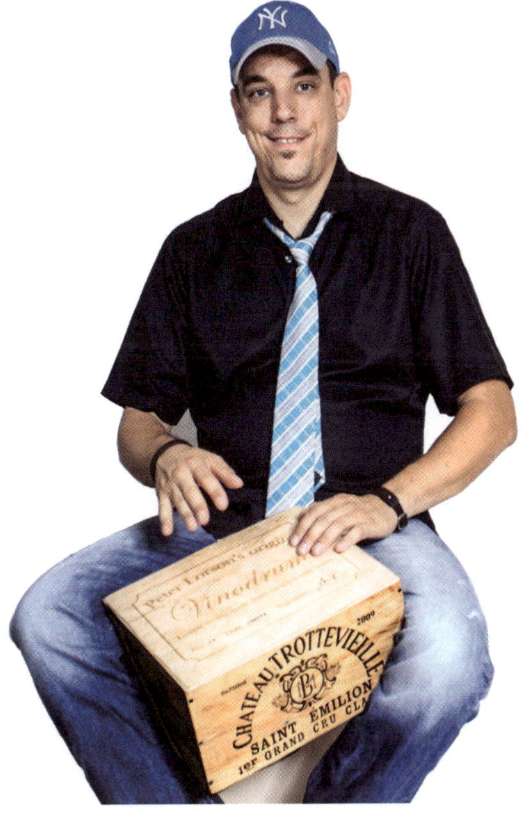

Die richtige Cajongröße auswählen

Eine optimale Sitzposition hat jeder Cajonspieler, wenn die Oberschenkel parallel zum Boden stehen und beide Füße sicher mit der Ferse den Boden erreichen können.

Darüber hinaus muss jeder seine „Wohlfühlhöhe“ selbst bestimmen. Ich habe Schüler der gleichen Körpergröße, mit unterschiedlichen Cajongrößen und beide fühlen sich pudelwohl. Nur übertreiben sollte man es nicht. Wenn die Fersen den Boden beispielsweise nicht mehr erreichen können, ist die Cajon definitiv zu groß.

Eine grobe Orientierung gibt natürlich die Körpergröße. Hier habe ich aus meinen Erfahrungswerten eine Faustformel entdeckt: Angefangen bei 100 cm Körpergröße und einer 30 cm Cajon kann man grob pro 20 cm mehr Körpergröße, dann 5 cm bei der Cajon hinzurechnen:

ca. Alter	Größe in cm	Cajon
3	100	30
6	120	35
9	140	40
12	160	45
15+	180	50
	200	55

Diese Tabelle gilt aber lediglich der groben Orientierung. Die meisten Kindercajones am Markt orientieren sich an 35 cm gefolgt von vielen Bausätzen und Erwachsenen-Cajones von 45 und 50 cm Höhe.

Die angegebene Höhe ist also nicht zwingend bindend, sodass man sich kleine Kompromisse erlauben darf.

Jedoch war die Tabelle stets eine gute Hilfe, wenn es beispielsweise um die Vorplanung von Workshops mit Kindern und Jugendlichen ging.

Oftmals kann man sich in vielen Situationen selbst behelfen: Ist eine Cajon beispielsweise zu klein, können höhere Füße angeschraubt werden. Für Kinderworkshops im Vorschulalter benutze ich oft Cajones der normalen Größe, die ich einfach umkippe und mit der Seitenfläche nach unten lege.

Das ergibt dann 30 cm hohe Spielhocker. Dabei sollte man lediglich auf einen weichen Untergrund, z.B. Teppiche achten, da die Cajones sonst verkratzt werden können.

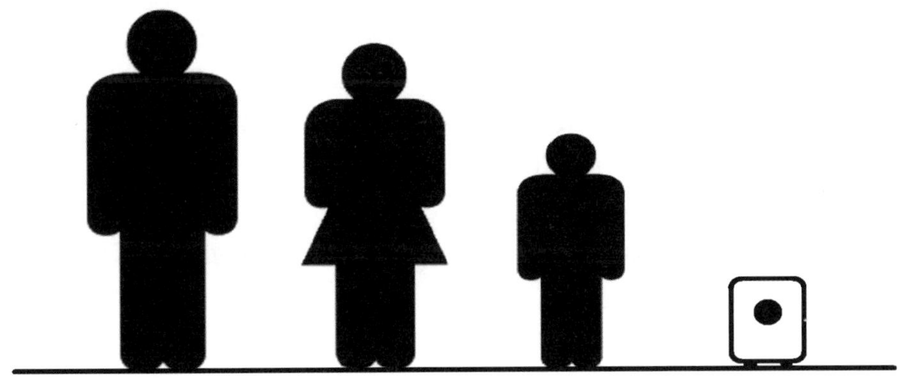

Cajon Bausätze

Kein Thema ist so komplex und „verwurschtelt“ wie das Thema der Cajonbausätze. Ich habe fast jede Marke getestet und selbst gebaut und die eierlegende Wollmilchsau leider noch nicht gefunden.

Die erste wichtige Erkenntnis lautet also für jeden Selbstbauer: Eine Selbstbaucajon ist vorerst eine günstige Alternative zur Kaufcajon, aber mit Klang- und Qualitätsabstrichen.

Zur Auswahl des Bausatzes:

Viele Hersteller versprechen es, dass benötigtes Werkzeug und sämtliches Material der Cajon beiliegt.
Hierbei muss man sich immer ganz genau informieren, was denn der Cajon beiliegt und ob das, was beiliegt brauchbar ist. Die Schleifmittel, die diesen Bausätzen beiliegen, sind zu 80% unbrauchbare kleine Stückchen Schleifpapier, die man zuhause für ein gutes Ergebnis ergänzen muss.
Falls dem Bausatz keine Spanngurte beiliegen, muss man sich diese zulegen, denn jeder Handwerker weiß, dass Holzleim nur unter Druck ein gutes Haftergebnis hat.

Wenn ich nun noch davon ausgehen, dass eine unlackierte Cajon weder Wasser noch Schmutz abweisend, geschweige denn stoß- oder kratzfest ist, muss ich zumindest bei jeder Selbstbaucajon noch mindestens einen Pinsel und Lackiermaterial dazurechnen.

Diese kleinen Dinge summieren sich schnell, sodass man vorher anders kalkulieren muss.

Ja, was denn jetzt, eine Cajon selbst bauen oder nicht?

Natürlich hat der Cajon-Selbstbau auch total viele Vorteile! Der Spaß und Adventure-Faktor ist riesig. Ein Musikinstrument mit den eigenen Händen zu bauen, ist immer etwas Großartiges. Um das Ergebnis zu optimieren, sollte man schon ein wenig handwerkliches Geschick und Erfahrung mitbringen.

Ich finde, dass gerade bei der Kinder- und Jugendarbeit die Sebstbaucajon eine großartige Sache ist. Hier stehen viele Workshopleiter, unter anderem auch ich :-) zur Verfügung, die mit fachlicher Kompetenz und gutem Werkzeug und Erfahrungsschatz super schöne Tageskurse für Schulklassen und Gruppen anbieten.

Einen zu teuren Bausatz würde ich nicht empfehlen, im mittleren Preissegment ist man schon gut aufgehoben, denn der Inhalt ist meist ähnlich.

Ich selbst achte dann immer noch darauf, dass die Frontplatte des Bausatzes in neutralem hellem Holz gehalten ist, sodass man auch später die Cajon wirklich selbst gestalten kann. Eine dunkle Front lässt sich schlecht bemalen.

Und wer den Baumarkt stürmen will und sich von der Pike auf selbst eine Cajon ohne Bausatz bauen möchte, der findet im letzten Teil dieses Buches eine schöne Anleitung dazu. Hier kann man dann noch einmal ordentlich Geld sparen, da sich der Gesamtpreis der Cajon um die 30 € bewegt. Ein Soundbeispiel meiner Selbstbaucajon ist ebenfalls am Ende der CD zu hören.

Viel Spaß bei eurem Abenteuer „Cajonbau"!

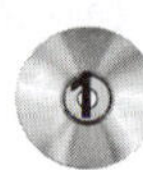

Cajon-Mikrofonierung

Die Cajonmikrofonierung erfolgt unter verschiedensten Gesichtspunkten. Der Einsatzort: Live, Homerecording oder gar CD-Aufnahme ist relevant. Eure Soundvorlieben, gepaart mit eurem Budget, ergeben dann schließlich die richtige Mikrowahl.

Der Mikrofonhersteller Sennheiser ist mein persönlicher Favorit, denn hier findet man in toller Qualität alles was das Herz begehrt. Das E-914 Mikrofon ist ein Overhead Mikro, welches ich für fast alle Situationen benutze:

Will ich einen völlig naturbelassenen Sound, verwende ich nur eines dieser Mikros und stelle es ca. 30 cm vor die Cajon. Das ergibt dann einen wunderbaren klaren, einfachen und warmen Sound.

Wer die knackigen Bässe für die Rock und Popmusik mag, sollte zusätzlich noch ein E901 Grenzflächenmikro im Inneren der Cajon verwenden. Hierbei empfehle ich, die Cajon innen mit Pyramidenschaum auszupolstern, da sonst „der Raum“ der Cajon zu sehr nachdröhnt.

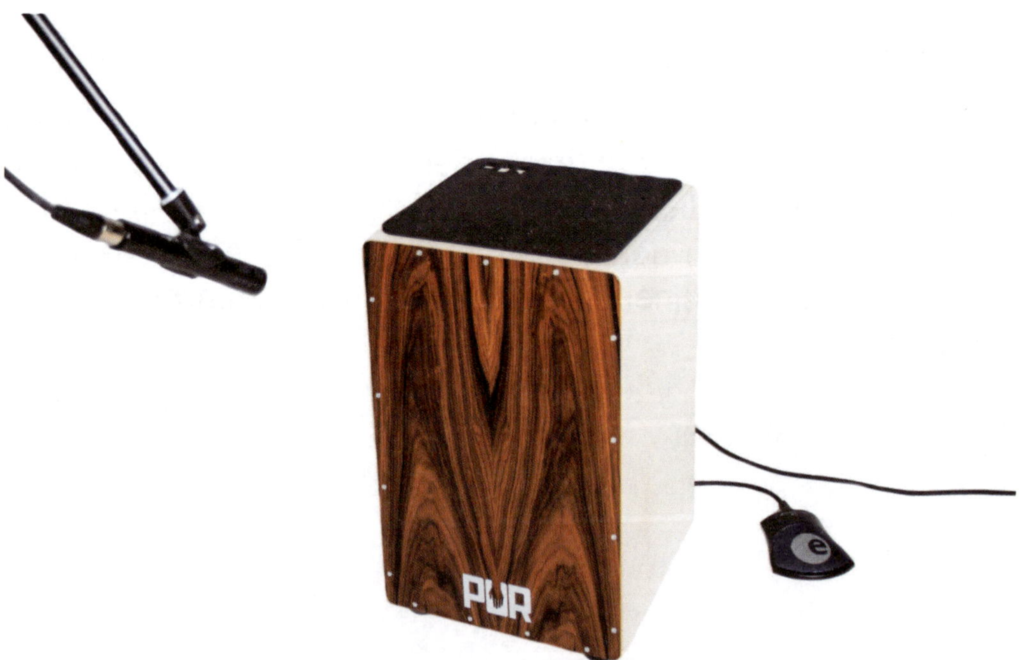

Das Bassmikro liegt natürlich normalerweise im Inneren der Cajon.

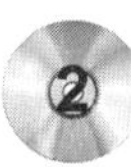

Die Aufnahmen zu diesem Buch, und wie sie normal zu CDs gemacht werden, sind noch aufwendiger mikrofoniert.

Hier stehen dann zwei E901 Mikrofone in der Y Ausrichtung 30 cm vor der Cajon, um einen Stereo Effekt zu erzielen und zusätzlich ein E901 in der Cajon, um die knackigen und warmen Bässe einzufangen. Die Mkrofone werden bei der Y Ausrichtung ebenfalls leicht schräg von oben auf das Instrument gerichtet und zielen dann jeweils links und rechts auf die obere Ecke der Cajon.

Hier kann man durch leichtes Verändern des Zieles große Soundveränderungen herbeiführen.

Ist es euch wichtig, filigrane Tipps auf der Aufnahme etwas lauter darzustellen, dann richtet die Mikrofone etwas weiter in die Mitte zur Frontplatte hin. Sollen die Bongo-Seitenflächen mehr in den Vordergrund gestellt werden, so zielt ein wenig seitlich am Korpus vorbei.

Die Firma Sennheiser hat für all diese Varianten auch an den kleinen Geldbeutel gedacht und stellt hierfür das Overheadmikro E614 und das Klemmmikro E608, das direkt am Schalloch befestigt wird, zur Auswahl. Auch hieraus lassen sich tolle Sounds zaubern, wie ihr auf der CD hören könnt.

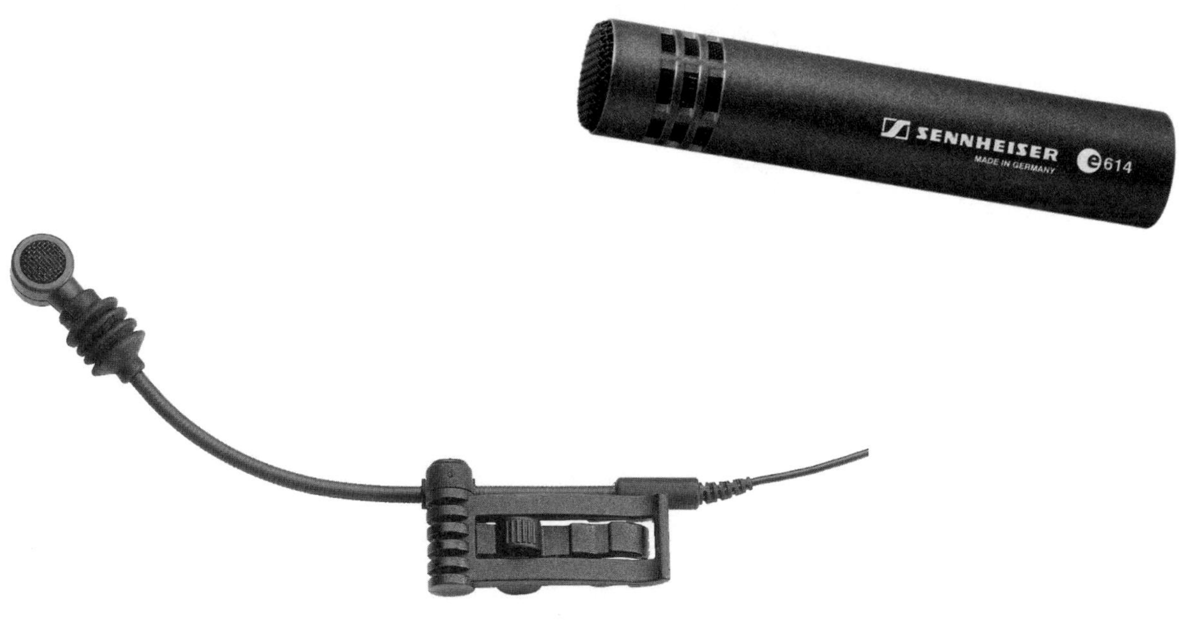

Cajon Warm-Up

Die Technik und erste Schläge

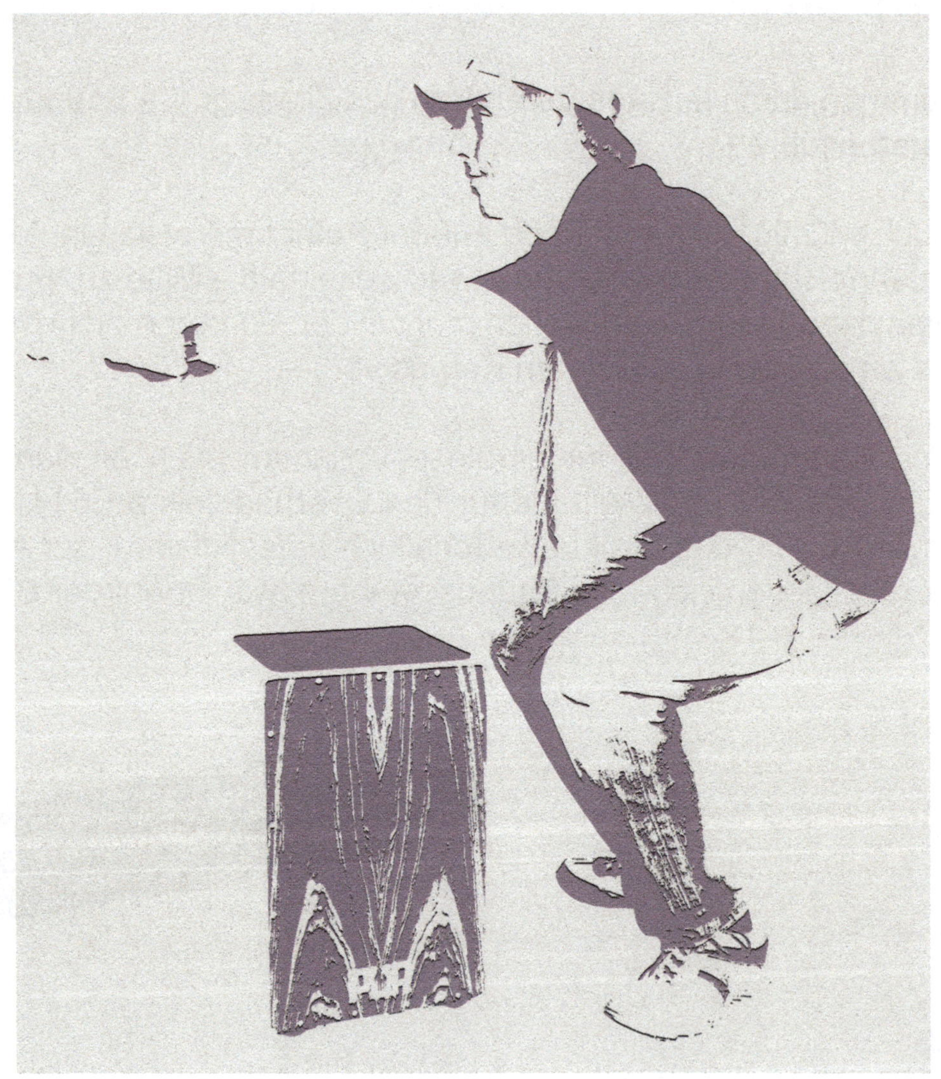

Cajon Technik

Als Instrument aus Holz, das mit den Händen nach unten gespielt wird, ergibt die Cajon für jeden Neuling zunächst ein ungewöhnliches Spielgefühl. Anfänger klagen oft über schmerzende Hände beim Spielen, aber diese resultieren immer aus einer falschen Technik. Deswegen muss man ein paar wichtige Grundregeln beachten.

Die wichtigste aller Regeln ist, die einzelnen Schläge an der Cajon sehr locker zu spielen, denn es ist meist sehr verlockend, neue Klänge mit kräftigen Schlägen zu suchen oder fehlende Schnelligkeiten durch Kraft zu ersetzen.

Meine Technik hat das klare Ziel einer gesunden, ergonomischen Schlagbewegung, die es auch bei schnellen Passagen ermöglicht, noch relaxt und zugleich kraftvoll spielen zu können.

Die Sitzposition

Bei der am meisten verwendeten geraden Sitzposition wird die Cajon mit den Beinen wie ein Schaukelstuhl leicht nach hinten gekippt.

Durch die Schräglage der Cajon wird der Körper automatisch in eine Spielposition mit geradem Rückgrat gebracht. Auf diese Weise verhindert man den typischen Fehler des Bückens Richtung Spielfläche, was bei längerem Spiel Kreuzschmerzen und Muskelkater verursachen kann.

Die Beine werden dann soweit gespreizt, dass man mit den Armen einen bequemen Zugang zur Spielfläche hat.

Die Ellenbogen sollten nie auf den Oberschenkeln abgelegt werden, weil man sich sonst die eigene Bewegungsfreiheit beim Spielen stark einschränkt. Alle Grundschläge werden im obersten Drittel der Cajon gespielt, wobei die Hände stets parallel zur Spielfläche bleiben.

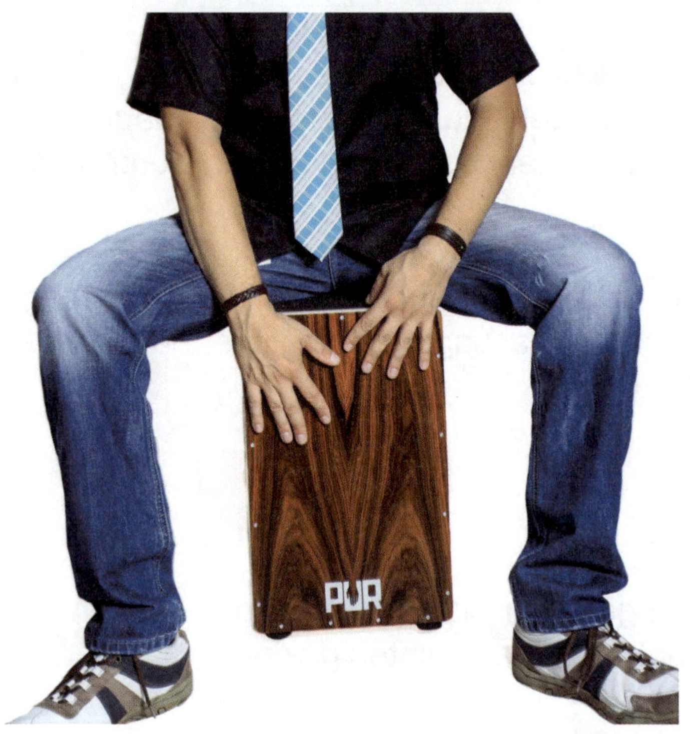

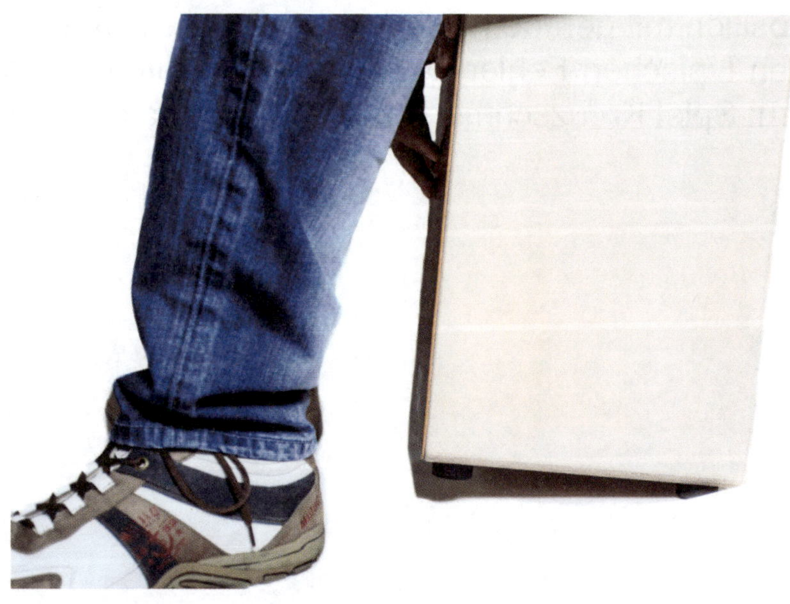

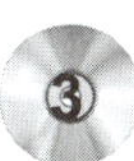

Der Bass (B)

Der Bass-Schlag wird knapp unter der obersten Kante der Cajon angeschlagen. Die Handfläche sollte dabei stets vollflächig auf die Cajon auftreffen. Je flacher die innere Handfläche die Cajon trifft, desto tiefer und kräftiger wird der Bass.

Durch die dünne Schlagfläche, die sich bei jedem Anspielen wie ein Schlagfell nach innen wölbt, entsteht in der Cajon der typische tiefe, voluminöse Klang, der sich durch das Schallloch nach außen trägt.

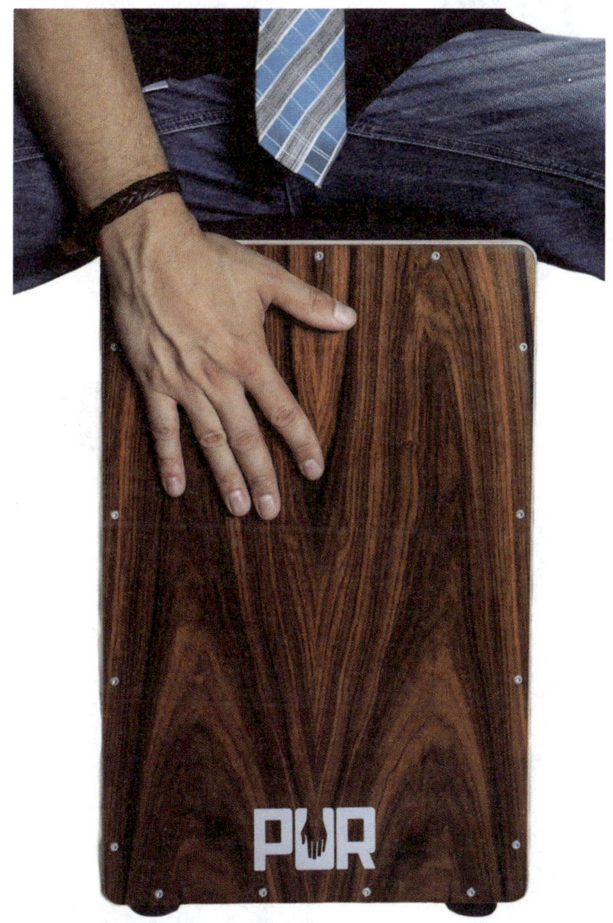

Spielposition

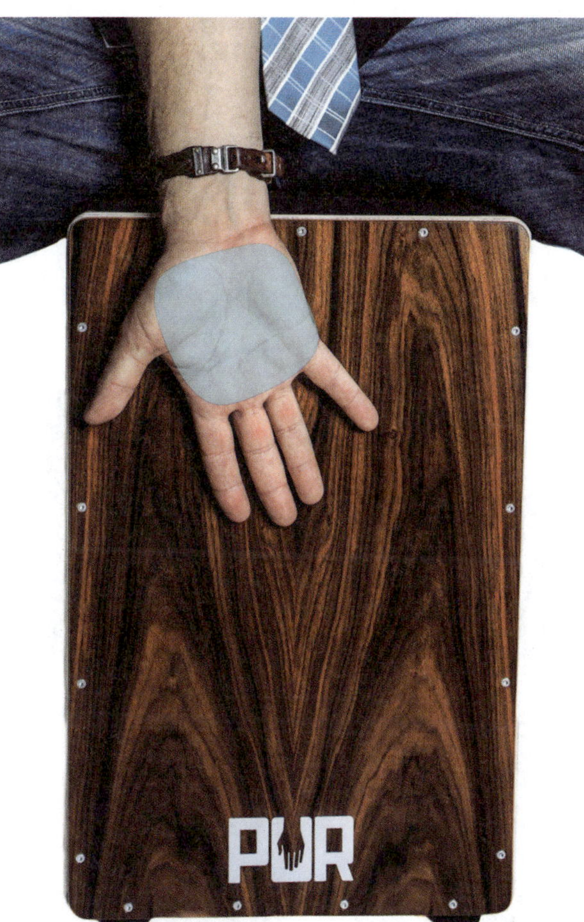

Schlagposition

Die richtige Ausholbewegung beim Bass-Schlag ist für den Klang maßgebend. Naturgemäß werden alle Trommelschläge vom Anfänger aus der gleichen Richtung gemacht, sprich die Finger entfernen sich von der Schlagfläche.

An der Cajon wird der Bass aber genau umgekehrt ausgeführt, sprich das Handgelenk entfernt sich von der Cajon.

Auf den Schaubildern könnt ihr die richtige Ausholbewegung nachvollziehen.

FALSCH !

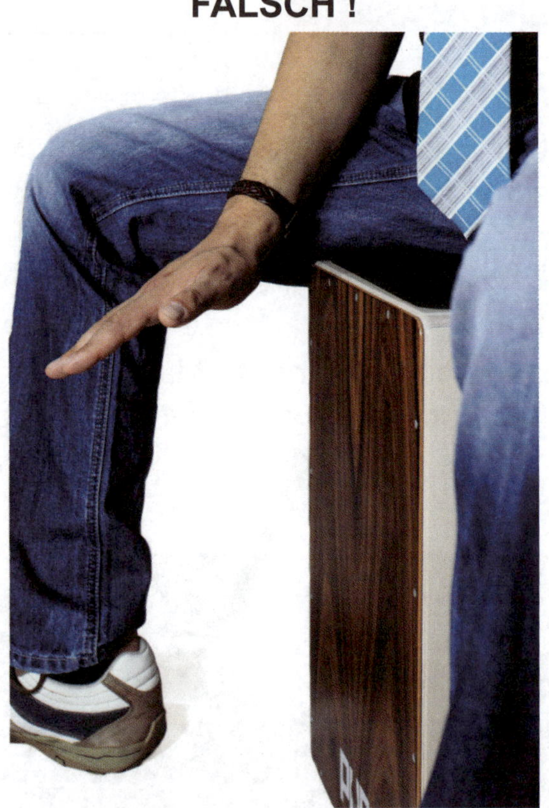

falsche Ausholbewegung für den Bass

RICHTIG !

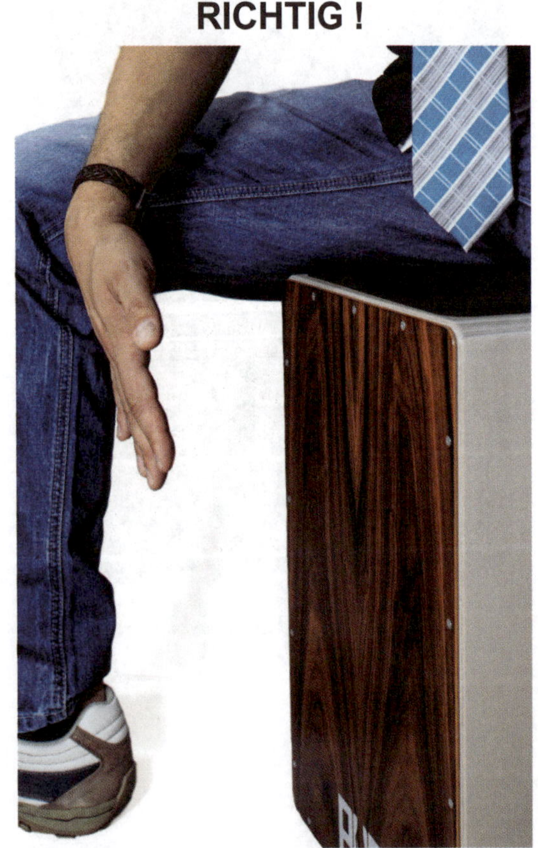

Ausholbewegung

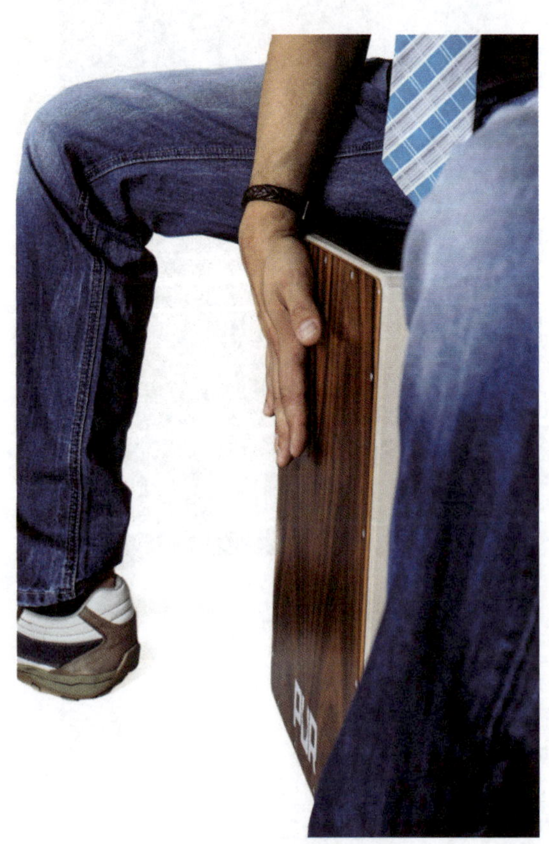

Anschlag

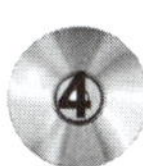

Der Open (O)

Der Open wird am oberen Rand der Spielfläche mit den Fingern angeschlagen. Die Ausholbewegung entsteht aus dem Handgelenk. Die Hand sollte bei diesem Schlag stets parallel zur Spielfläche stehen.

Die Finger ragen hierbei komplett in die Spielfläche der Cajon hinein. Leider gibt es immer wieder Cajon Spieler, die sich über Schmerzen in den Fingern beklagen. Diese sind durch eine korrekte Spielposition des Open leicht vermeidbar.

Der typische Snareeffekt entsteht bei diesem Schlag durch Gitarrenseiten, die innenliegend an der Frontplatte entlang gespannt sind oder durch Snarespiralen, die an der Frontplatte anliegen.

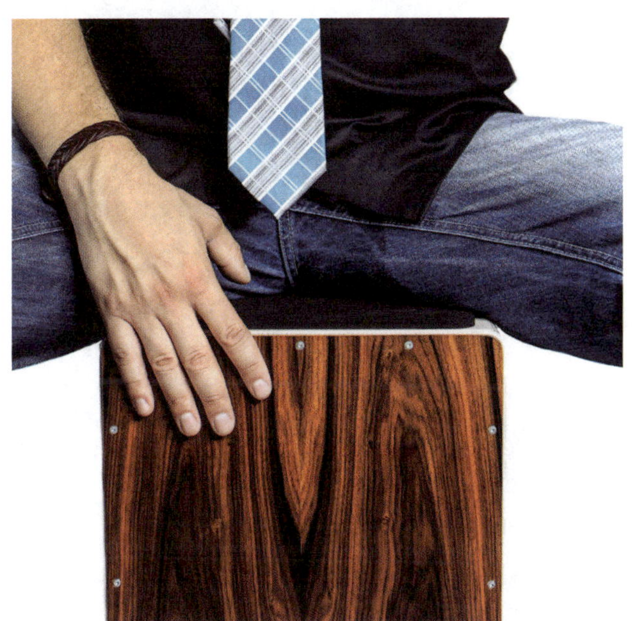

Spielposition

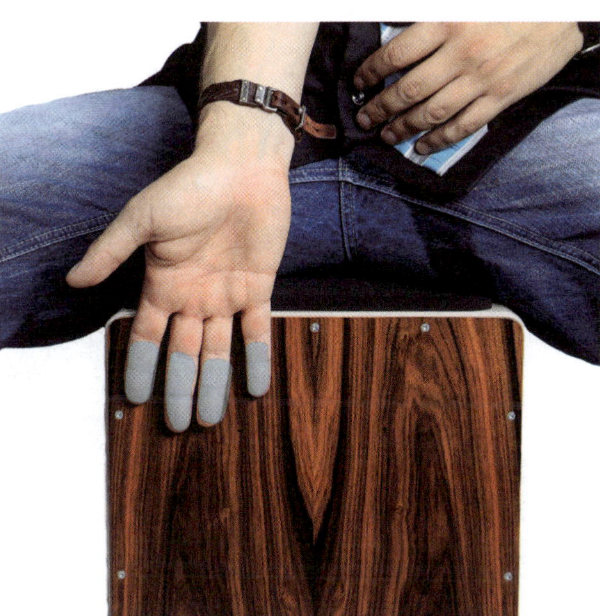

Schlagposition

Beim Anschlagen der Cajon wird beim Open der häufigste Fehler gemacht.
Achtet bitte darauf, dass die Hand gerade bleibt und nicht um den Rand der Cajon herumgreift. Dort drohen blaue Finger, die bei einer geraden Hand nicht auftreten können.

Auf den Schaubildern könnt ihr die richtige Bewegung nachvollziehen.

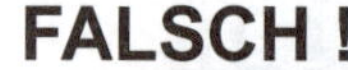

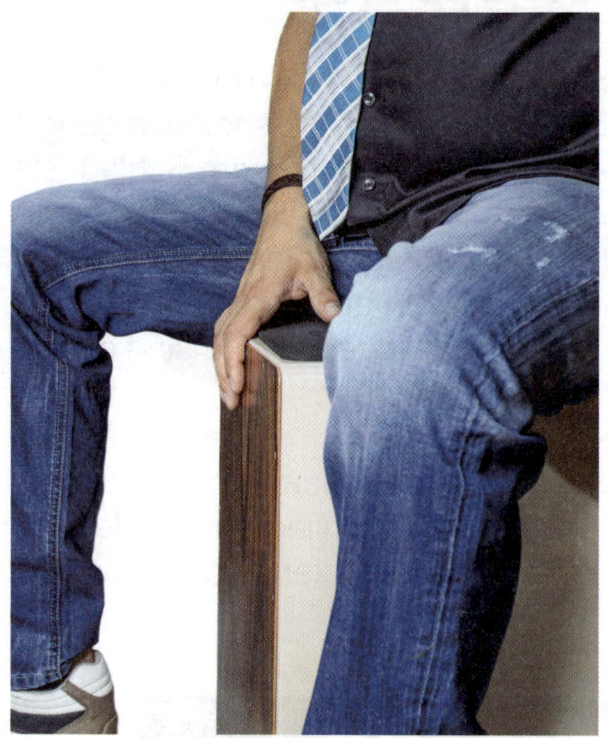

falscher Anschlag beim Open

RICHTIG !

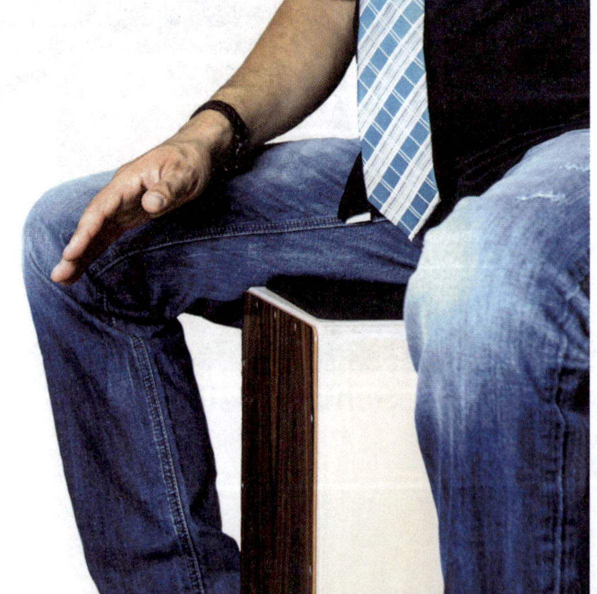

Ausholbewegung

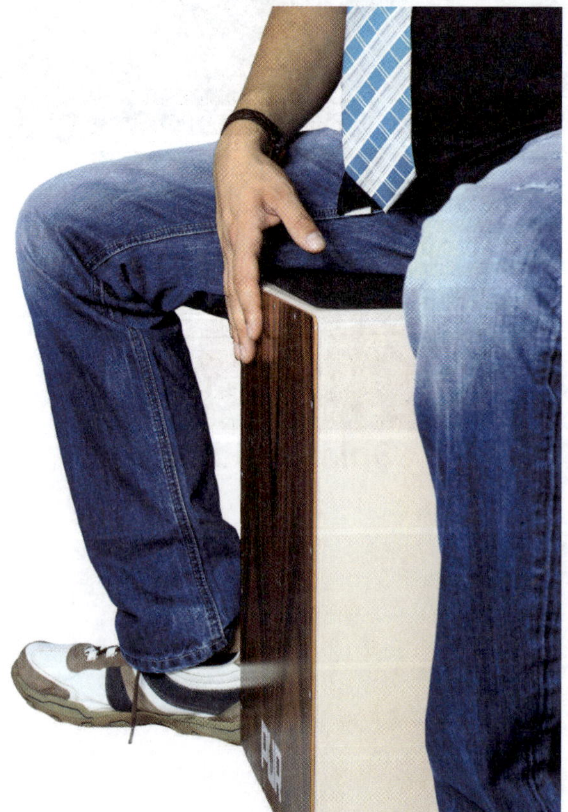

Anschlag

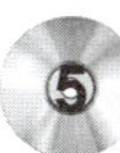

Der Tip (·)

Der Tip ist der leiseste, aber auch gleichzeitig einer der wichtigsten Schläge in einem Rhythmus. Ein gut gespielter Tip ist gerade mal so laut, dass er hörbar ist. Er ist das „Salz“ in einem Rhythmus und die Untermalung eines Grooves.

Er wird aus dem Handgelenk mit einer ganz kurzen Ausholbewegung geschlagen. Lediglich die Fingerkuppen berühren bei diesem Schlag die Frontplatte, jedoch sollte die Hand dabei trotzdem gerade bleiben.

Normalerweise spielt man den Tip auf der gleichen Spielposition wie den Open, er kann aber auch an jeder beliebigen Stelle der Schlagfläche ausgeführt werden.

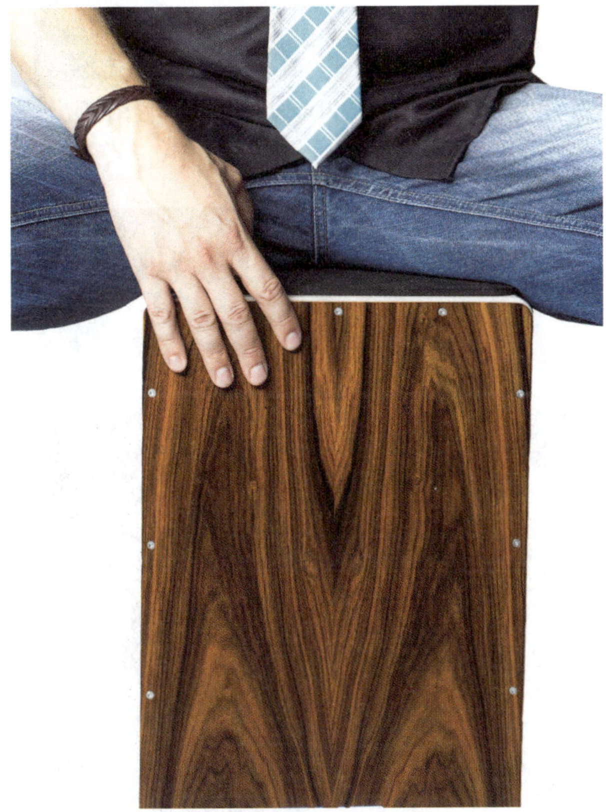

Spielposition

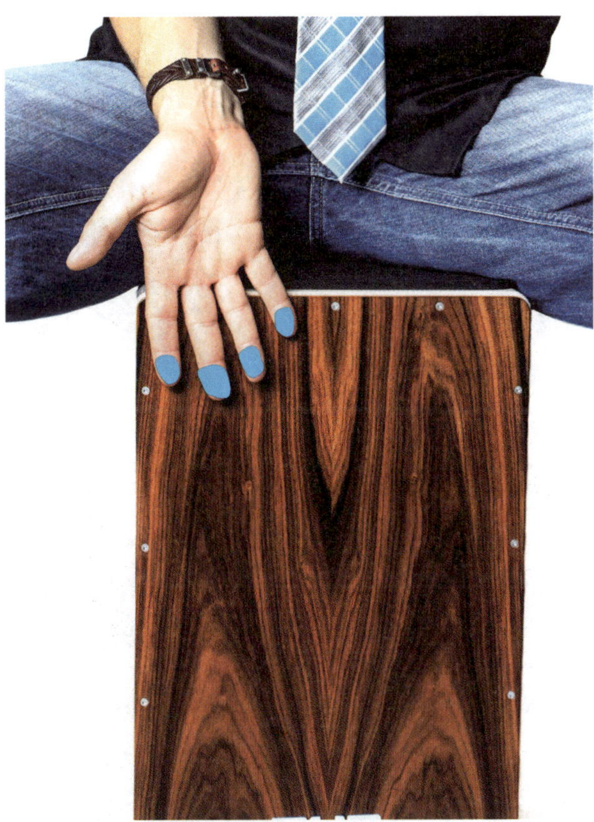

Schlagposition

Das Wichtigste beim Tip ist die richtige Lautstärke, da die Schläge nur den eigentlichen Rhythmus auffüllen sollen.

Achtet darauf kleine Ausholbewegungen zu machen, damit der Schlag auch wirklich ganz leise bleibt.

Die Finger sollten nicht allzu „krumm" gemacht werden, ein guter Tipschlag kann aus einer geraden Hand gespielt werden.

FALSCH !

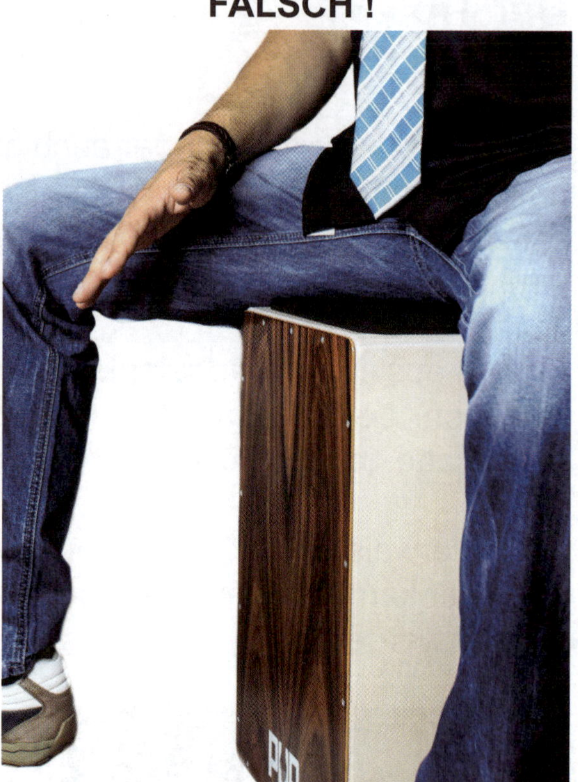

Keine weite Ausholbewegung beim Tip

RICHTIG !

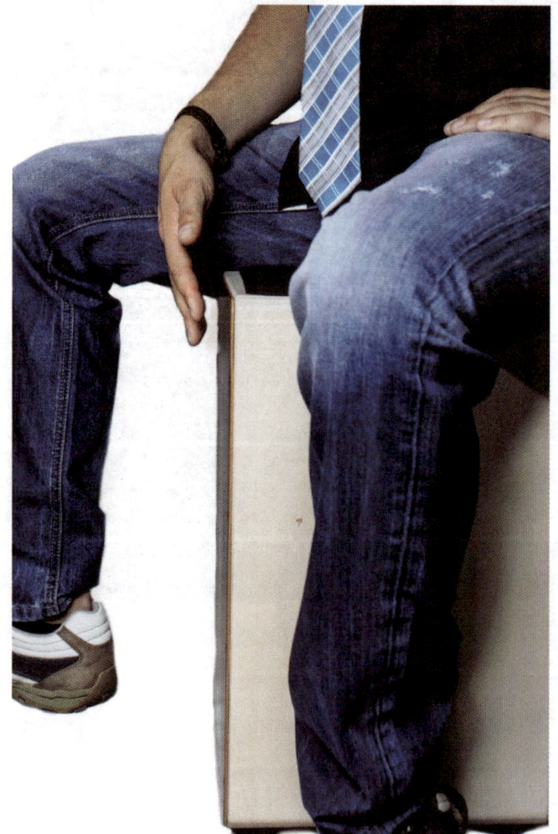

Ausholbewegung

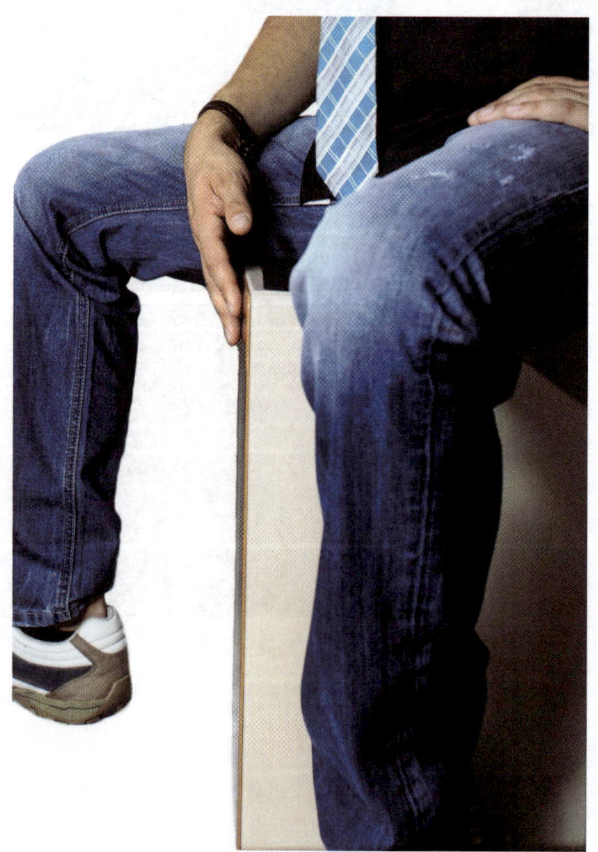

Anschlag

Cajon Warm-Up's

Da zu großen Teilen eure Tip-Schläge bestimmen, ob ein Groove gut klingt oder nicht, solltet ihr so oft wie möglich 16tel Tips auf der Cajon trainieren und dabei leicht mit dem Fuß auf die Viertel (die grauen Kästchen) mitstampfen.

Achtet darauf, die Tips gleichmäßig und ohne Betonung zu spielen und dabei leise zu bleiben.

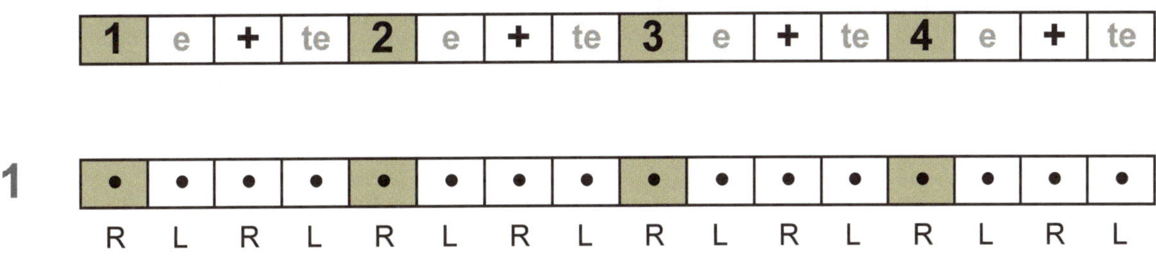

Jetzt spielen wir einen Bass auf die Viertel mit.

2
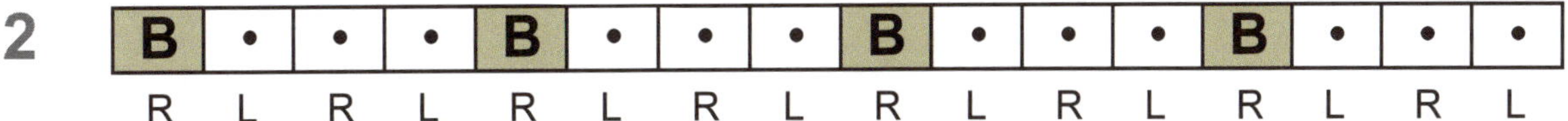

Nun versucht einmal Open und Tipschläge abzuwechseln.

3
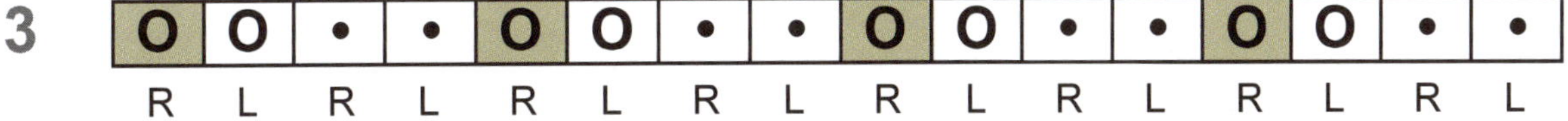

Bass und Tipschläge wechseln sich nun ab.

4
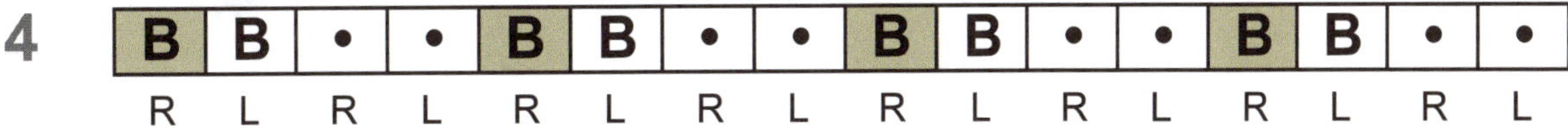

B = Bass O = Open • = Tip [grau] = Fuß stampft mit

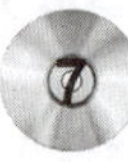

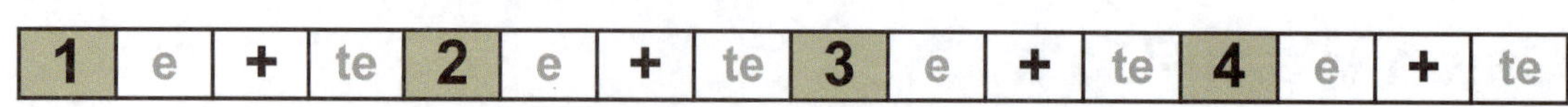

1	e	+	te	2	e	+	te	3	e	+	te	4	e	+	te

Hier findet Ihr Kombinationen aus den 3 Techniken Bass, Tip & Open

5

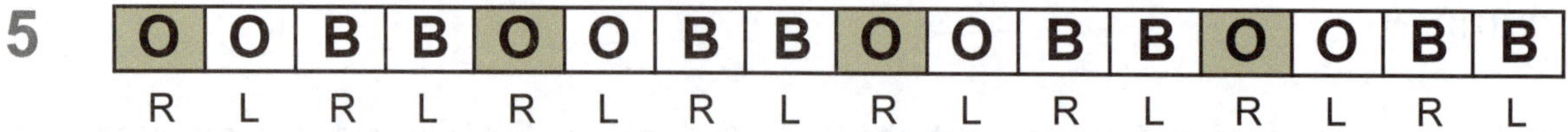

O	O	B	B	O	O	B	B	O	O	B	B	O	O	B	B
R	L	R	L	R	L	R	L	R	L	R	L	R	L	R	L

6

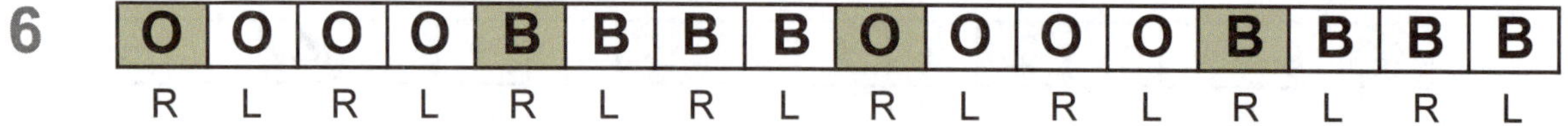

O	O	O	O	B	B	B	B	O	O	O	O	B	B	B	B
R	L	R	L	R	L	R	L	R	L	R	L	R	L	R	L

7

B	•	•	•	O	•	•	•	B	•	•	•	O	•	•	•
R	L	R	L	R	L	R	L	R	L	R	L	R	L	R	L

8

B	•	B	•	O	•	O	•	B	•	B	•	O	•	O	•
R	L	R	L	R	L	R	L	R	L	R	L	R	L	R	L

9

B	•	O	O	B	•	O	O	B	•	O	O	B	•	O	O
R	L	R	L	R	L	R	L	R	L	R	L	R	L	R	L

10

•	•	B	•	•	•	B	•	•	•	B	•	•	•	B	•
R	L	R	L	R	L	R	L	R	L	R	L	R	L	R	L

B = Bass   O = Open   • = Tip   (grau) = Fuß stampft mit

Notenkapitel

Von 4/4 Takten und anderen Außerirdischen

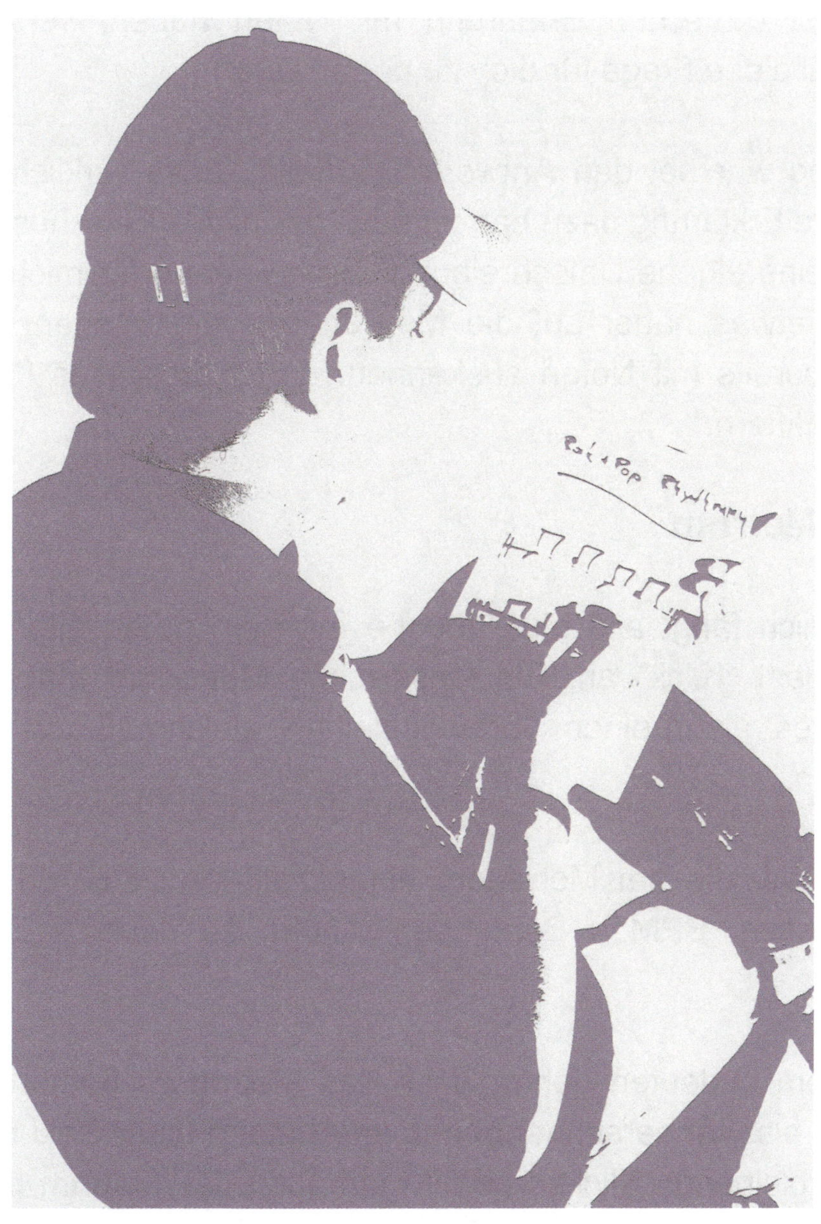

Das Notensystem

Während meiner Recherche zu diesem Buch habe ich immer wieder den verschiedensten Musikern, Anfängern als auch fortgeschrittenen Spielern, folgende Frage gestellt:

Was ist eigentlich ein 4/4 Takt ?
Solltest du schon Erfahrung mit Noten haben, versuche doch einmal diese Frage für dich zu beantworten.

Bislang war bei den Antworten auffällig, dass wirklich jeder eine andere Erklärung dazu hat, zumeist gar nichts Falsches, aber jeder hat seine eigene Umschreibung. Grund genug für mich, in diesem Buch etwas näher auf die Musiktheorie einzugehen. Solltest du dich bereits mit Noten auskennen, darfst du dieses Kapitel ruhig überblättern.

Das Metrum

Für mich fängt alle Musiktheorie mit dem guten alten Metronom und dem "Klick" an. Ein klassisches Metronom macht ja nichts anderes, als in einem voreingestellten, gleichmäßigen Abstand zu klicken.

Die Zahl, die am Metronom eingestellt wird, z.B. 60 ist in bpm bemessen. BPM = Beats per Minute, zu deutsch Schläge pro Minute.

60 bpm bedeuten daher, dass das Metronom 60mal pro Minute klickt, also umgerechnet genau im Abstand einer Sekunde. Dieses gleichbleibende Klicken nennt man auch das Metrum (zu deutsch: Das Maß).

Der 4/4 Takt

In diesem Buch verwende ich ausschließlich die am häufigsten verwendete Taktform, den 4/4 Takt. Ausgeschrieben bedeutet 4/4: Ein Takt hat die Länge von 4 Viertelnoten, der Takt ist also in 4 gleiche Teile aufgeteilt.

Ein Klick des Metronoms wiederum, hat die Länge einer Viertelnote. Wenn wir uns das gleichmäßige Klicken des Metronoms vorstellen, können wir also laut:
1, 2, 3, 4, 1, 2, 3, 4, ...usw. mitzählen und zählen somit einen 4/4 Takt.

Zähle laut:

1				2				3				4			
Klick				Klick				Klick				Klick			

Als Alternative zum Metronom kann man zu den meisten Songs im Radio oder im Internet prima die 1, 2, 3, 4 mitzählen. Ein gutes Beispiel hierzu ist z.B. der Song I'll be waiting von Lenny Krawitz.

Eine weitere gute Übung, um ein sicheres Gefühl für die Musik zu entwickeln ist, während des Zählens mitzustampfen oder zu tanzen.

Zähle laut:

1				2				3				4			

und stampfe auf die grauen Kästchen mit!

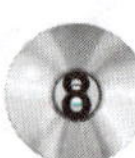

Übung:

Versuche nun einmal, auf das Stampfen gleichzeitig mitzuklatschen und dabei das Zählen nicht zu vergessen!

Zähle:	1				2				3				4			
Klatsche:	X				X				X				X			

Der Offbeat:

Offbeat nennt man im Fachjargon den Rhythmus, der genau zwischen den Hauptzählzeiten liegt. Versuche wie folgt zu zählen und zu stampfen und zu klatschen:

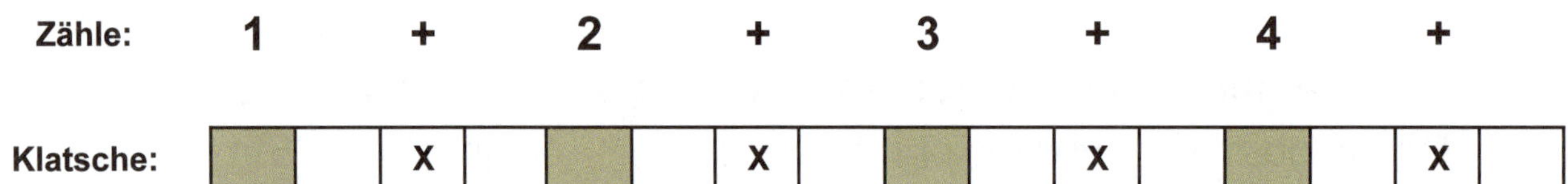

Der Wechsel zwischen Beat und Offbeat:

Diese Übung ist schon gemein, aber unglaublich effektiv. Wir stampfen die 1,2,3,4 und klatschen abwechselnd den Beat und den Offbeat:

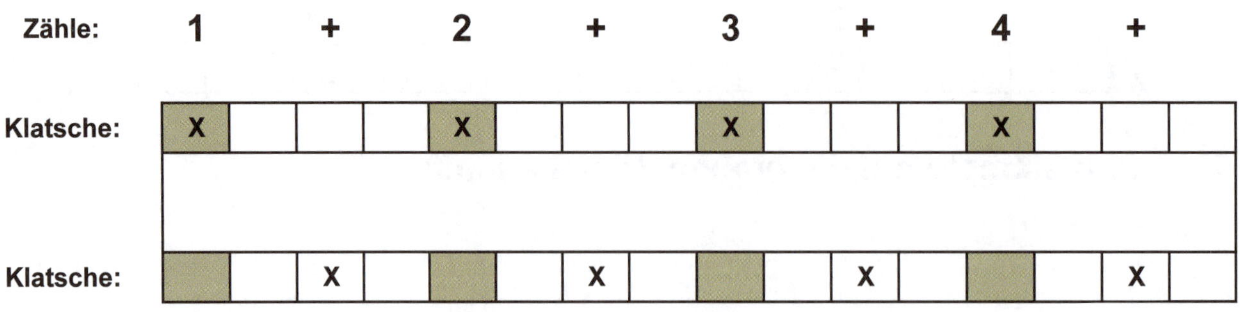

In diesem Buch sind alle Rhythmen mit den grauen Kästchen versehen, da auch bei allen Rhythmen mit dem Fuß mitgestampft werden sollte. Dieses typische Mitstampfen kannst du bei fast allen Musikern und bei allen Instrumenten beobachten. Es ist die Basis, um gemeinsam Musizieren zu können, sozusagen die gemeinsame Schnittstelle der Musiker untereinander, oder wie wir bereits gelernt haben, im Fachjargon "das Metrum".

Achtelnoten

Neben Viertelnoten gibt es ebenfalls 8tel und 16tel Noten, die über unsere Basis des 4/4 Taktes gespielt werden können. Dies ändert aber nichts an der Taktbezeichnung 4/4! Diese kleinere Unterteilung nennen wir Musiker den Puls.

Wir stellen uns wieder das Klicken unseres Metronom vor (oder es gibt sogar ein Metronom in deiner Umgebung) und stampfen dazu die 1,2,3,4. Jetzt werden wir jedoch 8tel Noten zählen, die doppelt so schnell wie 4tel gezählt werden.

1		und		2		und		3		und		4		und	
Klick				Klick				Klick				Klick			

und stampfe auf die grauen Kästchen mit!

Tipp: Achte darauf, dass dein Fuß auch wirklich nur die 1,2,3,4 mitstampft und nicht alle 8tel. (1 und 2 und 3 ....)

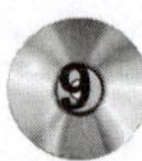

Zu den 8teln könnt ihr nun ein kurzes Bodypercussion Warm-Up spielen.

Wir befinden uns immer noch im 4/4 Takt, stampfen alle Viertelnoten und klatschen nun die Achtel, währenddessen wir zählen.

Bodypercussion Übung 8tel Noten

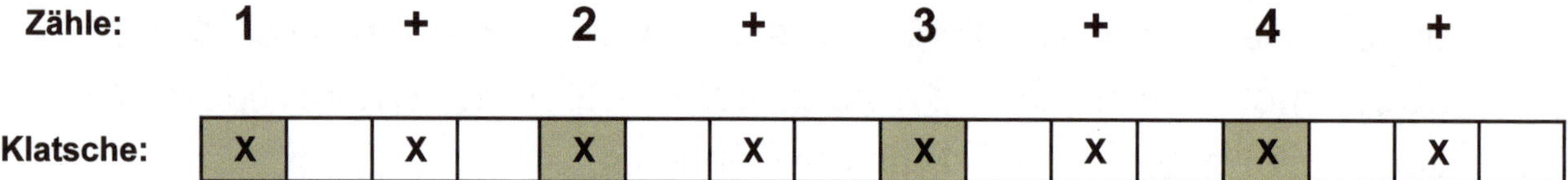

Zähle:	**1**		**+**		**2**		**+**		**3**		**+**		**4**		**+**	
Klatsche:	X		X		X		X		X		X		X		X	

und stampfe auf die grauen Kästchen mit!

Sechzehntelnoten

Neben Viertelnoten und Achtelnoten gibt es natürlich auch Sechzehntelnoten. Sechzehntel werden wiederum doppelt so schnell gespielt wie 8tel Noten. Wir reden dann von einem 16tel Puls.

Die Zählweise für Sechzehntel ändert sich wie folgt:

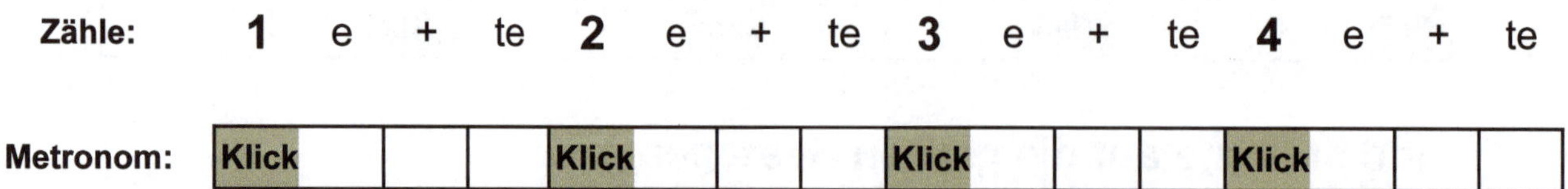

Zähle:	**1**	e	+	te	**2**	e	+	te	**3**	e	+	te	**4**	e	+	te
Metronom:	Klick				Klick				Klick				Klick			

und stampfe auf die grauen Kästchen mit!

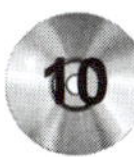

Die Bodypercussion Übung zu den 16teln ist ähnlich der 8tel Übung. Dieses Mal werden wir die Übung aber trommeln, da 16tel bereits ein unangenehmes Klatschtempo haben :-)

Das R und L steht dabei für die rechte und linke Hand.
Ihr könnt die Übung auf den Schenkeln, auf Möbeln oder eurer Cajon trommeln.

Bodypercussion Übung 16tel Noten

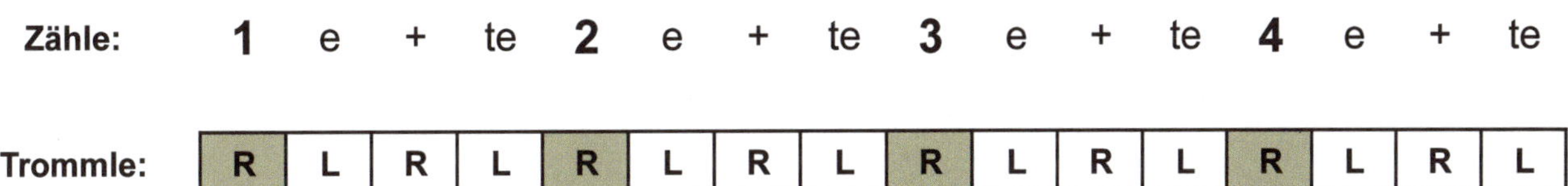

Zähle:	1	e	+	te	2	e	+	te	3	e	+	te	4	e	+	te
Trommle:	R	L	R	L	R	L	R	L	R	L	R	L	R	L	R	L

und stampfe auf die grauen Kästchen mit!

Das Metrum und somit das Stampfen wird erst dann richtig wichtig, wenn es um die Kombination der einzelnen Notenwerte geht. In der folgenden Übung werden 4tel, 8tel und 16tel Noten gespielt und auch gezählt. Um die Übung zu vereinfachen, versucht zuerst nur zu zählen und zu stampfen. Danach könnt ihr das Trommeln hinzu- nehmen.

Bodypercussion Übung zu kombinierten Rhythmen:

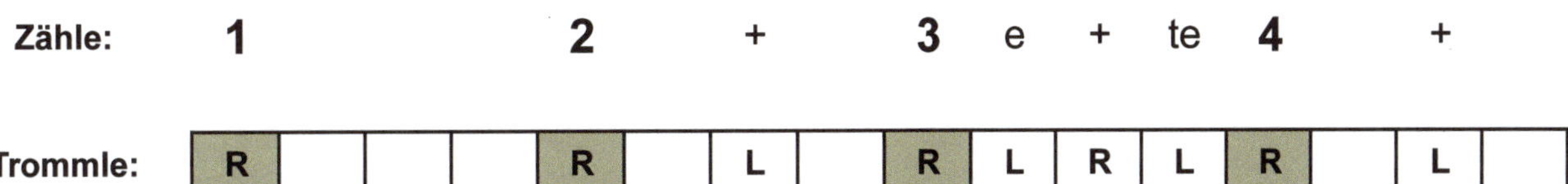

Zähle:	1				2		+		3	e	+	te	4		+	
Trommle:	R				R		L		R	L	R	L	R		L	

und stampfe auf die grauen Kästchen mit!

Selbstüberprüfung zum Notenkapitel

Wenn du dich nun selbst testen willst, ob du alle Themen aus diesem Kapitel verstanden hast, habe ich dir einige Fragen notiert:

1 Was bedeutet die Maßeinheit BPM auf einem Metronom?

____

2 Richtig oder Falsch ?
Spielen wir 8 Achtelnoten in einem Takt, so nennen wir dies grundsätzlich einen 8/8 Takt.

____

3 Wie oft klickt ein Metronom pro Minute, wenn die Zahl 60 BPM voreingestellt ist ?

____

4 Wie zähle ich 16tel Noten in einem 4/4 Takt?

____

5 Richtig oder Falsch ?
In einem 4/4 Takt werden stets nur Viertelnoten gespielt und nie 8tel oder 16tel.

____

6 Wie oft klickt das Metronom während eines 4/4 Taktes ?

____

7 Richtig oder Falsch ?
16tel Noten werden 4mal so schnell gespielt wie 4tel Noten.

____

8 Wie zählt man 8tel Noten in einem 4/4 Takt?

____

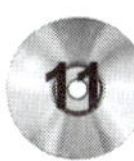

Bodypercussion

Zum Abschluss des Notenkapitels könnt ihr noch einige Übungen zum Warm-Up auf das Cajonspiel antesten.
Hier findet ihr weitere Beispiele zu kombinierten Rhythmen und Zählweisen.

Viel Spaß damit !

Übung 1

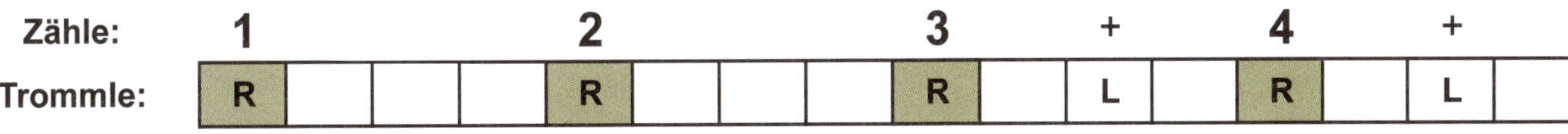

und stampfe auf die grauen Kästchen mit!

Übung 2

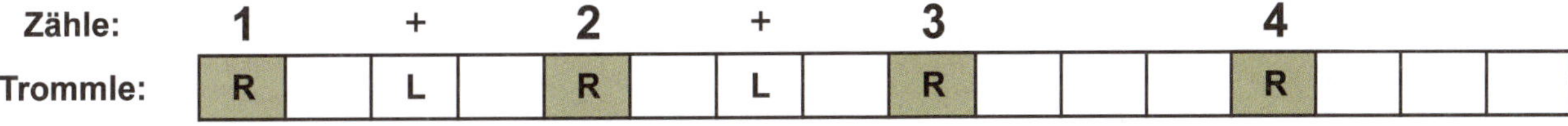

und stampfe auf die grauen Kästchen mit!

Übung 3

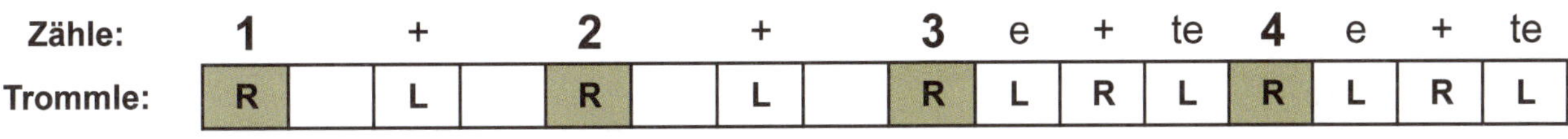

und stampfe auf die grauen Kästchen mit!

Übung 4

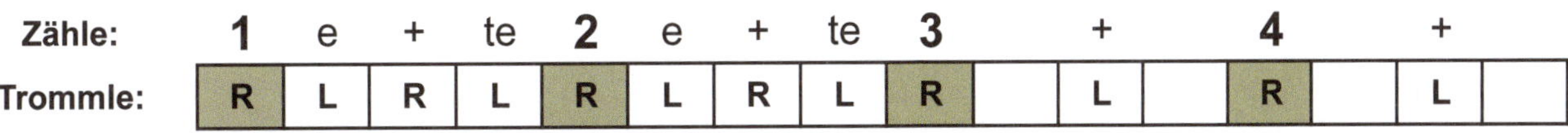

und stampfe auf die grauen Kästchen mit!

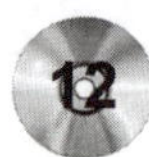

Übung 5

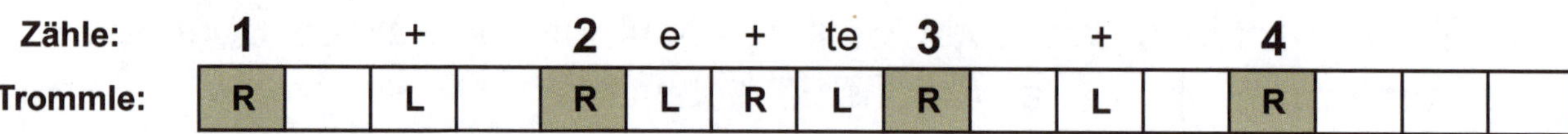

Zähle:	**1**		+		**2**	e	+	te	**3**		+		**4**			
Trommle:	R		L		R	L	R	L	R		L		R			

und stampfe auf die grauen Kästchen mit!

Übung 6

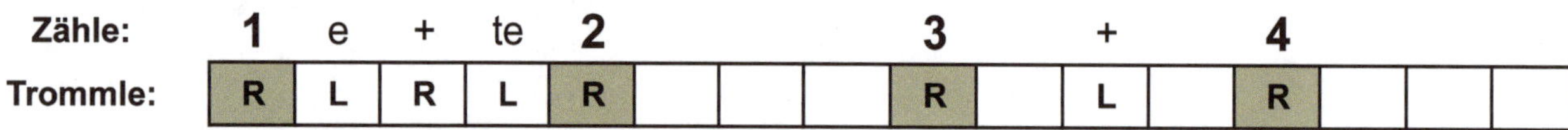

Zähle:	**1**	e	+	te	**2**				**3**		+		**4**			
Trommle:	R	L	R	L	R				R		L		R			

und stampfe auf die grauen Kästchen mit!

Übung 7

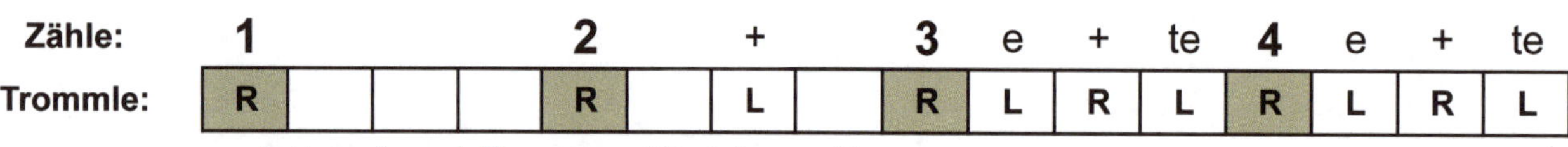

Zähle:	**1**				**2**		+		**3**	e	+	te	**4**	e	+	te
Trommle:	R				R		L		R	L	R	L	R	L	R	L

und stampfe auf die grauen Kästchen mit!

Übung 8

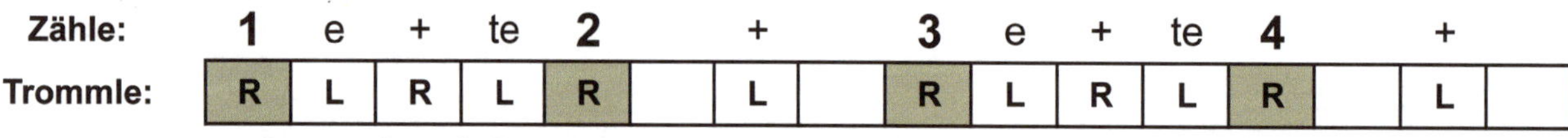

Zähle:	**1**	e	+	te	**2**		+		**3**	e	+	te	**4**		+	
Trommle:	R	L	R	L	R		L		R	L	R	L	R		L	

und stampfe auf die grauen Kästchen mit!

Übung 9

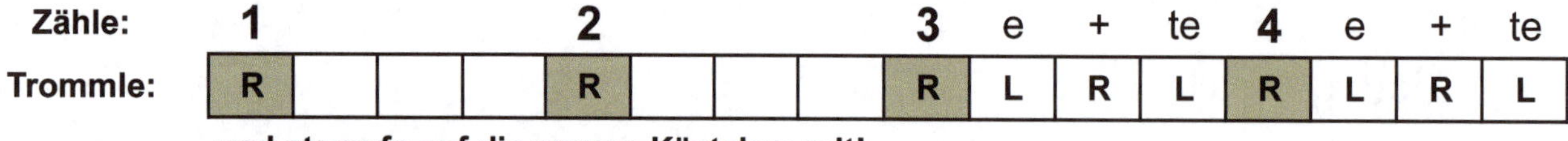

Zähle:	**1**				**2**				**3**	e	+	te	**4**	e	+	te
Trommle:	R				R				R	L	R	L	R	L	R	L

und stampfe auf die grauen Kästchen mit!

Übung 10

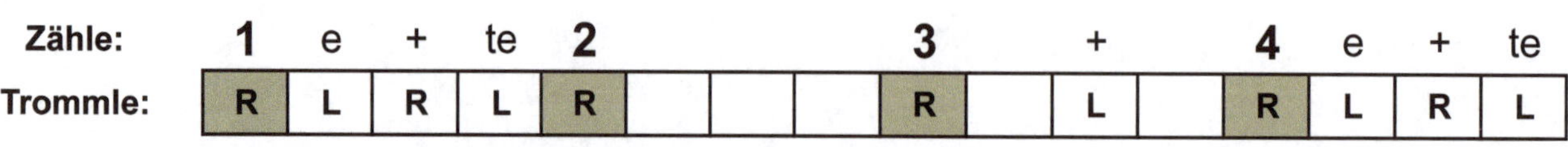

Zähle:	**1**	e	+	te	**2**				**3**		+		**4**	e	+	te
Trommle:	R	L	R	L	R				R		L		R	L	R	L

und stampfe auf die grauen Kästchen mit!

Obwohl ich in diesem Buch ausschließlich die vereinfachte Notenschrift in der Kästchenform benutze, so könnt ihr nun auf diesem Schaubild sehen, wie die 4tel, 8tel und 16tel Noten in der traditionellen Notation aussehen würden.

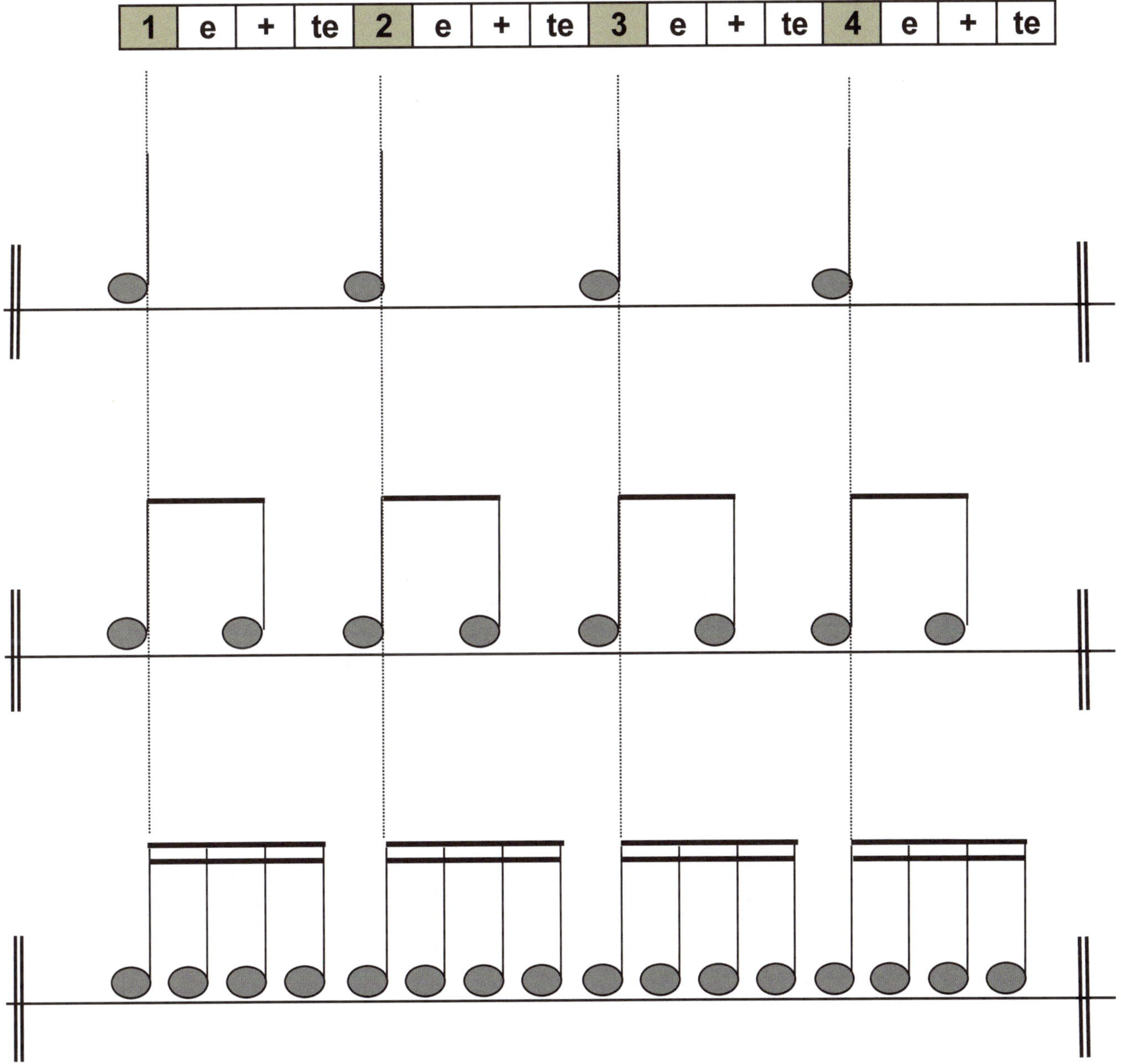

Cajon Tools

Nützliche Tools beim Cajon erlernen

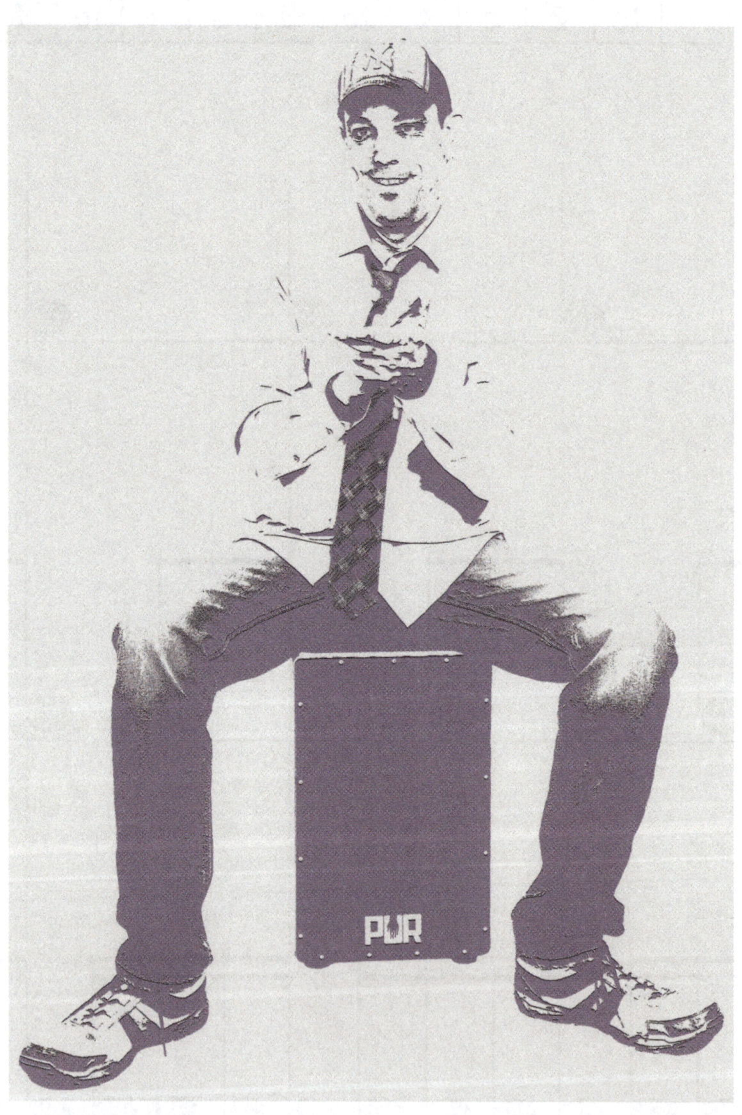

Schlagzeugrhythmen übertragen

Die meisten Rock und Pop Cajonrhythmen sind direkt vom Schlagzeug adaptiert. Das Wissen darüber, wie man diese Noten auf die Cajon überträgt, ermöglicht dir einen Zugang zu einem riesigen Pool von Rhythmen durch Bücher und Internet.

Der Bassschlag übernimmt die Rolle der Bassdrum, der Open spielt die Snare und die Hi-Hat Schläge sind gleich den Tips auf der Cajon. Diese Schläge sind bei der Schlagzeugnotation auf Linien aufgeteilt.

So lassen sich problemlos Schlagzeugnoten auf die Cajon übertragen. Die Hi-Hat Schläge, die zur gleichen Zeit wie Bassdrum oder Snare gespielt werden, können einfach weggelassen werden. Rhythmen mit Tomtom Einsatz sind nicht so sehr geeignet zum direkten Übertragen auf die Cajon.

Der Handsatz wird einfach Hand to Hand übertragen. Hand to Hand bedeutet die rechte und linke Hand spielt abwechselnd.

Notenbeispiel:

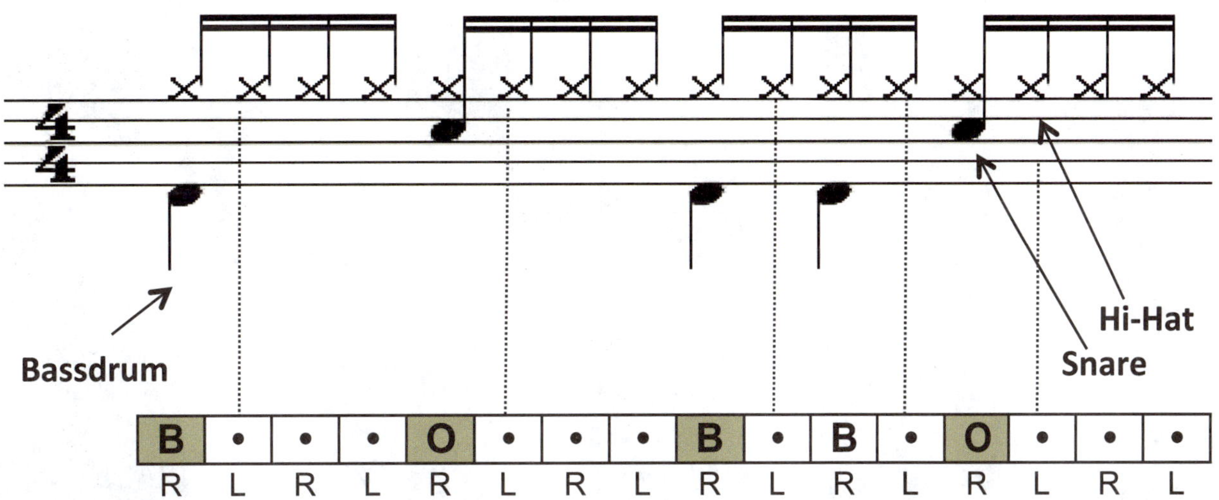

Die Grundschläge von Schlagzeug und der Cajon im Überblick

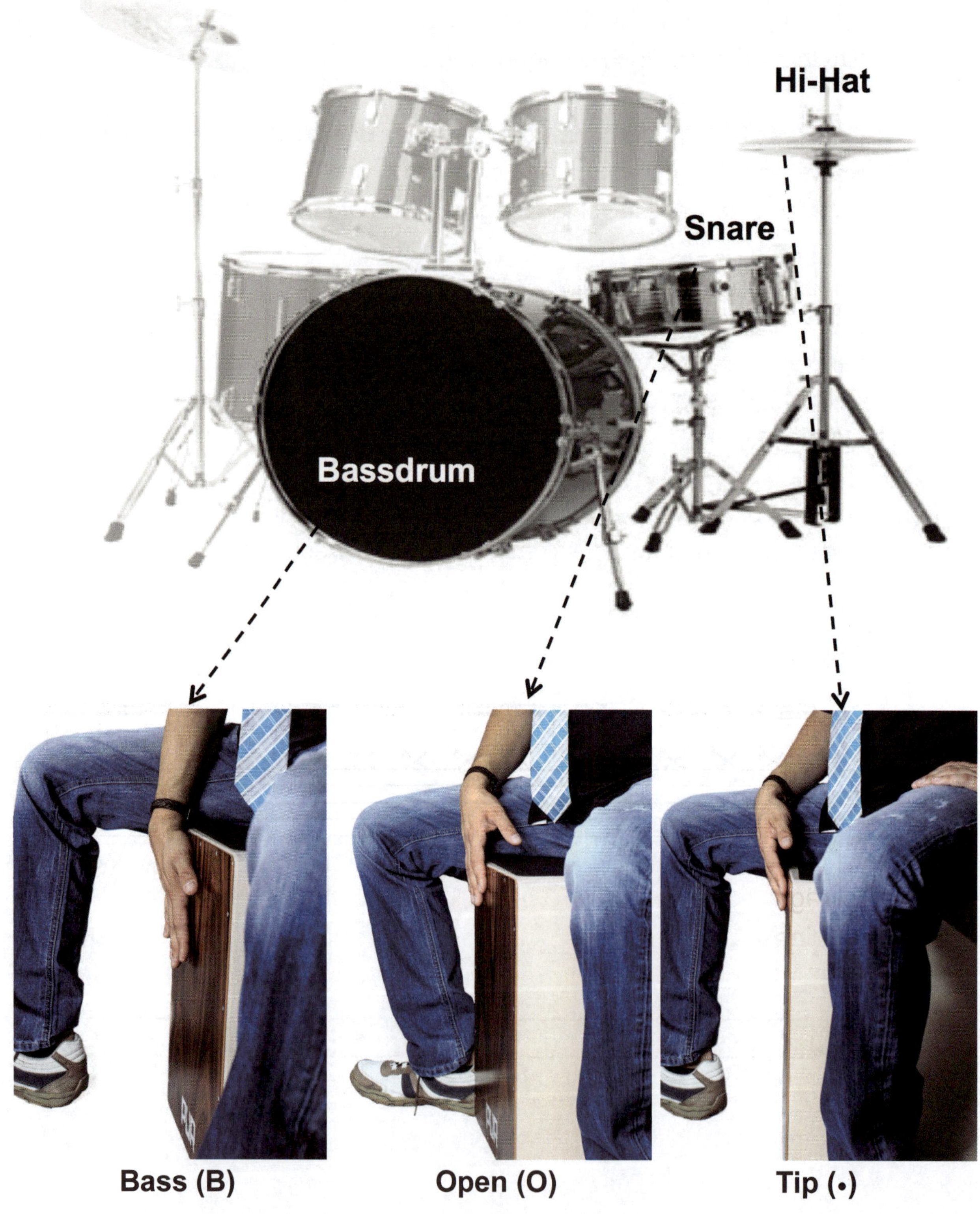

Drummers Language

Unterhalten sich zwei Drummer, sagt der eine "Gestern hab ich nen coolen Song aus dem Radio mitgespielt, der hatte sooo einen geilen Beat, weißt du, sowas Hip Hop mäßiges: Gun Tak Gugugun Gun Tak Taka!"

...so gibt es für uns Trommler neben den normalen Zählweisen die Möglichkeit, Rhythmen zu sprechen. Diese Methodik wird euch helfen, Rhythmen leichter zu verstehen und spielen zu können.

Auch als Nichtmusiker haben wir bereits unser ganzes Leben mit 8teln und 16teln zu tun, ohne es zu wissen. Neben anderen Mustern sind diese nämlich bereits in unserer Sprache hinterlegt. Ein Wort wie beispielsweise die Gießkanne, besteht aus einem lang gezogenen Teil "Gieß" und zwei kurzen Teilen "ka - nne". Musikalisch ausgedrückt, nichts anderes als ein 8tel und zwei 16tel.

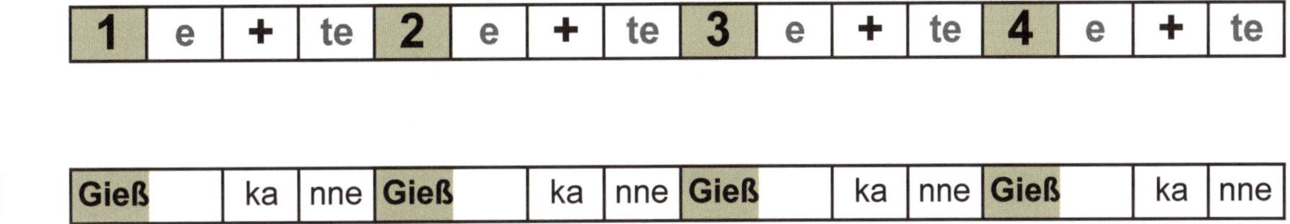

1	e	+	te	2	e	+	te	3	e	+	te	4	e	+	te

1

Gieß		ka	nne	Gieß		ka	nne	Gieß		ka	nne	Gieß		ka	nne

Die Afrikaner benutzen diese Hilfe seit Urzeiten und haben das Sprichwort **"Sing what you drum and drum what you sing"** geprägt. Zu deutsch: "Singe was Du trommelst und trommel, was Du singst". Meine persönliche freie Übersetzung und Erkenntnis daraus lautet: "Wie soll man etwas Spielen können, was man noch nicht einmal singen kann"?

B = Bass   O = Open   • = Tip   = Fuß stampft mit

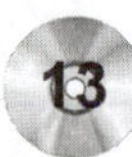

Silben

Das System der **Drummers Language,** zu deutsch der Sprechrhythmen, ist genial einfach. Jeden Schlag ersetzt man durch eine ähnlich klingende Silbe:

Der Bass als dunkelster Schlag heißt:	**Gun**	**=**	**B**
Der Open als heller Schlag heißt:	**Tak**	**=**	**O**
Der Tip als ganz leiser Schlag heißt:	**Te**	**=**	**•**

So kann man einen Rhythmus nicht nur einfach durchzählen, sondern den Noten einen Klang verleihen, um so mit der Zeit ein tiefergehendes Gefühl für Noten und Musik zu entwickeln.

So entstehen aus einfachen Noten, die auf einem Blatt Papier stehen, künftig schon vor dem Spielen Rhythmen und Melodien im Kopf.

Beispiel an einem Rhythmus:

2																
	Gun		Te		Tak		Gun		Gun		Te		Tak		Te	
	B		•		O		B		B		•		O		•	

B	= Bass		O	= Open		•	= Tip
	= Gun oder Gugu			= Tak oder Taka			= Te oder Tete

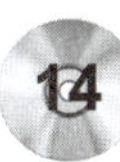

Wie wir bei den "normalen" Zählweisen 8tel und 16tel unterschieden haben, gibt es genauso bei den Sprechrhythmen die Möglichkeit, kurze und lange Silben zu unterscheiden:

8tel Bass:	B		=	Gun		**16tel Bass:**	B	B	=	Gu | gu
8tel Open:	O		=	Tak		**16tel Open:**	O	O	=	Ta | ka
8tel Tip:	•		=	Te		**16tel Tip:**	•	•	=	Te | te

Beispiel an einem Rhythmus:

3

Gun		Te		Tak		Tak		Gun		Gun		Ta	ka	Gu	gu
B		•		O		O		B		B		O	O	B	B

Da diese langen und kurzen Silben ähnlich unserer Sprache schon naturgemäß in 8tel und 16tel aufgeteilt sind, ist es sehr einfach, damit den richtigen Rhythmus zu finden. Einen zusätzlichen Halt gibt uns das durchgängige Mitstampfen des Fußes.

B	=	Bass	O	=	Open	•	=	Tip
	=	Gun oder Gugu		=	Tak oder Taka		=	Te oder Tete

Übungen zu den Sprechrhythmen

Nachfolgend habe ich euch zu diesem Thema einige Rhythmen zusammengestellt, die ihr in drei verschiedene Übungen aufteilen könnt:

1. Stampfe mit dem Fuß und spreche die Rhythmen durch.

2. Stampfe und spreche die Übungen und spiele sie gleichzeitig auf der Cajon.

3. Stampfe mit dem Fuß und spiele die Übungen auf der Cajon, ohne sie zu sprechen.

4

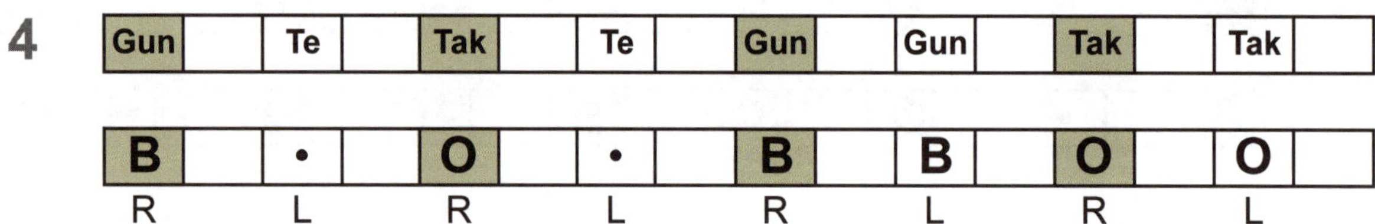

Gun		Te		Tak		Te		Gun		Gun		Tak		Tak	
B		•		O		•		B		B		O		O	
R		L		R		L		R		L		R		L	

5

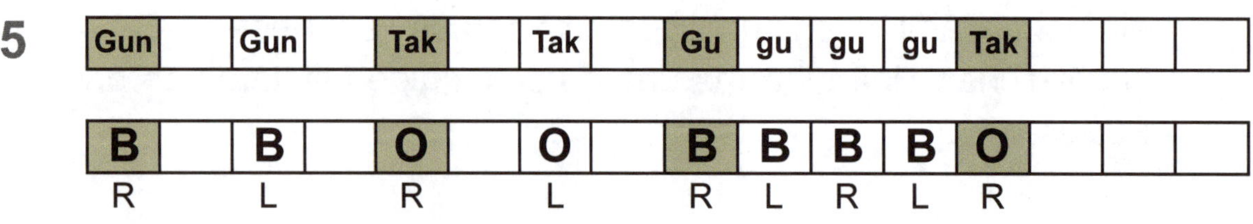

Gun		Gun		Tak		Tak		Gu	gu	gu	gu	Tak			
B		B		O		O		B	B	B	B	O			
R		L		R		L		R	L	R	L	R			

B	= Bass = Gun oder Gugu		O	= Open = Tak oder Taka		•	= Tip = Te oder Tete

6

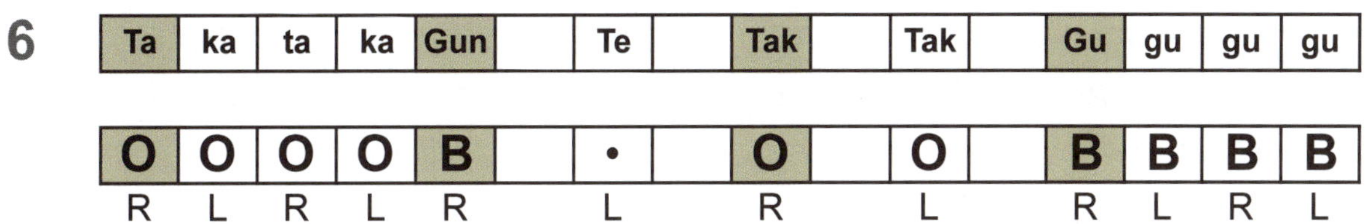

Ta	ka	ta	ka	Gun		Te		Tak		Tak		Gu	gu	gu	gu
O	O	O	O	B		•		O		O		B	B	B	B
R	L	R	L	R		L		R		L		R	L	R	L

7

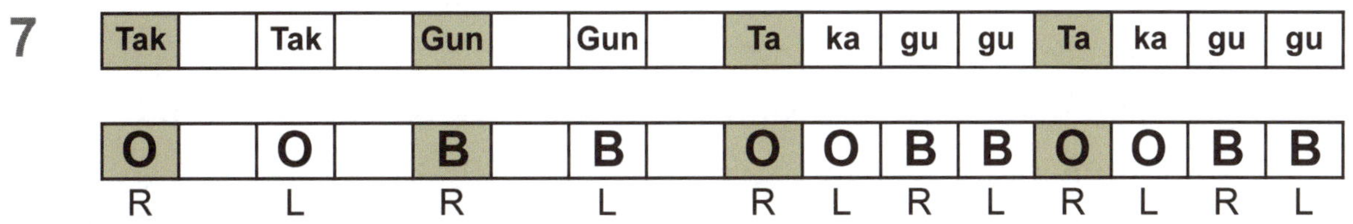

Tak		Tak		Gun		Gun		Ta	ka	gu	gu	Ta	ka	gu	gu
O		O		B		B		O	O	B	B	O	O	B	B
R		L		R		L		R	L	R	L	R	L	R	L

8

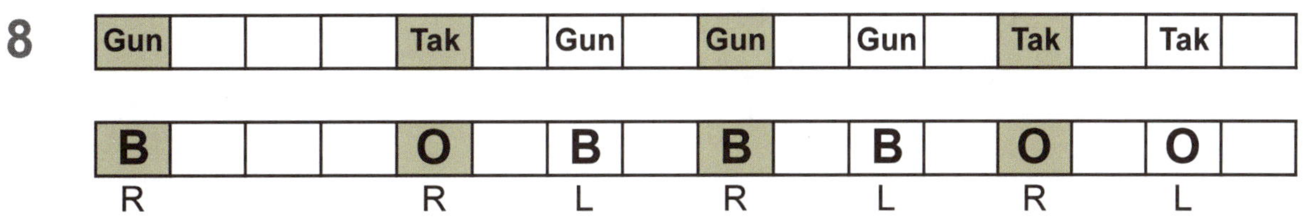

Gun				Tak		Gun		Gun		Gun		Tak		Tak	
B				O		B		B		B		O		O	
R				R		L		R		L		R		L	

9

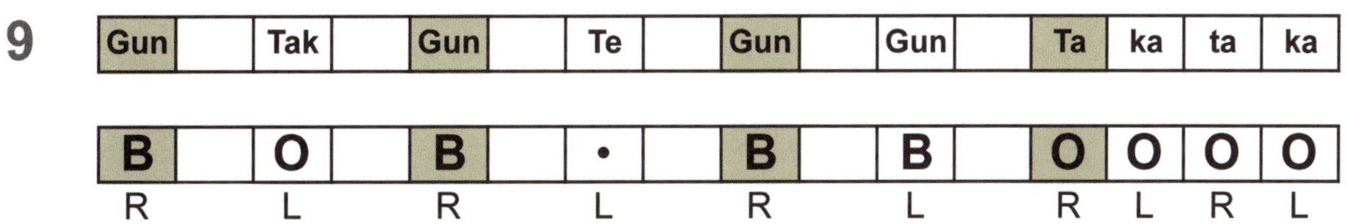

Gun		Tak		Gun		Te		Gun		Gun		Ta	ka	ta	ka
B		O		B		•		B		B		O	O	O	O
R		L		R		L		R		L		R	L	R	L

10

Ta	ka	ta	ka	Gun		Te		Gun		Te		Ta	ka	ta	ka
O	O	O	O	B		•		B		•		O	O	O	O
R	L	R	L	R		L		R		L		R	L	R	L

B	= Bass	O	= Open	•	= Tip
	= Gun oder Gugu		= Tak oder Taka		= Te oder Tete

Damit ihr nun selbstständig mit dem System weiterarbeiten könnt, gibt es auf der folgenden Seite eine Vorlage, mit der ihr Cajon-Rhythmen in Sprechrhythmen aufschreiben könnt.

Im Laufe eures Cajonspiels werden euch noch viele "Kopfnüsse" an Rhythmen begegnen und dabei wird euch die Vorlage helfen.

Wann immer ihr rhythmische Probleme habt, könnt ihr euch den Rhythmus in die jeweils 2. Zeile der Vorlage notieren.
In die erste Zeile könnt ihr nun eure Silbennotation darüber notieren und danach, wie gelernt, in 3 Schritten trainieren. Probiert es aus, ich bin mir sicher, dass ihr so den einen oder anderen Problemrhythmus leicht knacken könnt.

Notenbeispiel

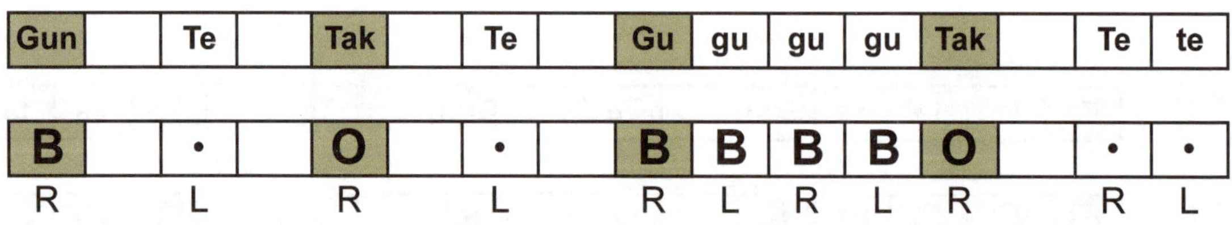

B = Bass = Gun oder Gugu

O = Open = Tak oder Taka

• = Tip = Te oder Tete

Vorlage „Drummers-Language“

1 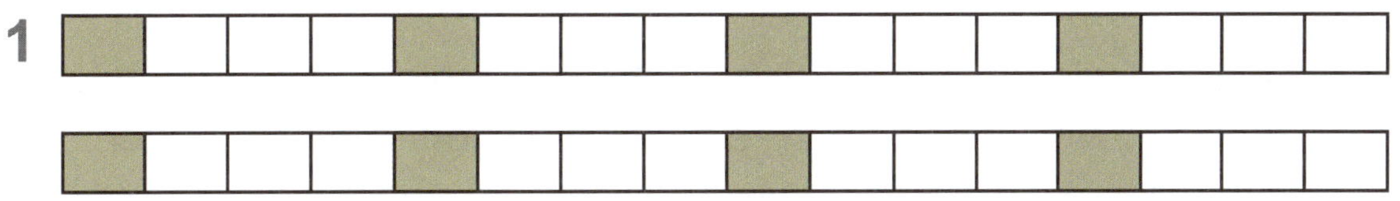

2 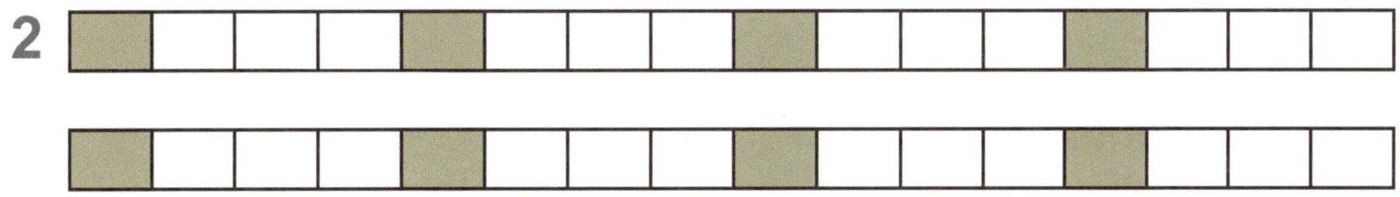

3 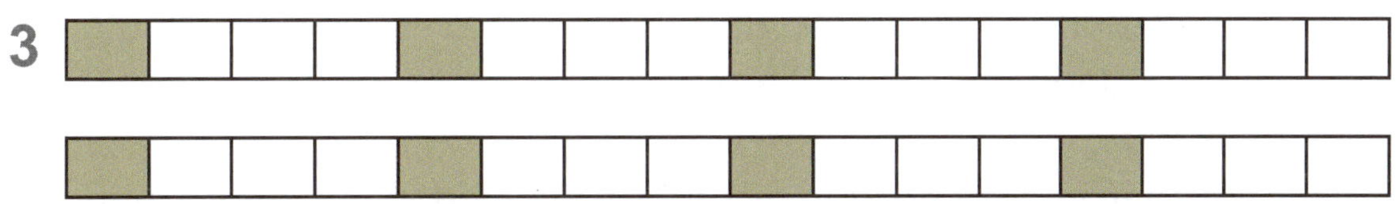

4 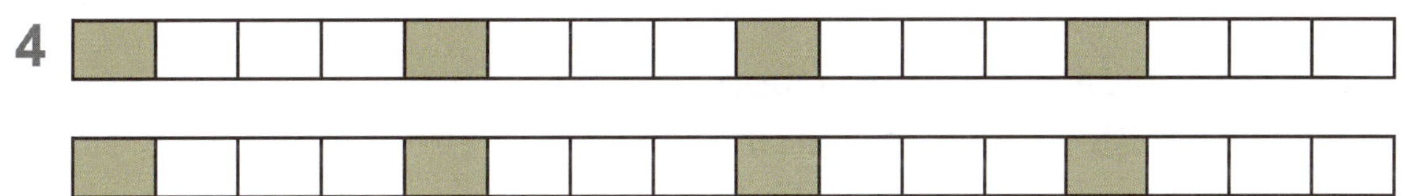

5 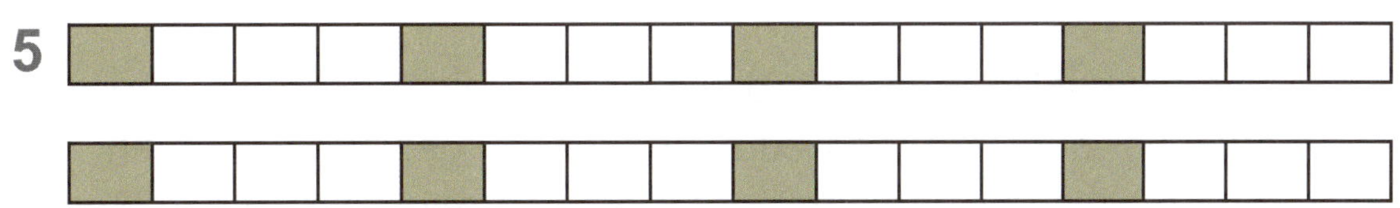

B	= Bass	O	= Open	•	= Tip
	= Gun oder Gugu		= Tak oder Taka		= Te oder Tete

Übetipps

Immer wieder werde ich während meiner Unterrichtstätigkeit gefragt, wie lange man eigentlich Cajon pro Tag üben muss. Natürlich gilt die Regel, wie zu allem im Leben, wer viel übt kommt schnell voran, wer wenig übt, kommt langsam voran. Aber es gibt Tricks und Kniffe, wie man sich das Üben erleichtert.

Übe kontinuierlich !
Der beste Trick ist ein kontinuierliches Üben. Legt euch eine Zeit pro Tag fest, die ihr entbehren könnt und übt täglich. Diese Zeit kann euch niemand vorschreiben, sie ist individuell auf euer Privatleben abgestimmt und kann so zwischen 10 Minuten und einer Stunde oder mehr liegen.

Eine ganze Woche gar nichts zu tun und dann drei Stunden auf einmal zu üben, bringt erfahrungsgemäß am wenigsten.

Trenne Jammen vom Üben !
Die größte Gefahr in der Übezeit liegt in Ihrem Inhalt. Das einfache Jammen von Rhythmen, die wir schon können, bereitet uns naturgemäß am meisten Freude, bringt jedoch am wenigsten Lerneffekt.

Natürlich sollte man sich diese Freude nicht nehmen, aber nehmt euch vor dem Jammen eure Übezeit mit gezielten Themen, die ihr lernen wollt und "belohnt" euch danach mit einer Runde Spaß am Jammen.

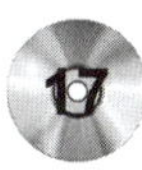

Rhythmen einfach lernen

Hier möchte ich euch noch eine einfache Methodik mit auf den Weg geben, die Rhythmen, die euch schwer fallen, zu lernen. Natürlich ist es immer ratsam, sich Übungen vorerst als Sprechrhythmus anzutrainieren. Trotzdem können neue Handkombinationen noch schwer fallen.

In dem Fall, könnt ihr diese ***langsam*** Block für Block aufbauen, anstatt euch die Zähne an der ganzen Notenreihe auszubeißen. Wie das genau funktioniert, könnt ihr an diesem Beispiel sehen:

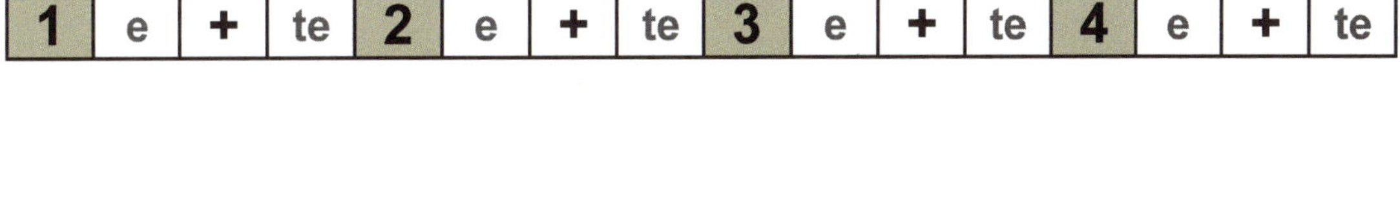

	1	e	+	te	2	e	+	te	3	e	+	te	4	e	+	te

Schritt:

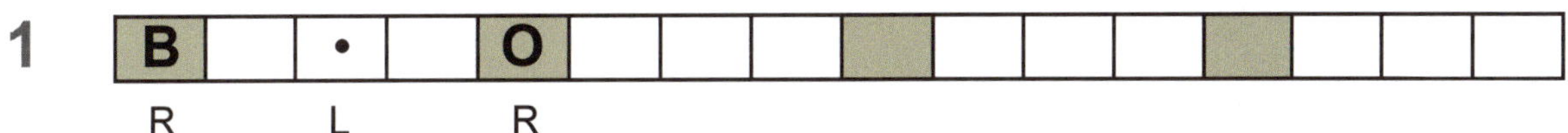

1	B		•		O											
	R		L		R											

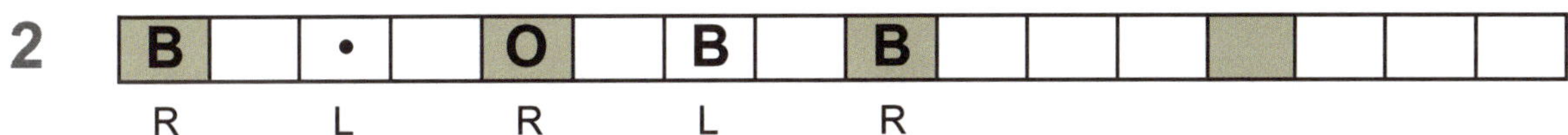

2	B		•		O		B		B							
	R		L		R		L		R							

3	B		•		O		B		B		B		O			
	R		L		R		L		R		L		R			

4	B		•		O		B		B		B		O		•	
	R		L		R		L		R		L		R		L	

B = Bass   O = Open   • = Tip   (grau) = Fuß stampft mit

Akzent-Tischtraining

Ob eine Cajongroove gut oder schlecht klingt, hängt zu großen Teilen davon ab, ob man sich antrainiert Bass und Open Schläge druckvoll spielen zu können und die Tips gleichzeitig locker und leise "rollen" zu lassen.

Für Schlagzeuger gibt es schon lange das System der Up- and Downstrokes, welches von ihnen ewig lange am Übungspad trainiert wird.

Dieses System hört sich komplizierter an als es ist.

Für eine Cajon bedeutet das nicht mehr als zwei Grundregeln:

- Ein Tip, der sehr leise gespielt wird, braucht vorhergehend eine **kleine** Ausholbewegung.

- Ein kräftiger Bass oder ein Openschlag braucht vorhergehend eine **große** Ausholbewegung.

Daraus erschließt sich eine ganz wichtige Erkenntnis:
Ob ein Schlag an der Cajon klingt und groovt oder nicht, bestimmt nicht nur der Anschlag, sondern zu weiten Teilen auch die vorhergehende Ausholbewegung.

Ich übe das mit meinen Schülern immer anhand einer Tischübung.

Ein Tipp für die fortgeschrittenen Trommler unter euch:
Diese Übung funktioniert genauso gut an einer Conga.

Am Tisch trainieren unterscheiden wir lediglich zwei Schläge:

Leise Schläge (Tips) auf dem Oberschenkel und
laute Schläge (Akzente) auf dem Tisch.

Warum sollte man Cajonschläge am Tisch trainieren?

Es geht dabei lediglich darum, unsere Bewegungsabläufe der Hände zu trainieren, dass sie einmal kurze Wege und einmal lange Wege zum Ausholen gehen sollen und dabei keinerlei Rhythmusschwankungen haben dürfen.

Die Bewegung - der Weg - auf den Tisch ist der gleiche wie die Ausholbewegung vor einem lauten Cajonschlag.

So werden die Abläufe für ein späteres Cajonspiel gestärkt.

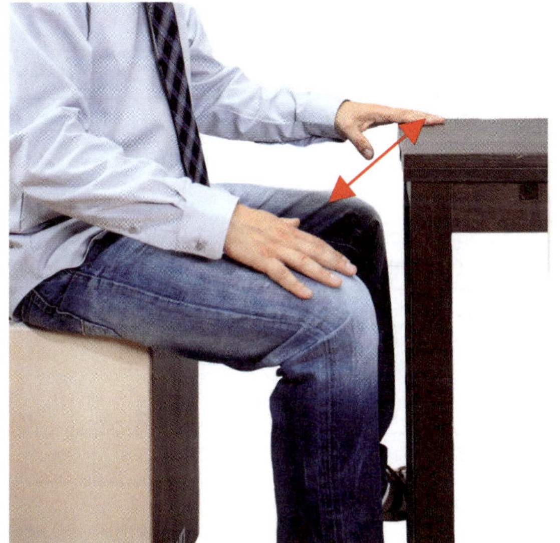

Ausholbewegung am Tisch

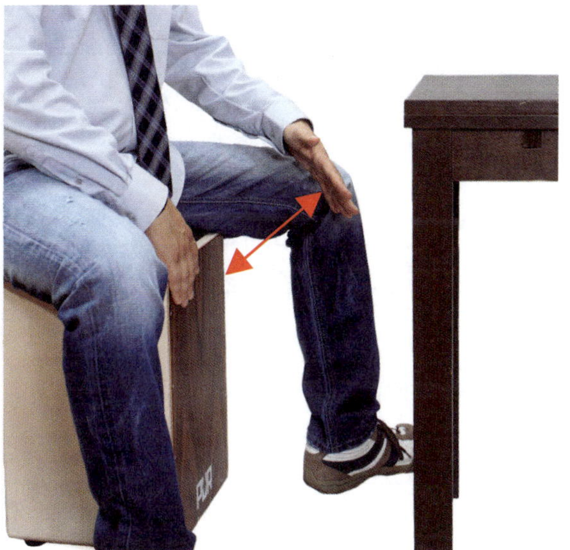

Ausholbewegung an der Cajon

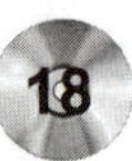

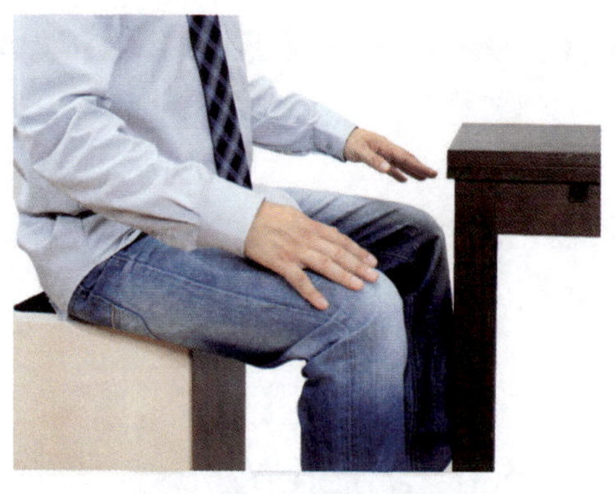

Die Tipschläge (•)

Achtet bei den Tipschlägen auf eure Ausholbewegung. Sie sollte in jedem Fall sehr klein bleiben.

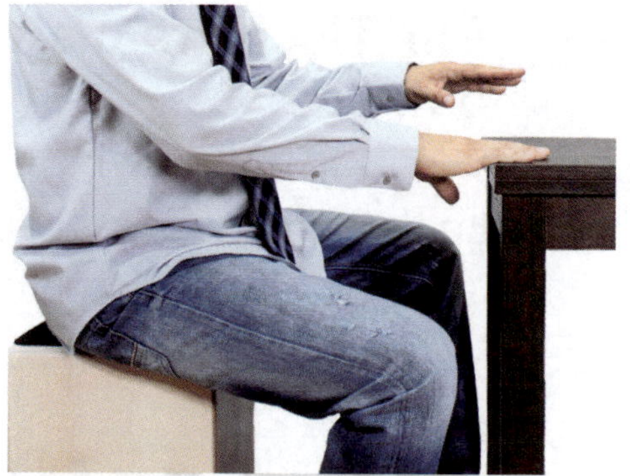

Die Akzente (>)

Die Akzente werden auf die Tischplatte geschlagen. Hierbei solltet ihr darauf achten, die Schläge nicht zu fest zu machen.

	1	e	+	te	2	e	+	te	3	e	+	te	4	e	+	te
1	>	•	•	•	>	•	•	•	>	•	•	•	>	•	•	•
	R	L	R	L	R	L	R	L	R	L	R	L	R	L	R	L
2	•	>	•	•	•	>	•	•	•	>	•	•	•	>	•	•
	R	L	R	L	R	L	R	L	R	L	R	L	R	L	R	L
3	•	•	>	•	•	•	>	•	•	•	>	•	•	•	>	•
	R	L	R	L	R	L	R	L	R	L	R	L	R	L	R	L
4	•	•	•	>	•	•	•	>	•	•	•	>	•	•	•	>
	R	L	R	L	R	L	R	L	R	L	R	L	R	L	R	L

Kombiniere Übung 1-4. Eine echte Kopfnuss.. Aber mit Spaßfaktor!

5	>	•	•	•	•	>	•	•	•	•	>	•	•	•	•	>
	R	L	R	L	R	L	R	L	R	L	R	L	R	L	R	L

Auch wenn es schwer fällt: Versucht bei allen Übungen des Akzent-Trainings auf die grauen Kästchen mitzustampfen! Wer diese Übungen mit dem Stampfen beherrscht, wird es beim Cajonspielen später sehr viel leichter haben!

	1	e	+	te	2	e	+	te	3	e	+	te	4	e	+	te
6	>	>	•	•	>	>	•	•	>	>	•	•	>	>	•	•
	R	L	R	L	R	L	R	L	R	L	R	L	R	L	R	L
7	•	•	>	>	•	•	>	>	•	•	>	>	•	•	>	>
	R	L	R	L	R	L	R	L	R	L	R	L	R	L	R	L
8	>	•	•	>	>	•	•	>	>	•	•	>	>	•	•	>
	R	L	R	L	R	L	R	L	R	L	R	L	R	L	R	L
9	>	•	•	>	•	•	>	•	>	•	•	>	•	•	>	•
	R	L	R	L	R	L	R	L	R	L	R	L	R	L	R	L
10	>	•	•	•	>	•	•	•	•	>	•	>	•	>	•	>
	R	L	R	L	R	L	R	L	R	L	R	L	R	L	R	L
11	>	•	>	>	•	>	>	•	>	•	>	>	•	>	>	•
	R	L	R	L	R	L	R	L	R	L	R	L	R	L	R	L

B = Bass O = Open • = Tip [graues Kästchen] = Fuß stampft mit!

Die Umsetzung auf die Cajon

Versucht doch nun, einmal die kompletten Übungen auf der Cajon zu spielen. Hierbei müsst ihr lediglich die Akzente (>) in Bass- (B) oder Openschläge (O) umwandeln. Am besten versucht ihr Beides.

Alle Tipschläge bleiben dabei gleich.

ABER VORSICHT:

Sinn und Zweck der Übung ist es, Bewegungsabläufe bei der Ausholbewegung zu trainieren. Also achtet bitte darauf, die Tipbewegung sehr klein zu halten und Bass und Openschläge mit weiten Ausholbewegungen auszuführen.

Beispiel Übung 1:

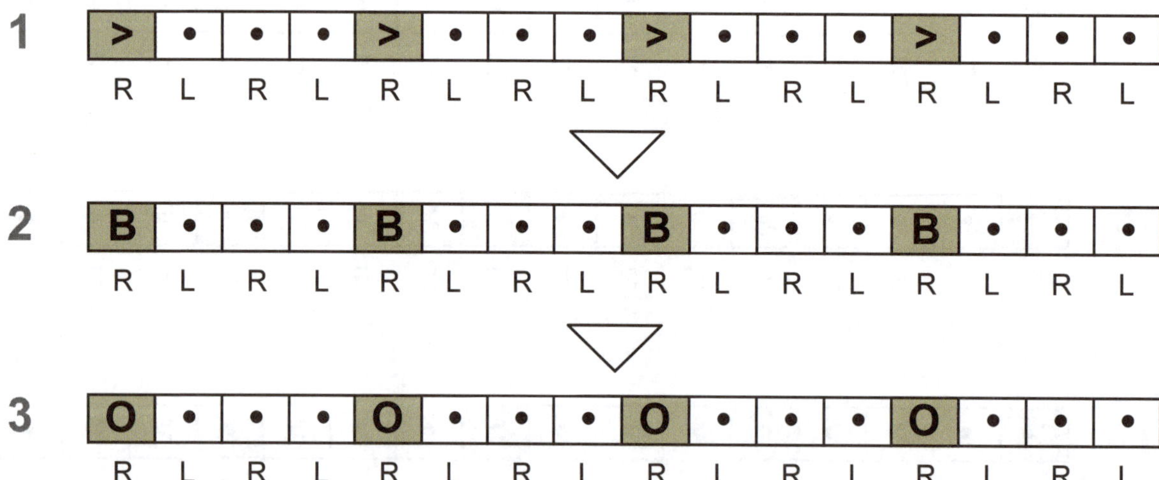

Rock- und Popbaukasten

Wie sich Grooves zusammensetzen und wie man eigene Grooves entwickelt...

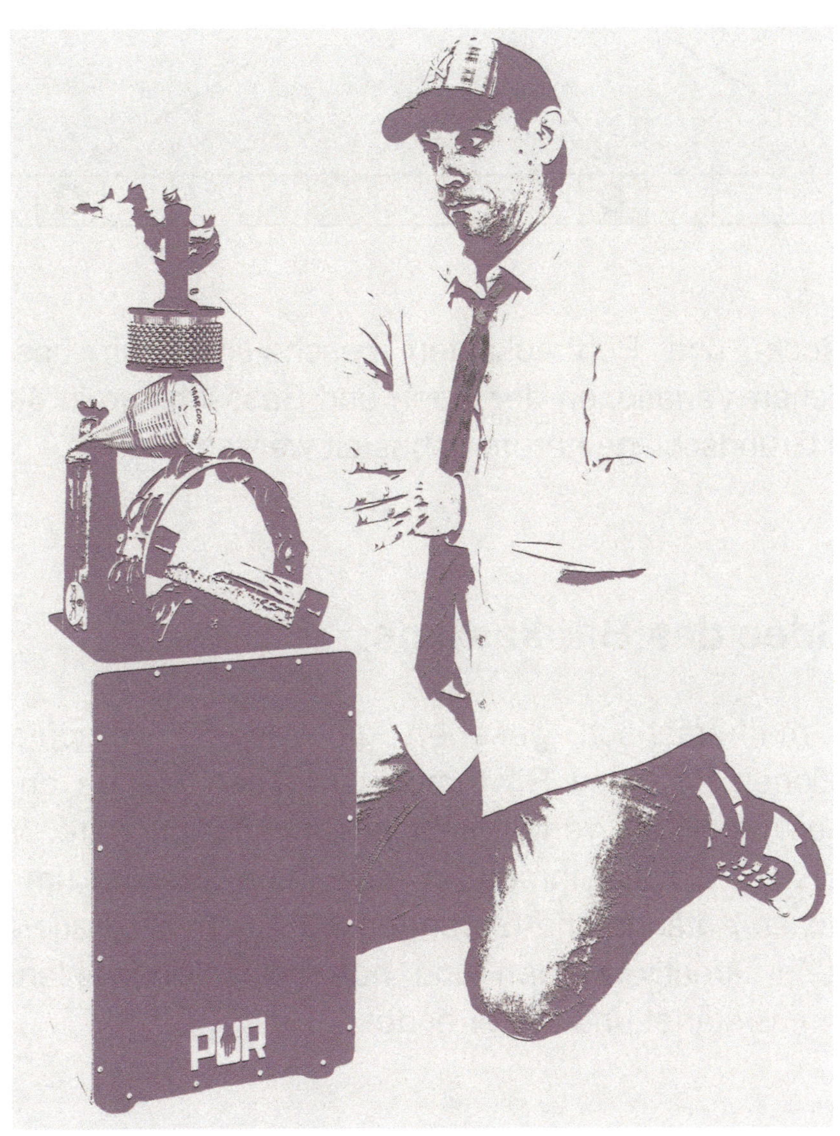

Allgemeines zum Baukasten und zur Struktur der Rock- und Popmusik

Jede Stilrichtung hat bestimmte rhythmische Muster und Strukturen. Bei der Rock- und Popmusik sind es diese 3 Schläge, die in 99% aller Songs immer wieder auftauchen:

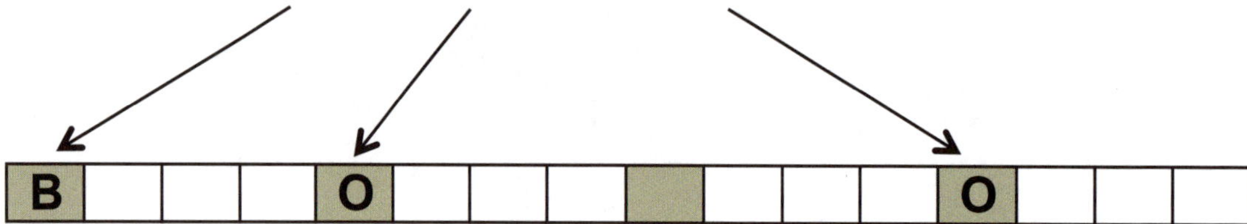

Im Rock- und Popbaukasten beschäftigen wir uns mit allen möglichen Variationen der Open und Bassschläge in 8teln, die um diese Grundschläge herum gebastelt werden können.

Die Idee des Baukastens:

Rein mathematisch gesehen gibt es 72 verschiedene 8tel Variationen für diese Rhythmen. Da diese Menge an Rhythmen über einige Seiten verteilt sehr unübersichtlich wäre, habe ich im Baukasten die Rhythmen in der Mitte geteilt, um euch alle möglichen Anfänge und Endungen auf einem Blatt zu vereinen. So könnt ihr kreativ werden und nun selbst auswählen, wie euer Rhythmus startet und wie er endet.

Rock- und Popbaukasten

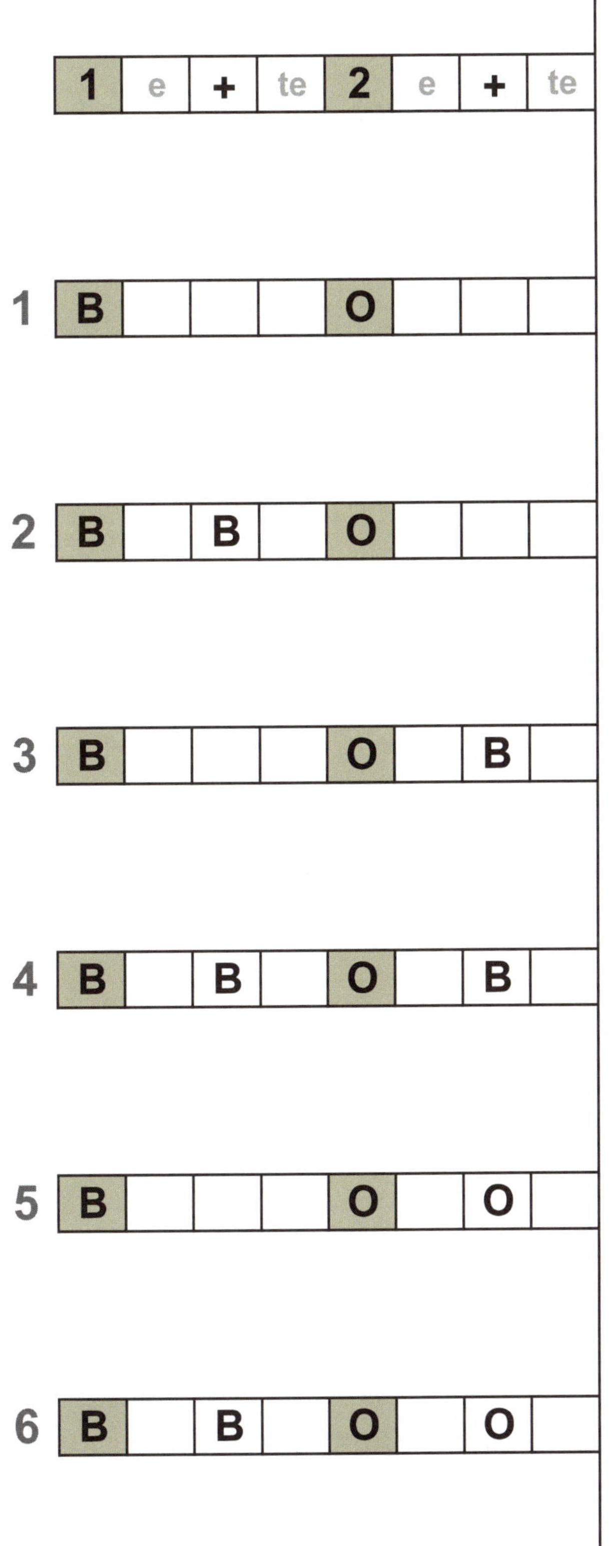

	1	e	+	te	2	e	+	te
1	B				O			
2	B		B		O			
3	B				O		B	
4	B		B		O		B	
5	B				O		O	
6	B		B		O		O	

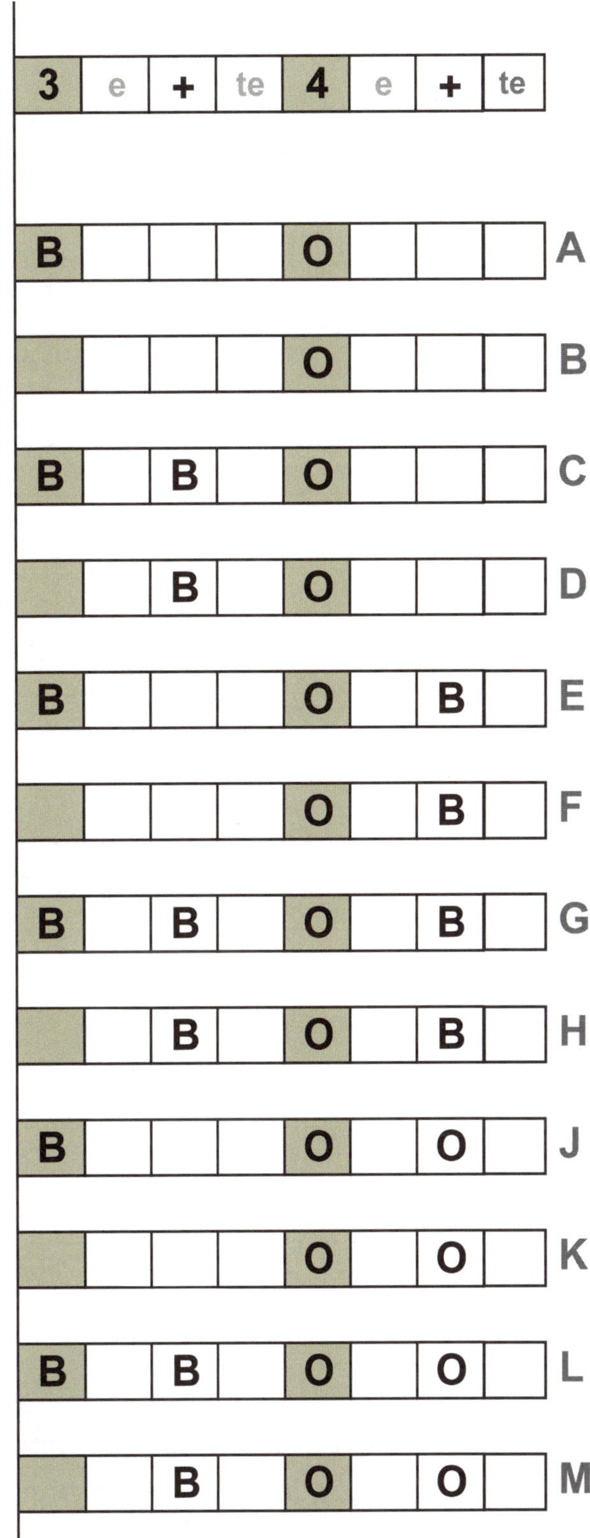

3	e	+	te	4	e	+	te	
B				O				A
				O				B
B		B		O				C
		B		O				D
B				O		B		E
				O		B		F
B		B		O		B		G
		B		O		B		H
B				O		O		J
				O		O		K
B		B		O		O		L
		B		O		O		M

Die Nettospielweise

Die einfachste Art Rhythmen auf einer Cajon zu spielen, ist die sogenannte Nettospielweise.

Bei der Nettospielweise werden alle Bassschläge mit Rechts und die Openschläge mit Links ausgeführt. Ein komplizierter Handsatz bleibt somit aus und man kann recht schnell, einfache aber effektive Rhythmen spielen.

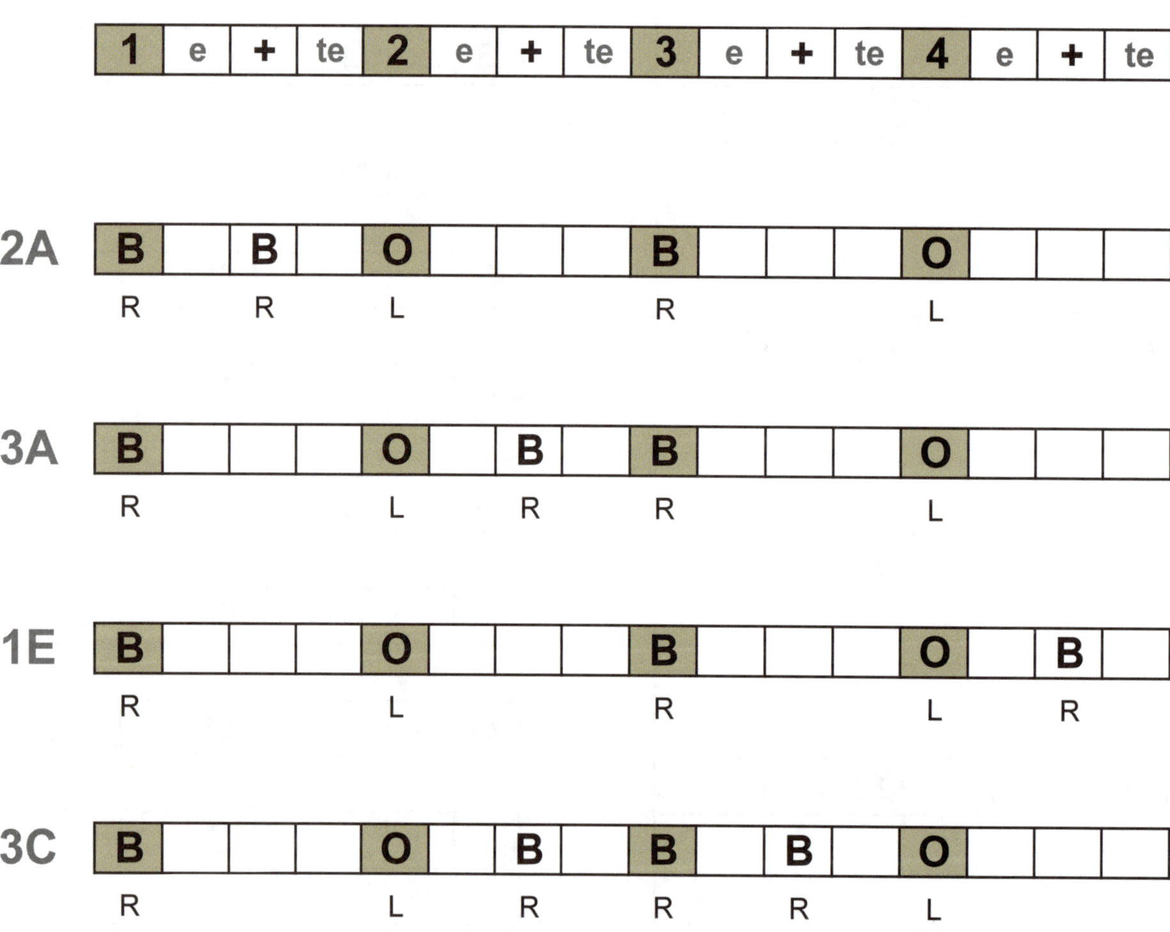

	1	e	+	te	2	e	+	te	3	e	+	te	4	e	+	te
2A	B		B		O				B				O			
	R		R		L				R				L			
3A	B				O		B		B				O			
	R				L		R		R				L			
1E	B				O				B				O		B	
	R				L				R				L		R	
3C	B				O		B		B		B		O			
	R				L		R		R		R		L			

Auf der nächsten Seite findet ihr eine Kopiervorlage, um eure eigenen Ideen und Rhythmen zu notieren.

Rock- und Popbaukasten Kopiervorlage

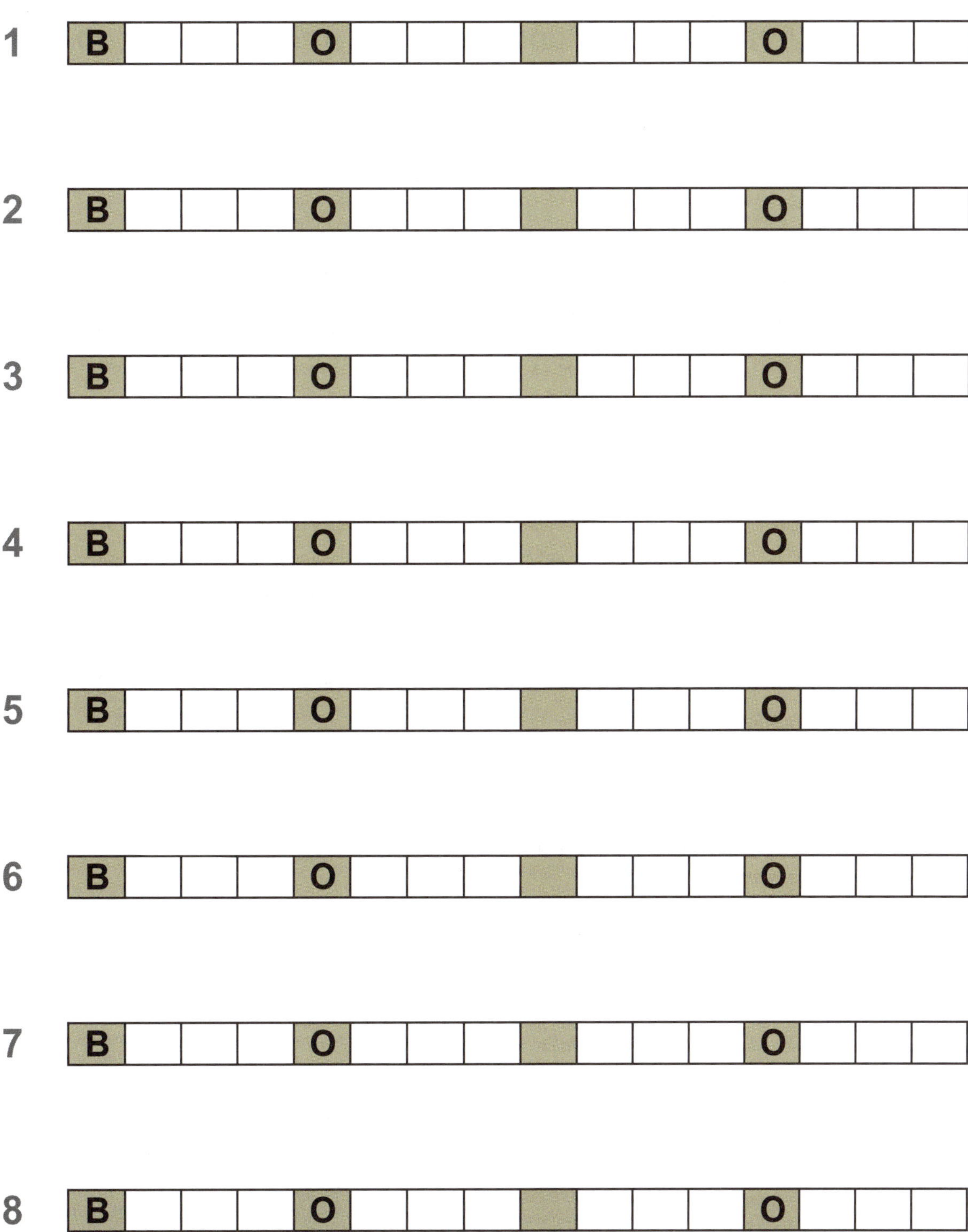

Allgemeines zum Baukasten

Ein Rhythmus besteht für mich immer aus mehreren Ebenen.

EBENE 1:
Die erste Ebene haben wir jetzt bereits kennengelernt. Es sind alle möglichen Kombinationen, die ich mit Open- und Bassschlägen spielen kann und somit das Grundgerippe eines jeden Grooves. Diese kann man aber nicht nur in der Nettospielweise verwenden.

EBENE 2:
Man kann sich als zweite Ebene ganz verschiedene Spielarten aneignen. Ich werde euch nach und nach verschiedene Arten zeigen, wie man ein und den selben Rhythmus (gleiche Open- und Bassschläge) interpretieren und spielen kann. Diese Erkenntnis ist der Schlüssel zu einer abwechslungsreichen und einer guten Bandbegleitung.

Die verschiedenen Ideen sind nach Schwierigkeitsgraden aufgeteilt. Ihr bestimmt also selbst, wie schwierig ihr euren Groove gestalten wollt.

EBENE 3:
Für die fortgeschrittenen Spieler unter euch stehen am Ende dieses Kapitels Möglichkeiten, jeden beliebigen Rhythmus mit dem Fuß zu begleiten. Diese Möglichkeit macht nochmals die Grooves komplizierter, aber auch schöner.

Dieser Baukasten bietet nun, wie erwähnt, 72 verschiedene Kombinationsmöglichkeiten, um Bass- und Openschläge in Rock- und Poprhythmen zu kombinieren.

Zu diesen Kombinationen kommen jetzt auch nach und nach 5 verschiedenen Arten, diese Rhythmen zu interpretieren.

Zum Abschluss erfahrt ihr unter Idee 6, wie ihr eure Rhythmen mit den verschiedensten Instrumenten am Fuß begleiten könnt.

Ideen zum Baukasten im Überblick

Idee:	Beschreibung:
1	**Groove mit 8tel Tips auffüllen**
2	**Groove mit 16tel Tips auffüllen**
3	**Groove mit Shaker Begleitung**
4	**Groove mit durchgehendem Begleitinstrument**
5	**Groove mit Tumbao Begleitung**
6	**Fußostinati**

B = Bass   **O** = Open   **•** = Tip   (graues Feld) = Fuß stampft mit !

Idee 1: Groove mit 8tel Tips auffüllen

Bei dieser Methodik werden die Lücken aus den Baukasten-Rhythmen einfach mit 8tel Tips aufgefüllt.

Der Handsatz ist bei dieser Methodik Hand to Hand, sprich die rechte und linke Hand spielt abwechselnd.

Zu Anfang könnt ihr euch die Rhythmen mit der Kopiervorlage herausnotieren und mit ein bisschen Übung lassen sich diese Rhythmen aber auch direkt aus dem Baukasten spielen, indem man sich die Tips nur vorstellt.

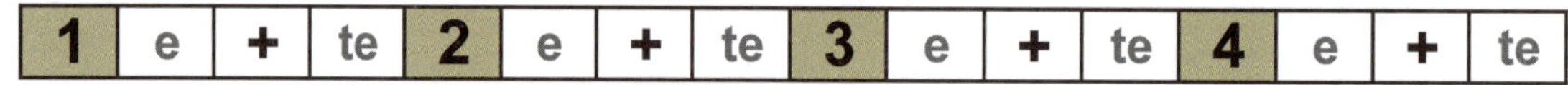

Beispiel an unserem Basisgroove 1-C

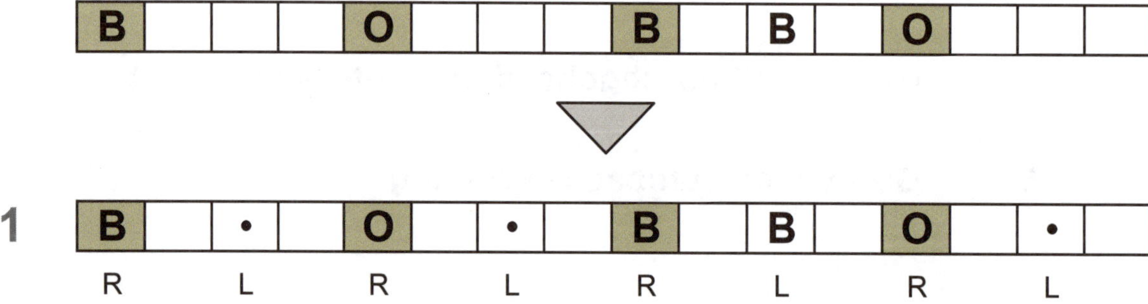

B = Bass   O = Open   • = Tip   (grau) = Fuß stampft mit !

Beispielrhythmen für Grooves mit 8tel Tips

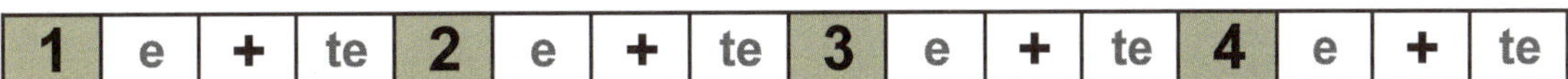

2
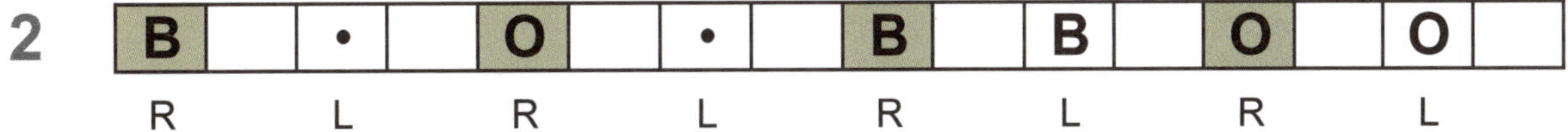

3
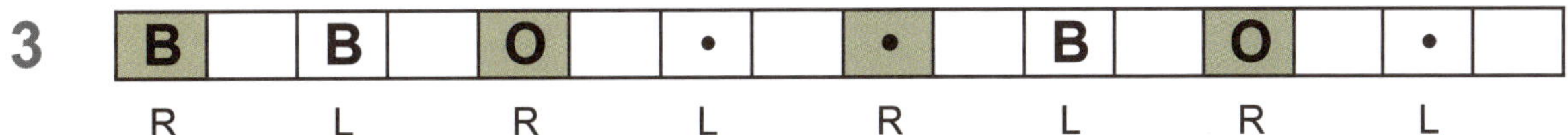

4

B		•		O		•		•		B		O		B	
R		L		R		L		R		L		R		L	

5

B		•		O		B		B		B		O		•	
R		L		R		L		R		L		R		L	

Versucht nun, eigene Kombinationen aus dem Baukasten zu finden !

B = Bass   O = Open   • = Tip   [ ] = Fuß stampft mit !

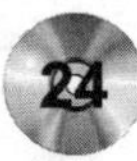

Idee 2: Groove mit 16tel Tips auffüllen

Bei dieser Methodik werden die Lücken aus den Baukasten Rhythmen mit 16tel Tips aufgefüllt.

Der Handsatz ist bei dieser Methodik Hand to Hand, sprich die rechte und linke Hand spielt abwechselnd, wie bei den 8tel Tipps auch.

Ob ein Rhythmus mit 8tel oder mit 16tel aufgefüllt wird entscheidet letztendlich der Song, den man begleiten will.

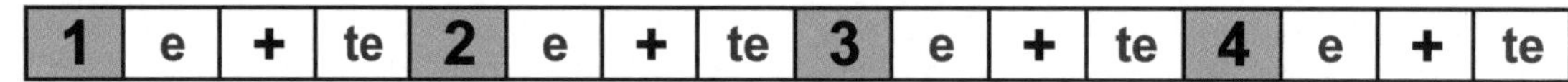

Beispiel an unserem Basisgroove 1-C

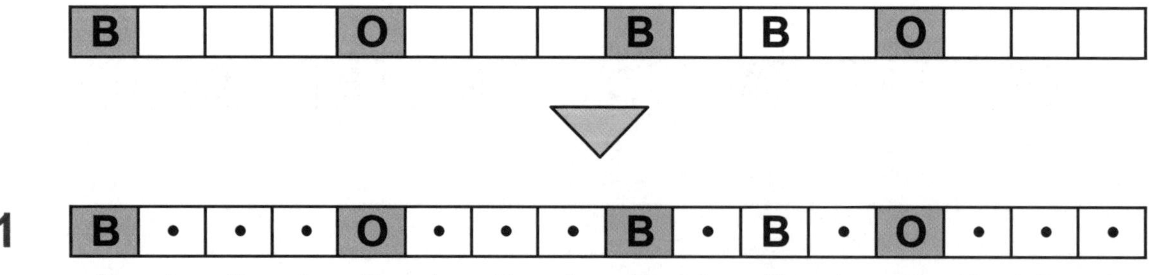

B = Bass O = Open • = Tip [grau] = Fuß stampft mit !

Beispielrhythmen für Grooves mit 16tel Tips

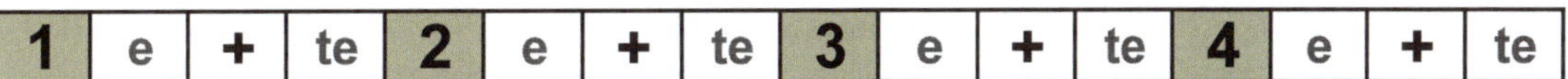

1	e	+	te	2	e	+	te	3	e	+	te	4	e	+	te

2	B	•	•	•	O	•	B	•	B	•	•	•	O	•	•	•
	R	L	R	L	R	L	R	L	R	L	R	L	R	L	R	L

3	B	•	B	•	O	•	•	•	•	•	B	•	O	•	O	•
	R	L	R	L	R	L	R	L	R	L	R	L	R	L	R	L

4	B	•	•	•	O	•	B	•	•	•	B	•	O	•	•	•
	R	L	R	L	R	L	R	L	R	L	R	L	R	L	R	L

5	B	•	•	•	O	•	B	•	B	•	B	•	O	•	•	•
	R	L	R	L	R	L	R	L	R	L	R	L	R	L	R	L

Versucht nun, eigene Kombinationen aus dem Baukasten zu finden !

B = Bass   O = Open   • = Tip   [grau] = Fuß stampft mit !

Idee 3: Groove mit einem Shaker begleiten

Im alltäglichen Geschäft einer Bandbegleitung ist der Shaker das wohl am meisten gefragte Instrument des Percussionisten. In den meisten Ensembles, gerade bei akustischen, sind diese "breiten" Sounds sehr gefragt.

Wir Trommler müssen das gut trainieren, damit der Shaker dann auch ordentlich rollt und klingt. Die Breaks sind dann auch etwas eingeschränkt, da eine Hand ja mit dem Shaker schon voll beschäftigt ist. Fußostinati sind bei dieser Variante natürlich ideal ergänzend. Ich habe hier für den Shaker Pfeilsymbole für die vorwärts- und rückwärts- Bewegung verwendet:

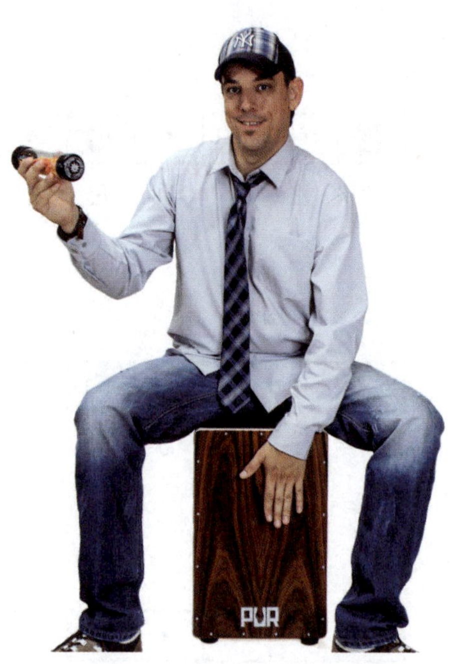

→ = Shaker vorwärts ← = Shaker rückwärts

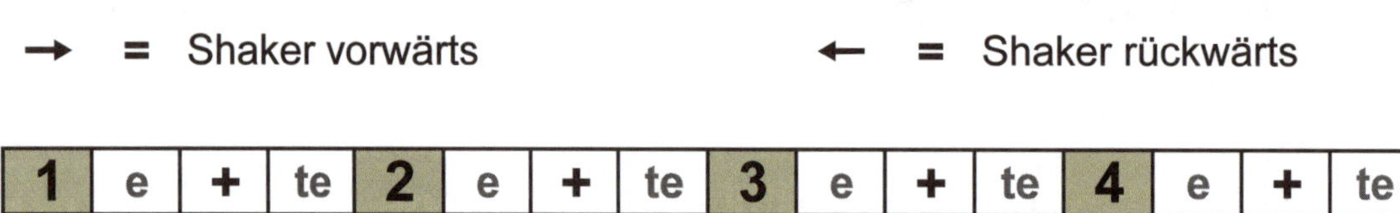

1	e	+	te	2	e	+	te	3	e	+	te	4	e	+	te

Beispiel an unserem Basisgroove 1-C

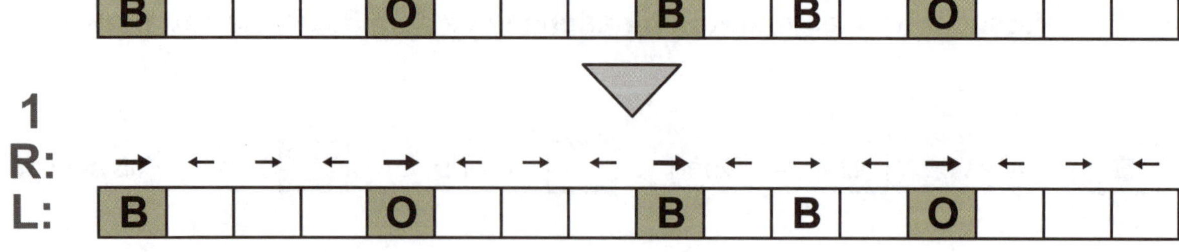

	B				O				B		B		O			
1																
R:	→	←	→	←	→	←	→	←	→	←	→	←	→	←	→	←
L:	B				O				B		B		O			

B = Bass O = Open • = Tip [grau] = Fuß stampft mit !

Beispielrhythmen für Grooves mit Shaker

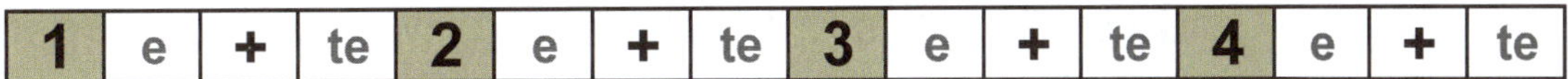

2
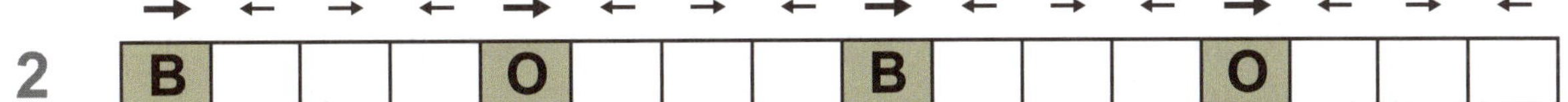

3
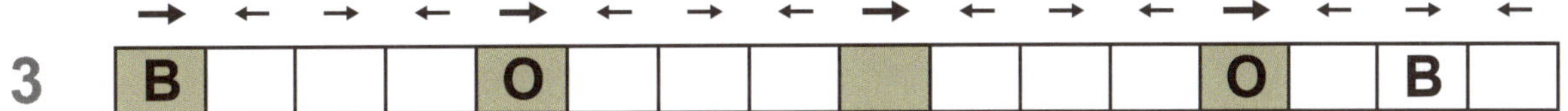

4
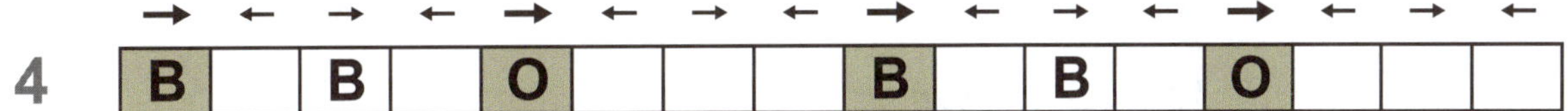

5
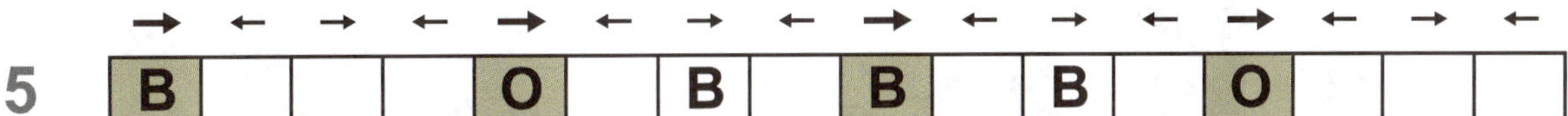

Versucht nun, eigene Kombinationen aus dem Baukasten zu finden !

B = Bass   O = Open   • = Tip   [grau] = Fuß stampft mit !

Idee 4: Groove mit einem Begleitinstrument

Neben den Tips und dem Shaker stehen natürlich auch jede Menge anderer Sounds zur Verfügung, wie wir durchgehende Rhythmen mit einer Hand erzeugen können.

Vom Schellenstab über die Hi-Hat, bis zum Shaker oder der Caxixi auf dem Knie, dem Besen auf der Cajon etc.., stehen uns sehr viele Möglichkeiten zur Verfügung, mit Perkussionsinstrumenten interessante Sounds zur Begleitung zu erzeugen. Hier ein paar Beispiele:

Hi Hat

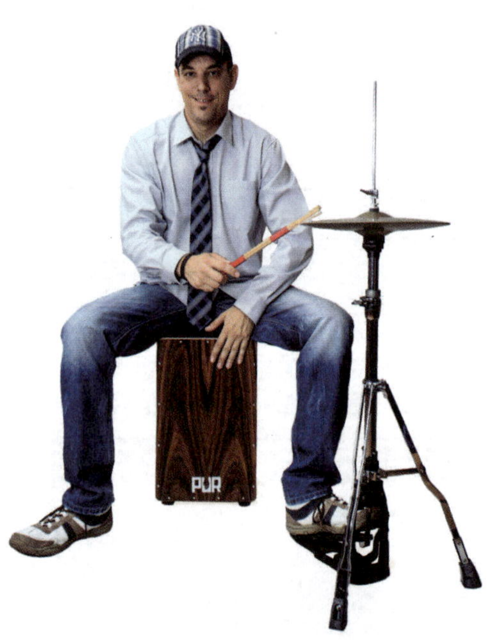

Eine Hi-Hat spiele ich am liebsten mit Hot-Rods, da diese nicht so aufdringlich laut sind. Es geht natürlich auch mit normalen Sticks oder mit Besen.

Shaker oder Caxixi

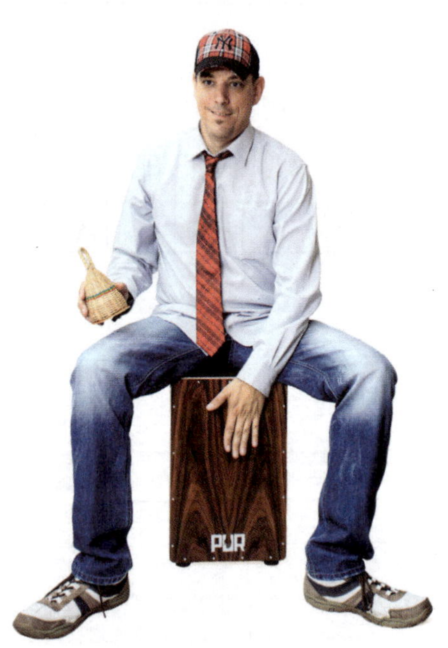

Einen Shaker, eine Caxixi, einen Schellenstab; kurzum, alles was raschelt und klingt, lässt sich auch prima einfach auf die Schenkel geschlagen spielen.

Besen auf Cajon

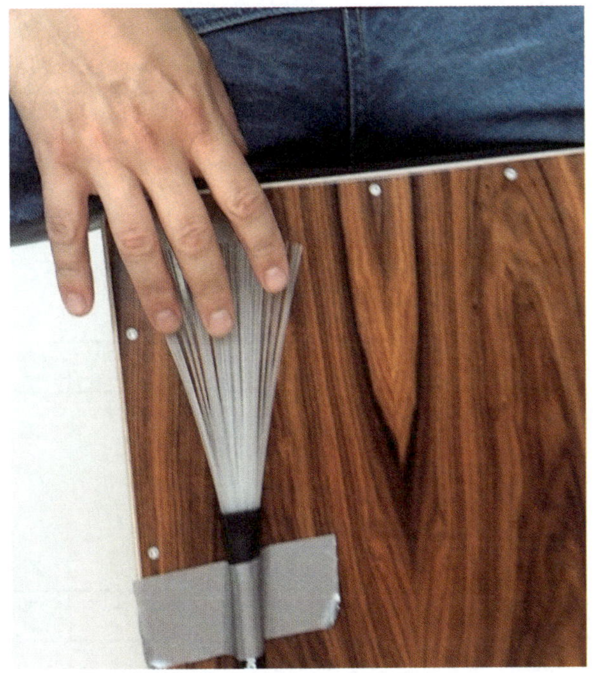

Viele Percussionisten spielen sehr gerne mit Besen auf Cajones. Meine Art, einen Besen auf die Cajon mit Klebeband zu kleben, habe ich in Brasilien beim Rebolo spielen gesehen und ist seither meine persönliche Lieblingsvariante. Man schlägt mit den Fingern einfache Tips auf das Besenende. Richtig "Wischen" kann man auf diese Art zwar nicht, aber man erhält wunderbare weiche Sounds.

Bei diesen Begleitungen, egal welche Variante ihr wählt, habt ihr dann die Möglichkeit , mit der rechten Hand entweder in 8teln oder in 16teln zu begleiten.

Beispiel an unserem Basisgroove 1-C
(mit Hot Rods auf einer Hi Hat gespielt)

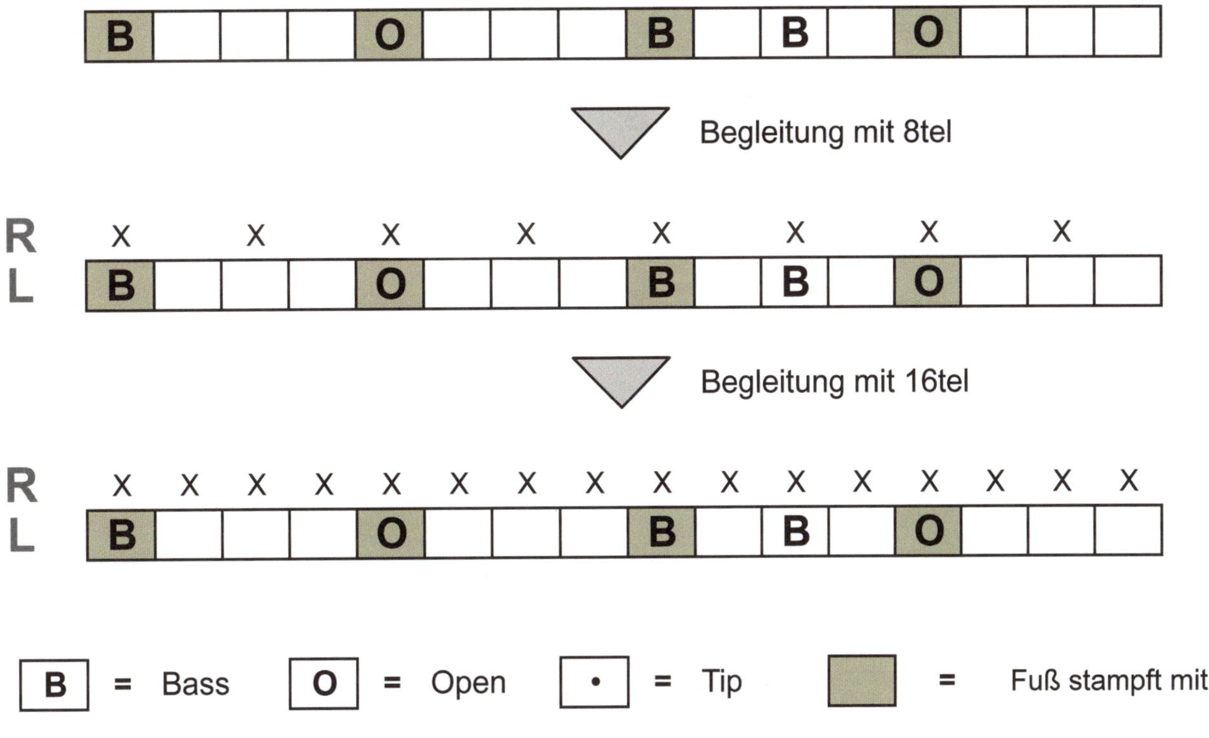

B = Bass O = Open • = Tip [grau] = Fuß stampft mit !

Beispielrhythmen für Grooves mit Begleitrhythmus

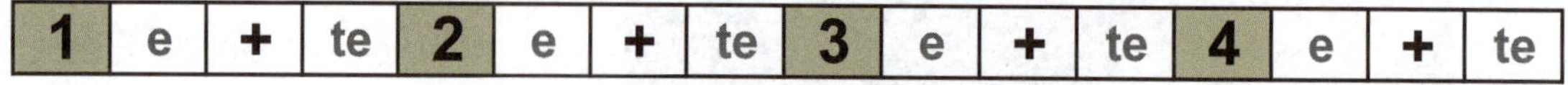

In diesem Beispiel habe ich einen Schellenstab auf den Knien gespielt.

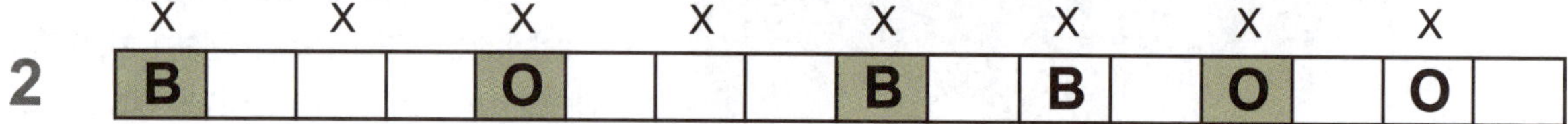

Hier habe ich eine Caxixi verwendet.

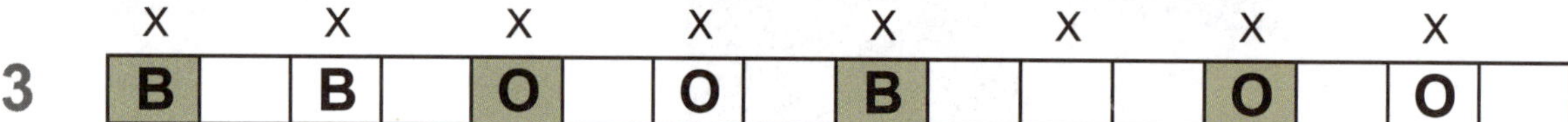

In diesem Groove habe ich einen Shaker auf den Schenkeln angeschlagen.

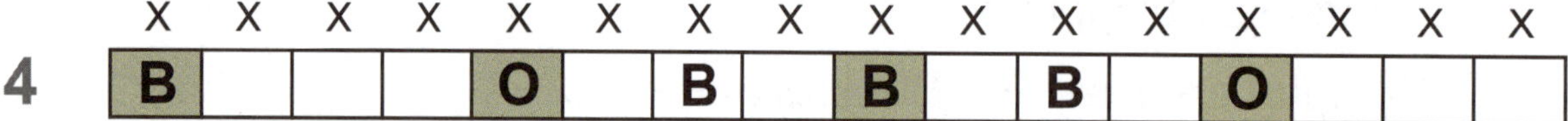

So klingt der "aufgeklebte" Besen.

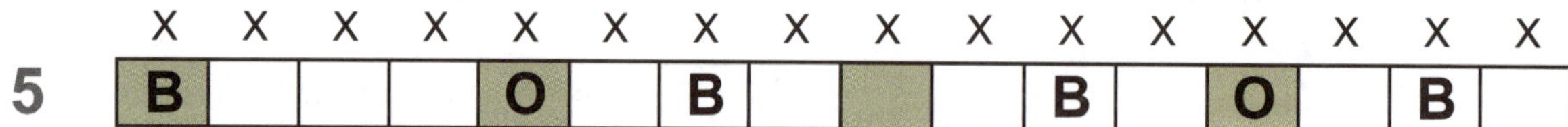

Versucht nun eigene Kombinationen aus dem Baukasten zu finden !

B = Bass O = Open • = Tip (grau) = Fuß stampft mit !

Bongosounds auf der Seitenfläche (□ & ■)

Neben der Hauptspielfläche nutze ich auch gern die Bongosounds einer Cajon auf der seitlichen Spielfläche. Hierzu muss ich in eine versetzte Spielposition wechseln, um mir beide Spielflächen zugänglich zu machen.
Um einen dunklen Bongosound (■) zu erhalten, spielen wir einfach einen Bassschlag auf der Seitenfläche der Cajon. Der helle Bongosound entsteht durch einen ganz normalen Open (□) auf der Seitenfläche.
Die Pur - Vision Cajon bietet die Möglichkeit der Bongofelder, die bequem an der Oberkante der Seitenfläche ohne spezielle Technik angeschlagen werden können.

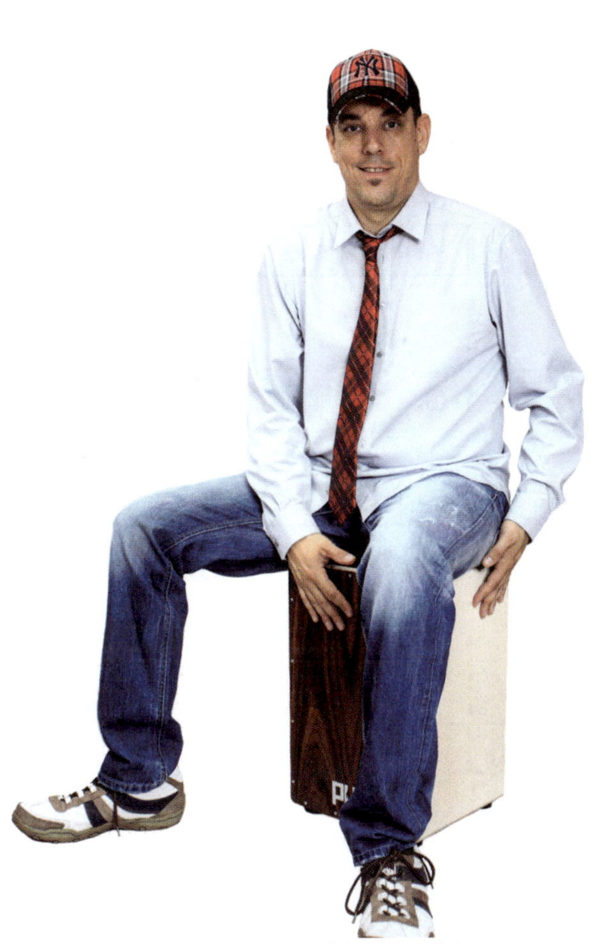

Die versetzte Sitzposition

Bongosound hell (□)

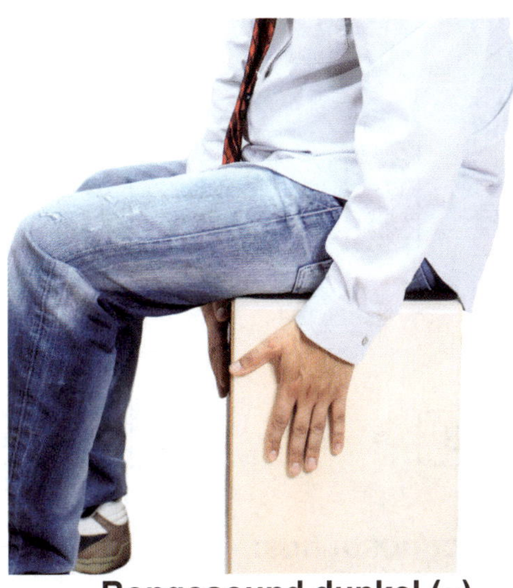

Bongosound dunkel (■)

Idee 5: Groove mit Tumbao Begleitung

Der Tumbao ist der berühmteste Groove aus Kuba und der weltweit am meisten gespielte Congarhythmus in der Popmusik. Berühmtester Vertreter der Latin-Rock Szene Santana, hat diesen Groove geprägt.

In der vereinfachten Version hat dieser Groove nur einen hohen Bongoton und zwei tiefe. So ist es möglich, in der versetzten Spielposition gleichzeitig mit einer Hand Tumbao und mit der anderen Hand an der Frontplatte Rockrhythmen zu spielen. Diese Übung ist vor allem für die fortgeschrittenen Spieler unter euch geeignet. Anstatt Bongosounds auf der Cajon zu nutzen, können diese auch auf richtigen Bongos oder einer Conga umgesetzt werden.

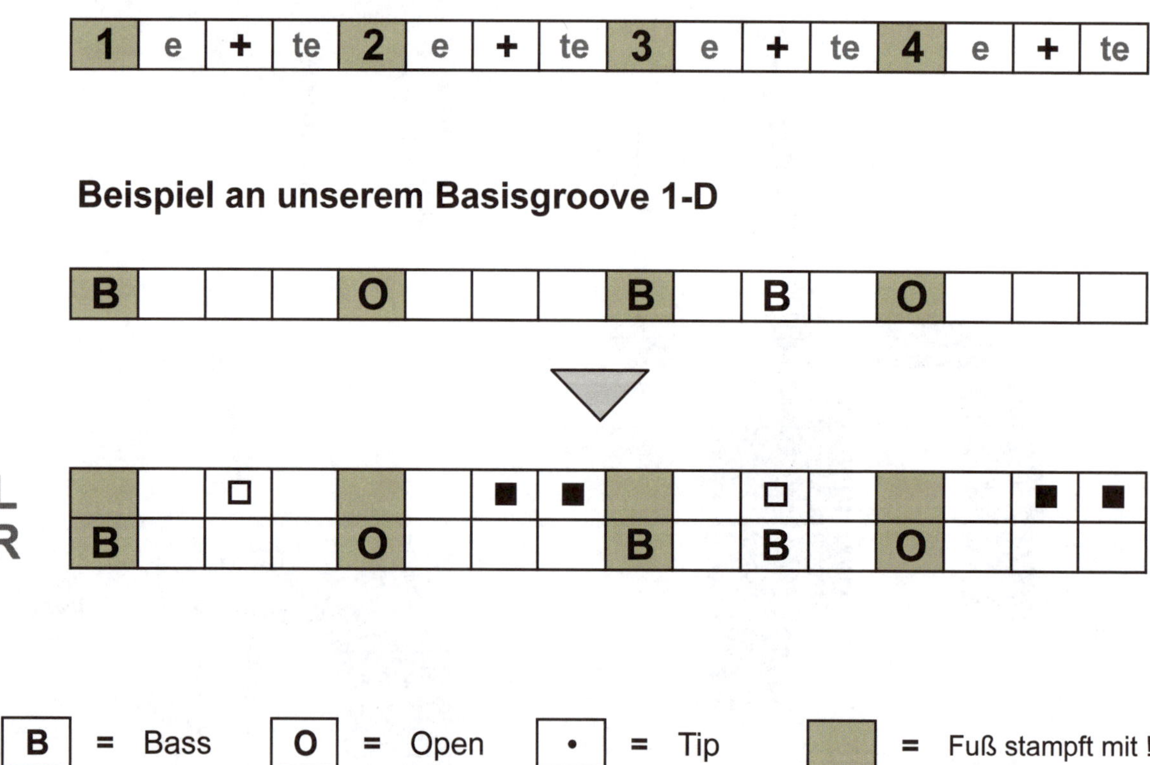

1	e	+	te	2	e	+	te	3	e	+	te	4	e	+	te

Beispiel an unserem Basisgroove 1-D

B				O				B		B		O			

L	▓		□		▓		■	■	▓		□		▓		■	■
R	B				O				B		B		O			

B = Bass   O = Open   • = Tip   ▓ = Fuß stampft mit !

Bongosounds: □ = Hell   ■ = Dunkel

Beispielrhythmen für Grooves mit Tumbao

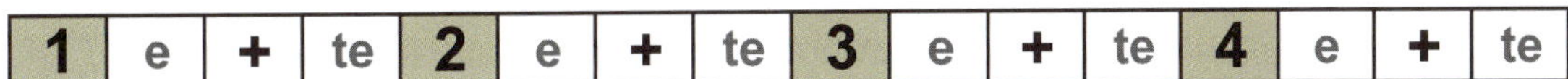

1	e	+	te	2	e	+	te	3	e	+	te	4	e	+	te

2

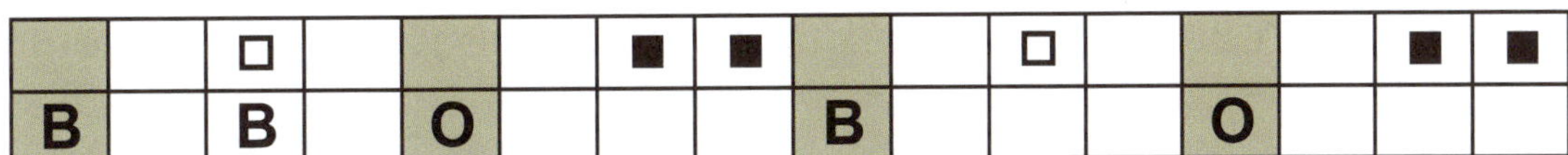

L			□				■	■			□				■	■
R	B		B		O				B				O			

3

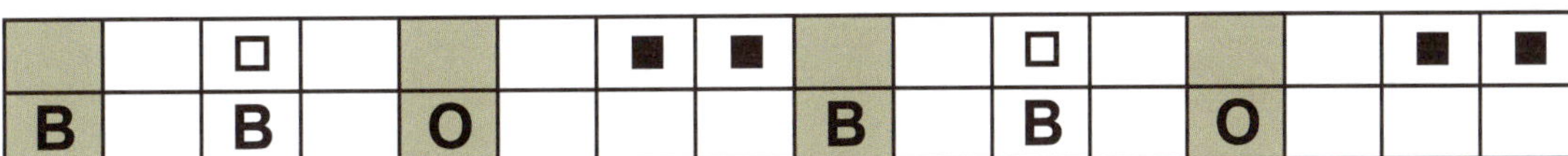

L			□				■	■			□				■	■
R	B		B		O				B		B		O			

4

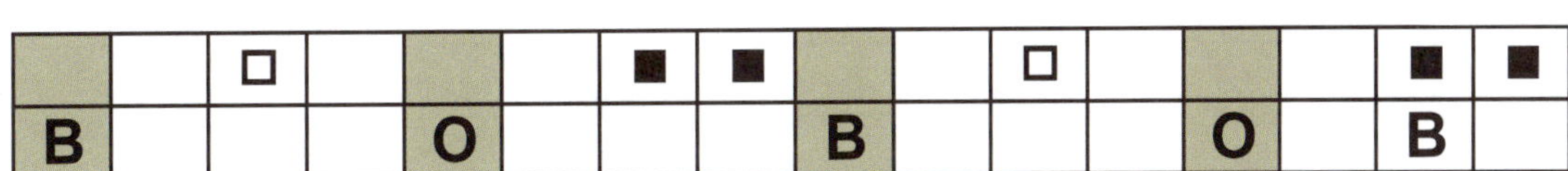

L			□				■	■			□				■	■
R	B				O				B				O		B	

5

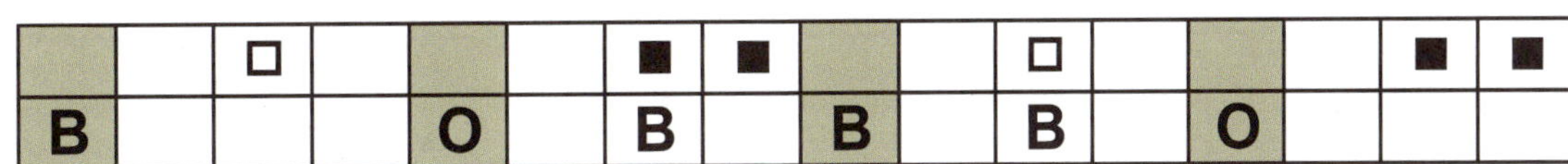

L			□				■	■			□				■	■
R	B				O		B		B		B		O			

Versucht nun, eigene Kombinationen aus dem Baukasten zu finden !

B = Bass O = Open • = Tip [grau] = Fuß stampft mit !

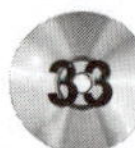

Cajonbegleitung mit den Füßen

Hier findet ihr eine Übersicht von drei einfachen Fußostinati, die ihr zu euren Rhythmen spielen könnt. Der Fachbegriff "Ostinati" bedeutet, eine immer wiederkehrende rhythmische Begleitfigur.

Wir benutzen hier die drei Basisfiguren:
Den Beat, den Offbeat und die durchgehenden 8tel.
In den Beispielen hört ihr unseren Basisgroove.

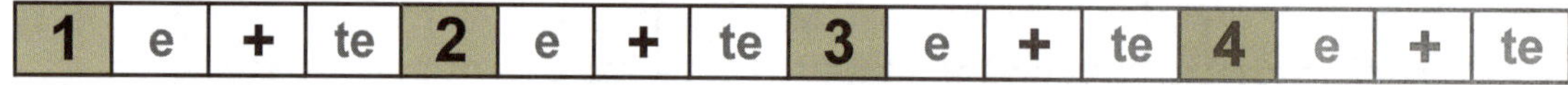

1	e	+	te	2	e	+	te	3	e	+	te	4	e	+	te

Die Beat Begleitung

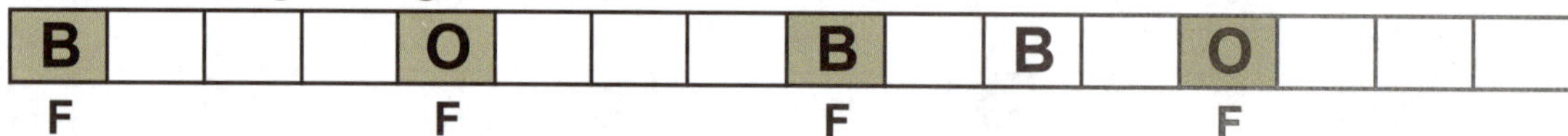

B				O				B		B		O			
F				F				F				F			

Die Offbeat Begleitung

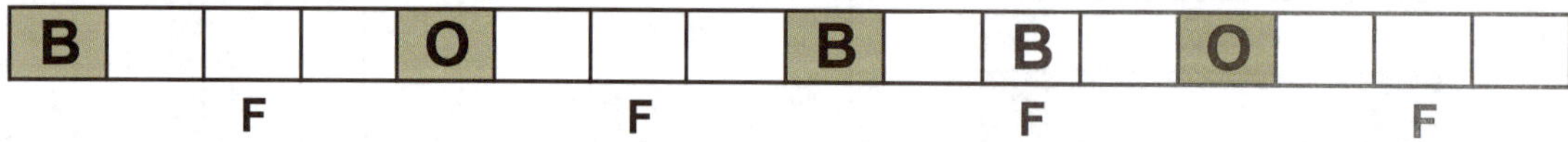

B				O				B		B		O			
		F				F				F				F	

Die 8tel Begleitung

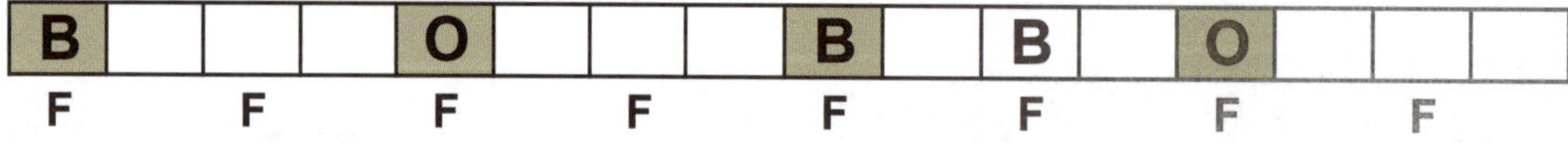

B				O				B		B		O			
F		F		F		F		F		F		F		F	

Hier findet ihr einige Instrumenten-Ideen, welche man mit dem Fuß mitspielen kann.

Bild 1: Der günstigste, aber sehr effektive Schellenring.
Hierbei ist zu beachten, dass der Schellenring sehr leicht wegrutscht. Während des Spielens muss er deshalb mit einem schweren Gegenstand fixiert werden. Kosten ab 8 €

Bild 2: Die teuren Instrumente: Die Hi-Hat oder ein Fußpedal für Cowbells, Woodblocks etc... Beide Varianten sind mit Becken bzw. Perkussionsinstrument zwischen 100 und 150 € zu haben. Dafür hat man dann aber auch den Luxussound.

Ein Tipp aus der Praxis:
Ich kenne viele Musiker, die unzufrieden mit dem Klang des Cowbellpedals sind, da dieses im Verhältnis zur Cajon etwas laut ist. Mein Trick hierzu: Einfach über die komplette Cowbell eine alte Wollsocke ziehen. Das macht einen schönen moderaten und dumpfen Cowbellsound.

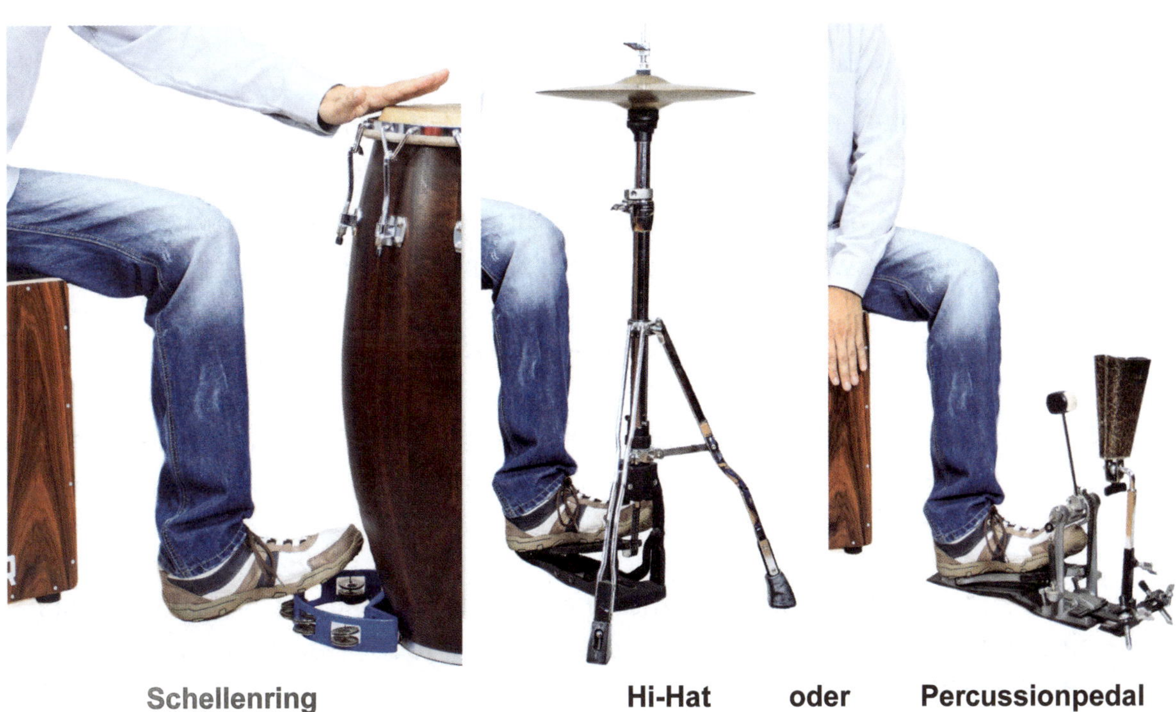

Schellenring **Hi-Hat** **oder** **Percussionpedal**

Falls jemand noch einen draufsetzen möchte, könnt ihr euch an einem absoluten Lieblingsgroove von mir ausprobieren.

Ich begleite den Tumbao Rhythmus immer mit meinem linken Fuß im Offbeat. Dadurch erhalten die Bandmitglieder und Zuhörer einen Eindruck, als würden mindestens zwei Trommler spielen.

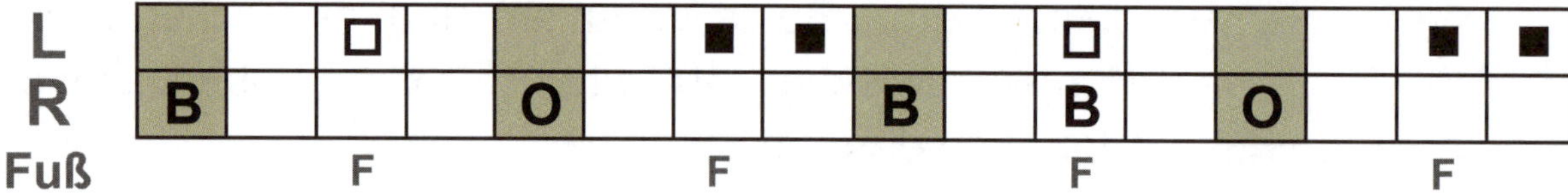

Ein Tipp zum Offbeat

Zu Anfang kann man den Trick benutzen, den Offbeat mit dem schwächeren Fuß, zumeist der Linke, zu treten. Das hat den Vorteil, dass ihr den Beat mit dem rechten Fuß halten könnt und quasi nur von links nach rechts stampfen müsst, und so automatisch den Offbeat spielt.

Dies funktioniert natürlich nur bis zu einem gewissen Grad, man sollte später natürlich mit jedem Fuß den Offbeat spielen können. Stellt euch nur vor, ihr spielt ein Percussionsetup, wollt mit dem Schellenring Offbeat spielen, weil es gerade super passt, aber dieser liegt rechts :-)

Ein Wort zum Abschluss des Rock- und Popbaukastens

Nimmt man die 72 möglichen Kombinationen und multipliziert sie mit 3 Fußostinatis und 5 verschiedenen Ideen zum Umsetzen der Grooves, so erhält man über 1000 mögliche Grooves.

Wer sich mit solchen Systemen beschäftigt, erhält damit automatisch eine echte Kreativitätsbombe, die sich in jeder Band super gut umsetzen lässt.

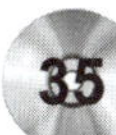

Beispiele für Grooves mit Fußbegleitung

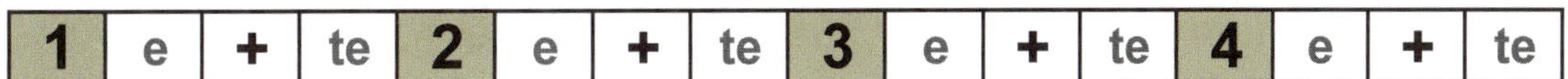

1	e	+	te	2	e	+	te	3	e	+	te	4	e	+	te

2 Groove mit 8tel Tips und einer Beat Fußbegleitung

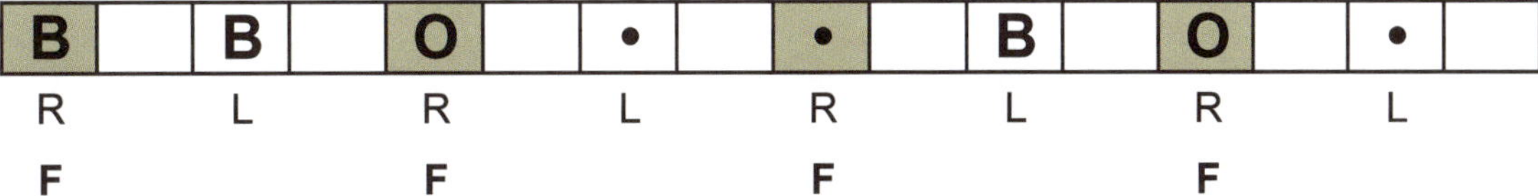

B		B		O		•		•		B		O		•	
R		L		R		L		R		L		R		L	
F				F				F				F			

3 Groove mit einer Shaker Begleitung und einer Offbeat Fußbegleitung

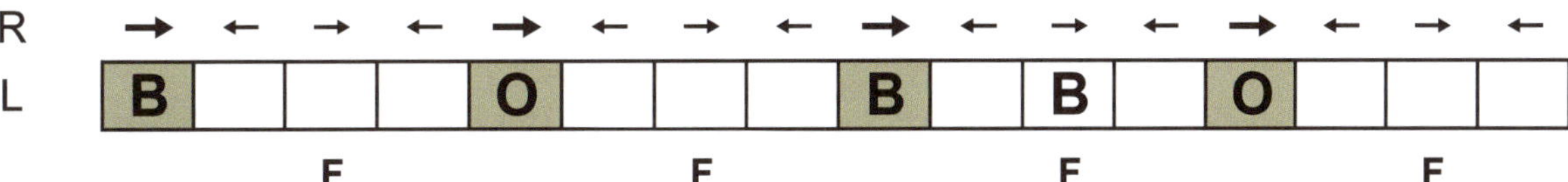

R	→	←	→	←	→	←	→	←	→	←	→	←	→	←	→	←
L	B				O				B		B		O			
			F				F				F				F	

4 Groove mit 16tel Tips und einer 8tel Fußbegleitung

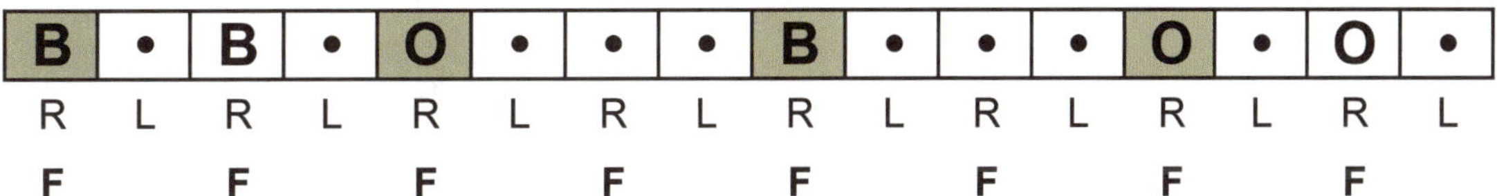

B	•	B	•	O	•	•	•	B	•	•	•	O	•	O	•
R	L	R	L	R	L	R	L	R	L	R	L	R	L	R	L
F		F		F		F		F		F		F		F	

5 Groove mit 16tel Begleitinstrument und einer Beat Fußbegleitung

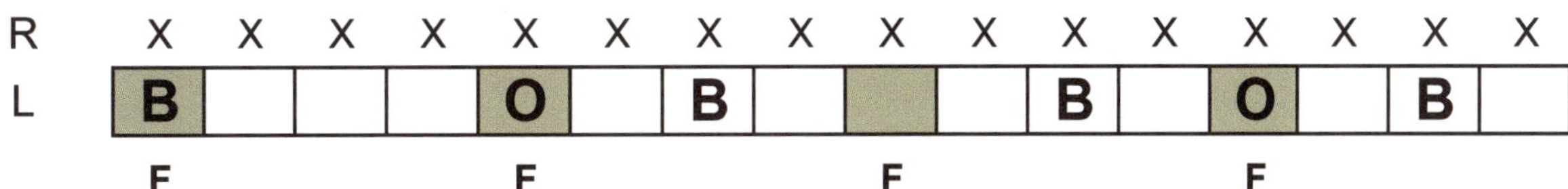

R	X	X	X	X	X	X	X	X	X	X	X	X	X	X	X	X
L	B				O		B				B		O		B	
	F				F				F				F			

Versucht nun, eigene Kombinationen aus dem Baukasten zu finden und schreibt euch eure eigenen Kombinationen in die Kopiervorlage!

Fill-In Baukasten

Kreative Fill-Ins selbst gestalten!

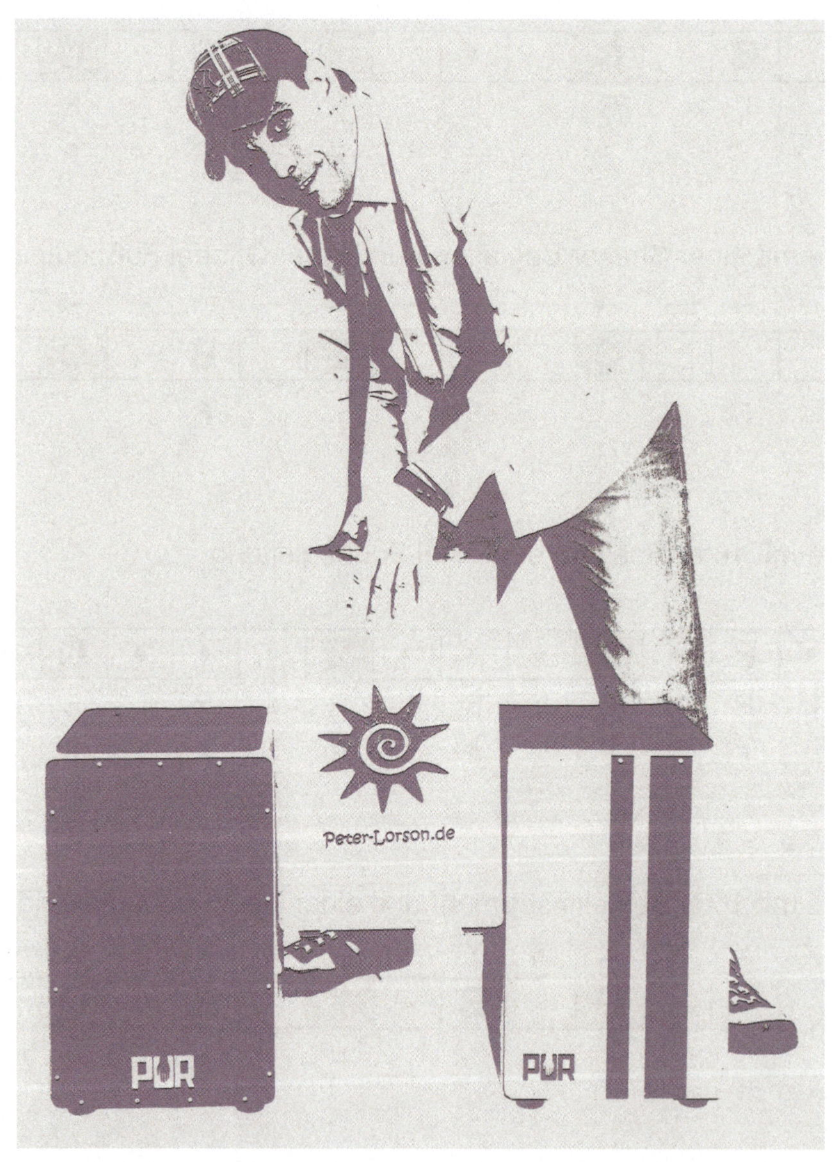

Auf kreativen Wegen zu deinem eigenen Break:

Der Fill-In Baukasten

Wie man seine eigene Kreativität bei Fill-Ins entdecken kann, ist eine der häufigsten Fragen im Cajon Unterricht. Die Kreativität bei Profi Percussionisten, gerade beim Improvisieren, scheint ja immer unendlich zu sein.

Ich glaube heute, der beste Trick dabei ist, ganz viele Variationen zu spielen, die nachher zumindest in Einzelteilen, stets wie auf einer Festplatte abgespeichert, abrufbar sind.

Die Idee des Fill-In Baukastens wurde in einem Hotelzimmer geboren. Damals war ich für meinen Arbeitgeber unterwegs und dachte es wäre doch toll, nun etwas zum Üben dabei zu haben.

Ich habe mir dann 3 einfache Symbole einfallen lassen, denen ich wahllos 16tel Figuren und Techniken zugeordnet habe und habe dann auf meinem Hotelschreibtisch Breaks (so nennt man Fill-Ins auch) geübt.

Aus der Langeweile und dem Zufall heraus entstanden, ist mir bislang noch kein kreativeres System in meiner Musikerkarriere begegnet.

Man kann seinen Schwierigkeitsgrad frei wählen, denn man kann ja auch durchaus schwierige Figuren aussuchen.

Vorgehensweise mit dem Fill In Baukasten

Kopiere den Baukasten und notiere in jedem Zeichen einen beliebige Sprechsilbe.
Stampfe auf die 4tel und spreche die Übungen durch.
Übertrage die Sprechrhythmen als Fill-In auf die Cajon.

Takataka	Gun	Tak Gun	Takataka
Gun	Takataka	Tak Gun	Tak Gun
Takataka	Tak Gun	Takataka	Gun
Tak Gun	Takataka	Gun	Gun

Beispiel Zeile 1: Takataka | Gun | Tak Gun | Takataka

Sprechrhythmus	Ta	ka	ta	ka	Gun				Tak		Gun		Ta	ka	ta	ka
Break	O	O	O	O	B				O		B		O	O	O	O

Fill-In Baukasten

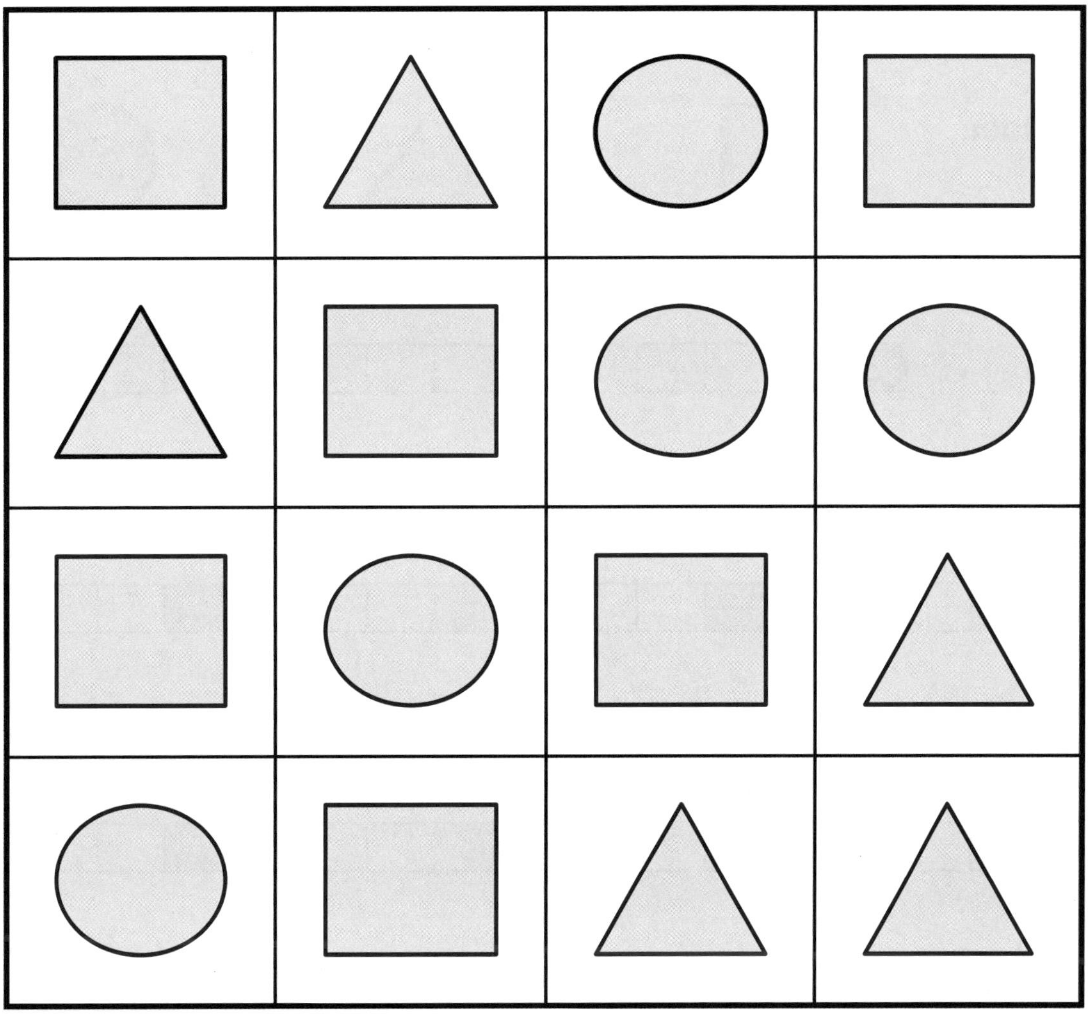

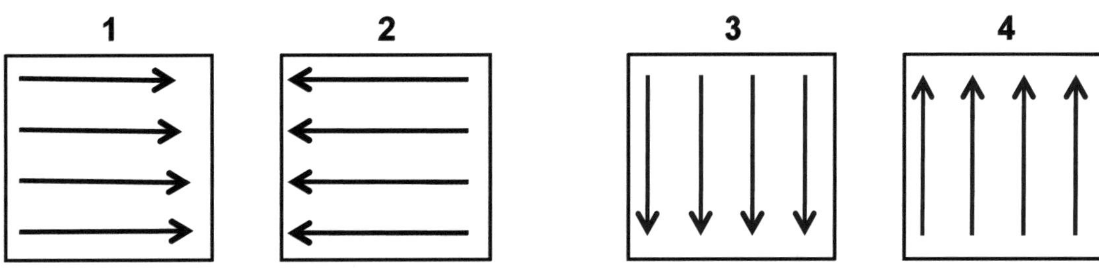

Es gibt 16 verschiedene Wege, die Kästchen zu lesen!

Kopiervorlage: **Hier könnt ihr eure eigenen Ideen notieren:**
Zeile 1 für den Sprechrhythmus und Zeile 2 für die Noten

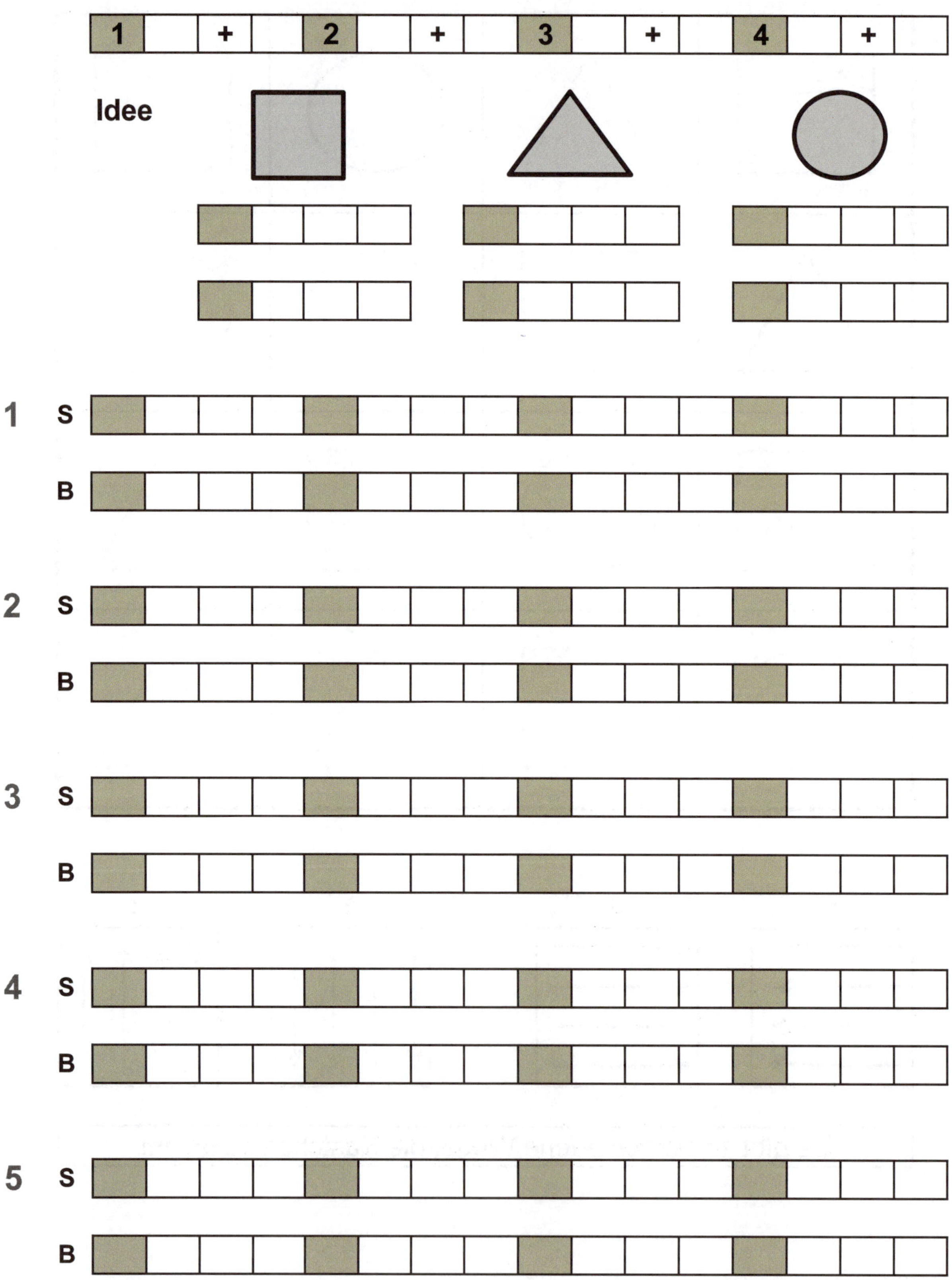

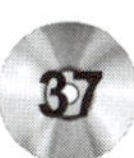

Idee 1

Probiere mit dieser Idee auch alle 16 Lesewege des Baukastens!

1		+		2		+		3		+		4		+	

Idee

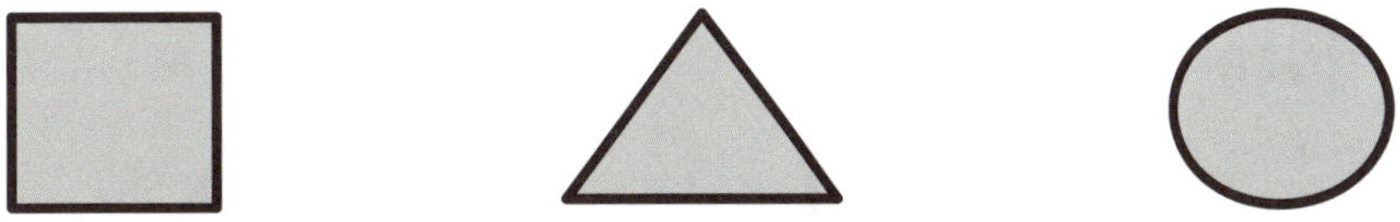

Tak		Tak	
O		O	
R		L	

Gun		Ta	ka
B		O	O
R		R	L

Gun		Gun	
B		B	
R		L	

1	S	Tak		Tak		Gun		Ta	ka	Gun		Gun		Tak		Tak	
	G	O		O		B		O	O	B		B		O		O	
2	S	Gun		Ta	ka	Tak		Tak		Gun		Gun		Gun		Gun	
	G	B		O	O	O		O		B		B		B		B	
3	S	Tak		Tak		Gun		Gun		Tak		Tak		Gun		Ta	ka
	G	O		O		B		B		O		O		B		O	O
4	S	Gun		Gun		Tak		Tak		Gun		Ta	ka	Gun		Ta	ka
	G	B		B		O		O		B		O	O	B		O	O

Idee 2

Probiere mit dieser Idee auch alle 16 Lesewege des Baukastens!

		1		+		2		+		3		+		4		+	

Idee

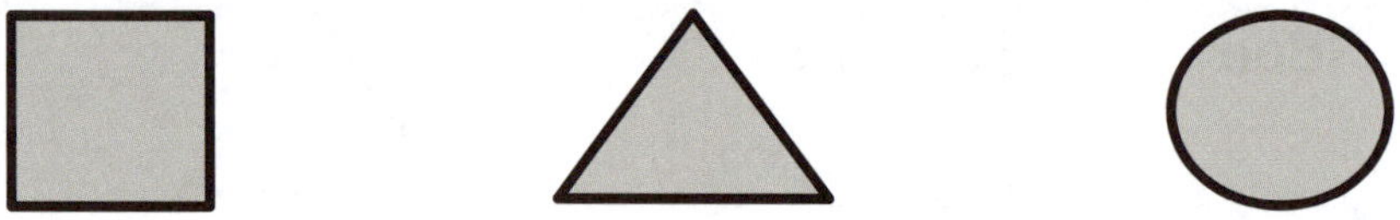

Quadrat				Dreieck				Kreis			
Ta	ka	Gu	gun	Tak		Tak		Gu	gu	gun	
O	O	B	B	O		O		B	B	B	
R	L	R	L	R		L		R	L	R	

		1		+		2		+		3		+		4		+	
1	S	Ta	ka	Gu	gu	Tak		Tak		Gu	gu	gun		Ta	ka	Gu	gu
	G	O	O	B	B	O		O		B	B	B		O	O	B	B
2	S	Tak		Tak		Ta	ka	Gu	gu	Gu	gu	gun		Gu	gu	gun	
	G	O		O		O	O	B	B	B	B	B		B	B	B	
3	S	Ta	ka	Gu	gu	Gu	gu	gun		Ta	ka	Gu	gu	Tak		Tak	
	G	O	O	B	B	B	B	B		O	O	B	B	O		O	
4	S	Gu	gu	gun		Ta	ka	Gu	gu	Tak		Tak		Tak		Tak	
	G	B	B	B		O	O	B	B	O		O		O		O	

Idee 3

Probiere mit dieser Idee auch alle 16 Lesewege des Baukastens!

1		+		2		+		3		+		4		+	

Idee (Quadrat / Dreieck / Kreis)

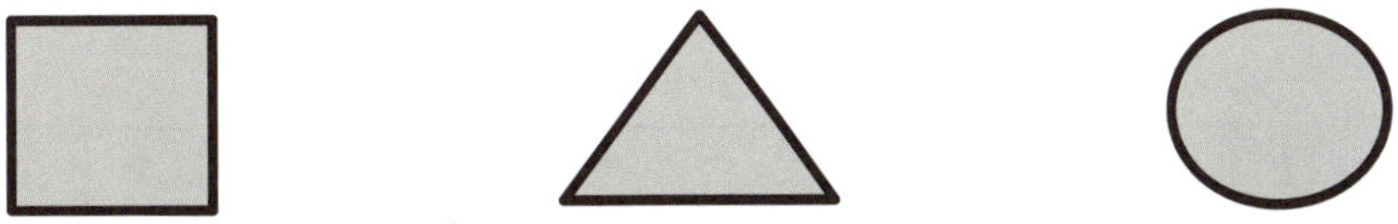

Quadrat				Dreieck				Kreis			
Tak		Te	te	Tak		Gun		Gu	gu	gu	gu
O		•	•	O		B		B	B	B	B
R		R	L	R		L		R	L	R	L

1	S	Tak		Te	te	Tak		Gun		Gu	gu	gu	gu	Tak		Te	te
	G	O		•	•	O		B		B	B	B	B	O		•	•
2	S	Tak		Gun		Tak		Te	te	Gu	gu	gu	gu	Gu	gu	gu	gu
	G	O		B		O		•	•	B	B	B	B	B	B	B	B
3	S	Tak		Te	te	Gu	gu	gu	gu	Tak		Te	te	Tak		Gun	
	G	O		•	•	B	B	B	B	O		•	•	O		B	
4	S	Gu	gu	gu	gu	Tak		Te	te	Tak		Gun		Tak		Gun	
	G	B	B	B	B	O		•	•	O		B		O		B	

Rock- und Popbaukasten meets the Fill-In Baukasten!

Versucht doch nun auch einmal, die beiden Welten der Baukastensysteme zu verbinden. Spielt drei Takte einen ausgesuchten Groove und setzt dann einen Takt ein beliebiges Break dazu.

	1	e	+	te	2	e	+	te	3	e	+	te	4	e	+	te
3x	B	•	•	•	O	•	B	•	B	•	•	•	O	•	•	•
	R	L	R	L	R	L	R	L	R	L	R	L	R	L	R	L
1x	O		O		B		O	O	B		B		O		O	
	R		L		R		R	L	R		L		R		L	

	1	e	+	te	2	e	+	te	3	e	+	te	4	e	+	te
3x	B		•		O		B		B		B		O		•	
	R		L		R		L		R		L		R		L	
1x	B	B	B		O	O	B	B	O		O		O		O	
	R	L	R		R	L	R	L	R		L		R		L	

	1	e	+	te	2	e	+	te	3	e	+	te	4	e	+	te
3x	B	•	•	•	O	•	•	•	•	•	•	•	O	•	B	•
	R	L	R	L	R	L	R	L	R	L	R	L	R	L	R	L
1x	O		•	•	B	B	B	B	O		•	•	O		B	
	R		R	L	R	L	R	L	R		R	L	R		L	

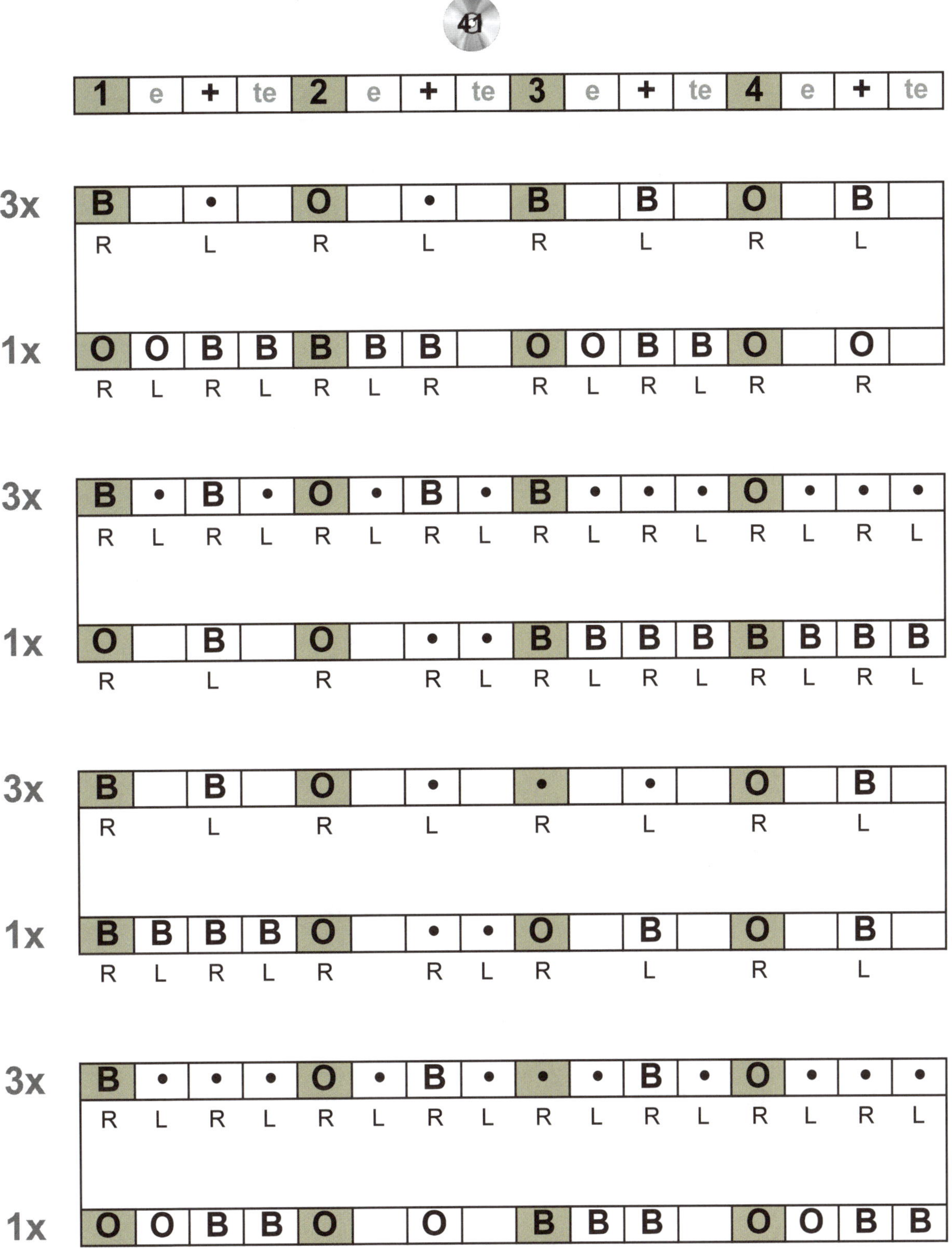

Macht euch eine Kopie von beiden Baukästen, legt die Blätter nebeneinander und geht auf eure eigene Entdeckungsreise!

Songs begleiten

Songs begleiten und verstehen!

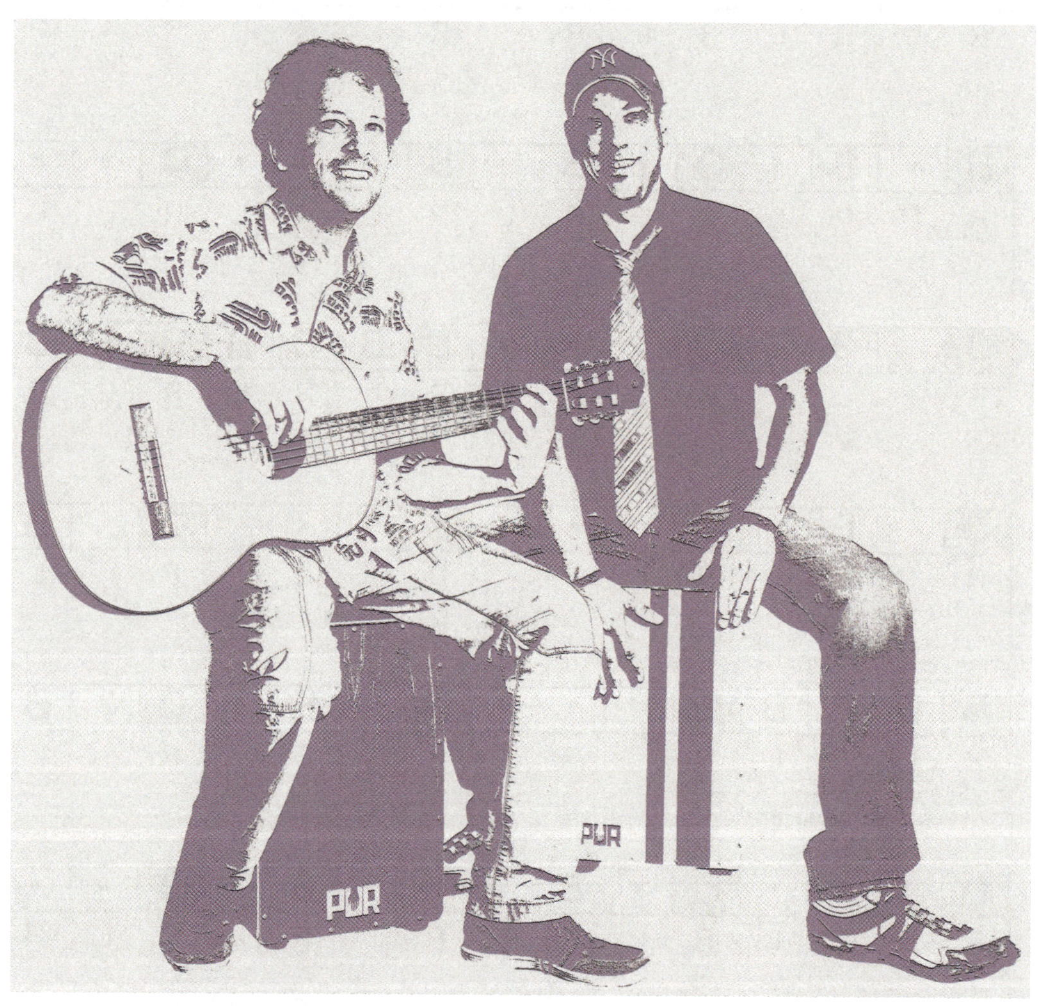

Grundübungen zum Songaufbau

Um einen Song als Musiker und Percussionist interessant gestalten zu können, muss man sich als Erstes mit seiner Anatomie beschäftigen und verstehen, wie ein Popsong aufgebaut ist.

Die grobe Struktur von Strophe, Refrain etc.., basiert meistens auf einer Aufteilung in 4 ,8 oder 12 Takte, wobei zumeist die 8-taktige Form verwendet wird.

Für uns Trommler bedeutet dies, dass wir 7 Takte Groove spielen und 1 Takt Break. Ein Break ist dann quasi am Schluss immer die Vorbereitung und das Signal für den nächten Songteil, z.B. den Wechsel von Strophe zu Refrain.

Im meinem Beispiel auf der nächsten Seite habe ich Pfeile eingezeichnet, welche Takte hintereinander gespielt werden und welche "Wege " ein Song gehen kann.

Angefangen vom Intro, geht's direkt zur Strophe, die 7 Takte lang gespielt wird. Danach im 8. Takt ein Break und über dieses zum Refrain, der 7 Takte gespielt wird.

Der Break 2 bringt uns wieder zurück in die Strophe. Hier beginnt das Spiel von vorne: 7 Takte Strophe, 1 Takt Break 1, 7 Takte Refrain.

Über den Break 2 kann ich beliebig oft die Schleife wiederholen und immer wieder bei der Strophe beginnen.
Will ich den Song beenden, wechsle ich (gestrichelter Pfeil) von dem Refrain in den Schlussteil.

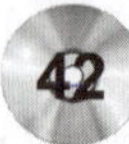

Grundübung zu Intro, Groove, Fill-In und Ending

		1		+		2		+		3		+		4		+	
1x	Intro (Auftakt)	O		B		O		B		O		O		B		B	
7x	Groove 1 (Strophe)	B		•		O		•		B		B		O		•	
1x	Break 1	O		O		B		B		O	O	O	O	B	B	B	B
7x	Groove 2 (Refrain)	B	•	•	•	O	•	B	•	B	•	•	•	O	•	•	•
1x	Break 2	O	O	O	O	B	B	B	B	O		B		> O			
1x	Ending	O		B		O		B		O		B		O	O	O	O
		> B															

Songs richtig zählen

Auch das Zählen will richtig gelernt sein!

Um Takte richtig durchzuzählen gibt es einen Trick:
Jeweils die 1 in jedem Takt wird beim Zählen verändert, sodass man an dieser Stelle den Takt hochzählt. Versuche nun dieses Muster (vorerst ohne zu spielen), über einen ganzen Song durchzuzählen und wenn es klappt, dabei auf die grauen Kästchen zu stampfen (am besten im Stehen). Am letzten Takt dieses Blattes angekommen, fängt man natürlich wieder beim Ersten an usw... Das Lied Rolling in the Deep von Adele eignet sich hervorragend als Übung, die 8-taktige Struktur wie auf diesem Blatt beschrieben, von vorne bis hinten durchzuzählen.

1		+		2		+		3		+		4		+	
2		+		2		+		3		+		4		+	
3		+		2		+		3		+		4		+	
4		+		2		+		3		+		4		+	
5		+		2		+		3		+		4		+	
6		+		2		+		3		+		4		+	
7		+		2		+		3		+		4		+	
8		+		2		+		3		+		4		+	

Adele - Rolling in the Deep

Ein gutes Beispiel für eine 8-taktige Struktur in einem Song ist "Rolling in the Deep" von Adele. Er ist auch genau auf jeweils 7 Takte Groove + 1 Takt Break aufgeteilt. Ich habe den Song als Grundübung geschrieben und die originalen Breaks vereinfacht. Trotzdem wird diese Begleitung reichen und jede Band glücklich machen.

Wer weiter ambitioniert ist kann versuchen, genau herauszuhören, welche Schläge in den Breaks gespielt werden.

Der Song besteht genau aus 4 Teilen mit verschiedenen Grooves, die ständig abwechselnd wiederholt werden. Hier kann man gut die strukturierte Popmusik erkunden.

Achtung: ich habe diese Noten nicht wie gewohnt in 16tel, sondern der Übersicht halber in 8tel geschrieben.

Versucht vor der Songbegleitung die einzelnen Abschnitte separat zu spielen:

Spalte links 7 Takte Groove + Spalte rechts 1 Takt Break

Der Grooveteil 1 ist eine Pause mit einem Break im 8. Takt. Dieser muss natürlich nicht geübt werden, aber trotzdem sorgfältig gezählt werden.

Adele - Rolling in the Deep

Groove 1: Pause mit Break im 8. Takt

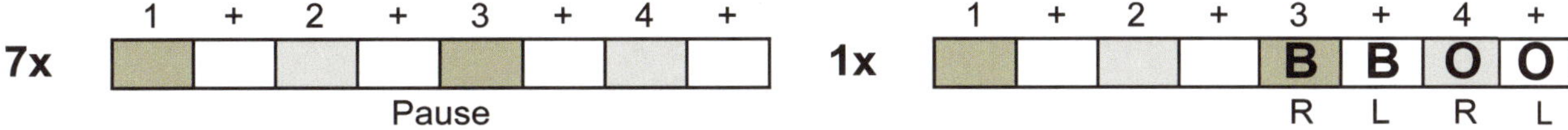

Groove 2: Nur Bass-Schläge

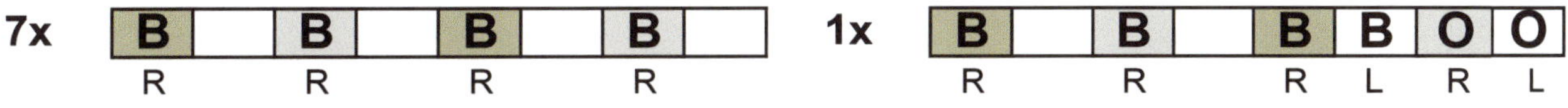

Groove 3: Bass-Schläge mit Tips

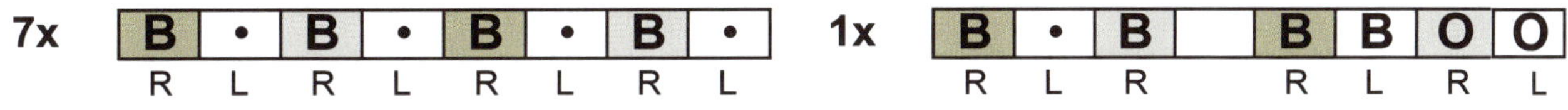

Groove 4: Rockgroove

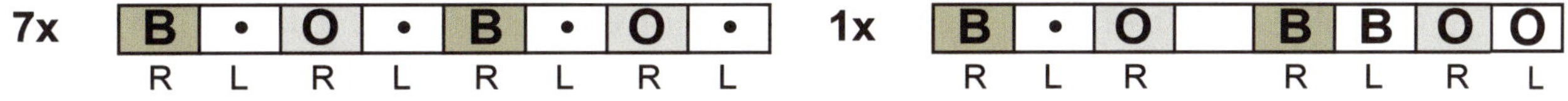

	ABLAUF:	Groove	Kurzbeschreibung:
1	Intro	1	Pause
2	Strophe 1	2	Nur Bass-Schläge
3	Bridge	3	Bass+Tips
4	Refrain	4	Rockgroove
5	Strophe 2	3	Bass+Tips
6	Bridge	3	Bass+Tips
7	Refrain	4	Rockgroove
8	Refrain	4	Rockgroove
9	Strophe 3	3	Bass+Tips
10	Bridge	1	Pause
11	Refrain	4	Rockgroove
12	Refrain	4	Rockgroove
13	**Schluss: Ein lauter Bass-Schlag auf die 1**		

16tel Bassvariationen für Rock und Pop im Baukasten.

Nachdem wir uns im Rock- und Popbaukasten ausschließlich mit den 8tel Variationen der Bassdrum beschäftigt haben, geht es in alter Baukastenmanier auf dem folgenden Blatt um die 16tel Bass-Variation.

Hierbei geht es schon ans Eingemachte und die Kombinationen werden langsam komplizierter.

Um sich diese anzueignen, gibt es 8 mögliche Anfänge eines Grooves und 8 mögliche Endungen.

Musiktheoretisch sei an dieser Stelle noch erwähnt, dass beim zusammensetzen der Grooves aus Spalte 1 und 2 jeweils nur ein halber Takt entsteht, sprich, wenn ihr einen Groove zusammenbaut müsst ihr ihn 2 mal spielen, um einen ganzen Takt zu erhalten.

Trotzdem ist diese Übung sehr gut, um eigene Grooves zu finden und sich an die Abläufe der verschiedenen 16tel Bass-Schläge zu gewöhnen.

Geht am besten systematisch vor und spielt Variation 1 mit A-H durch und dann Variation 2......

16tel Bass - Variationen

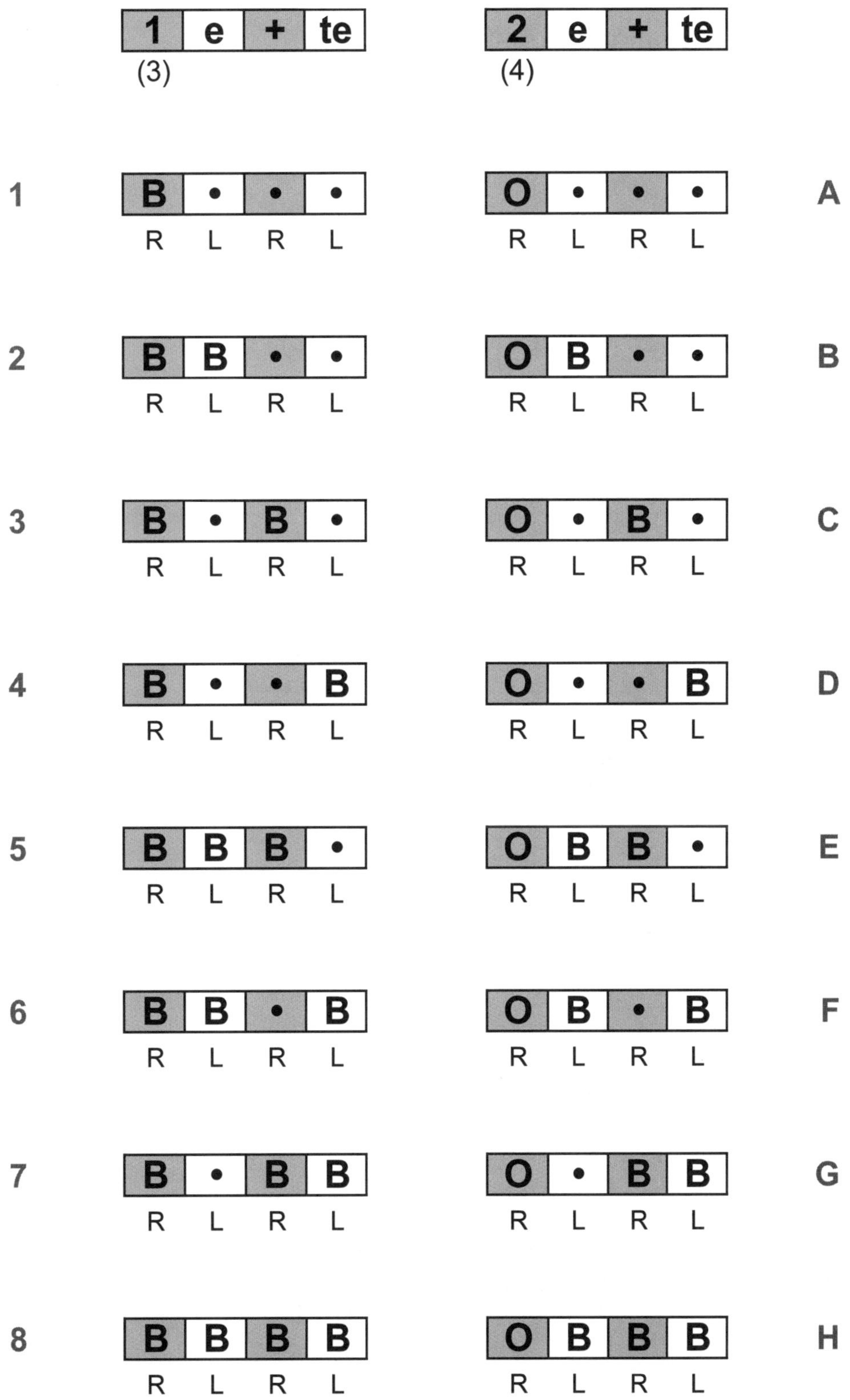

Beispiele für ganztaktige 16tel Bassvariationen

Aus der Tabelle heraus lassen sich natürlich auch ganze Takte mit mehreren Variationen basteln.
Hierzu wird jeweils eine Figur aus:
Spalte 1 - Spalte 2 - Spalte 1 - Spalte 2
herausgesucht.

Hier einige Beispiele von mir:
(auf der nächsten Seite gibt es wieder ein leeres Blatt als Kopiervorlage für eure eigenen Grooves)

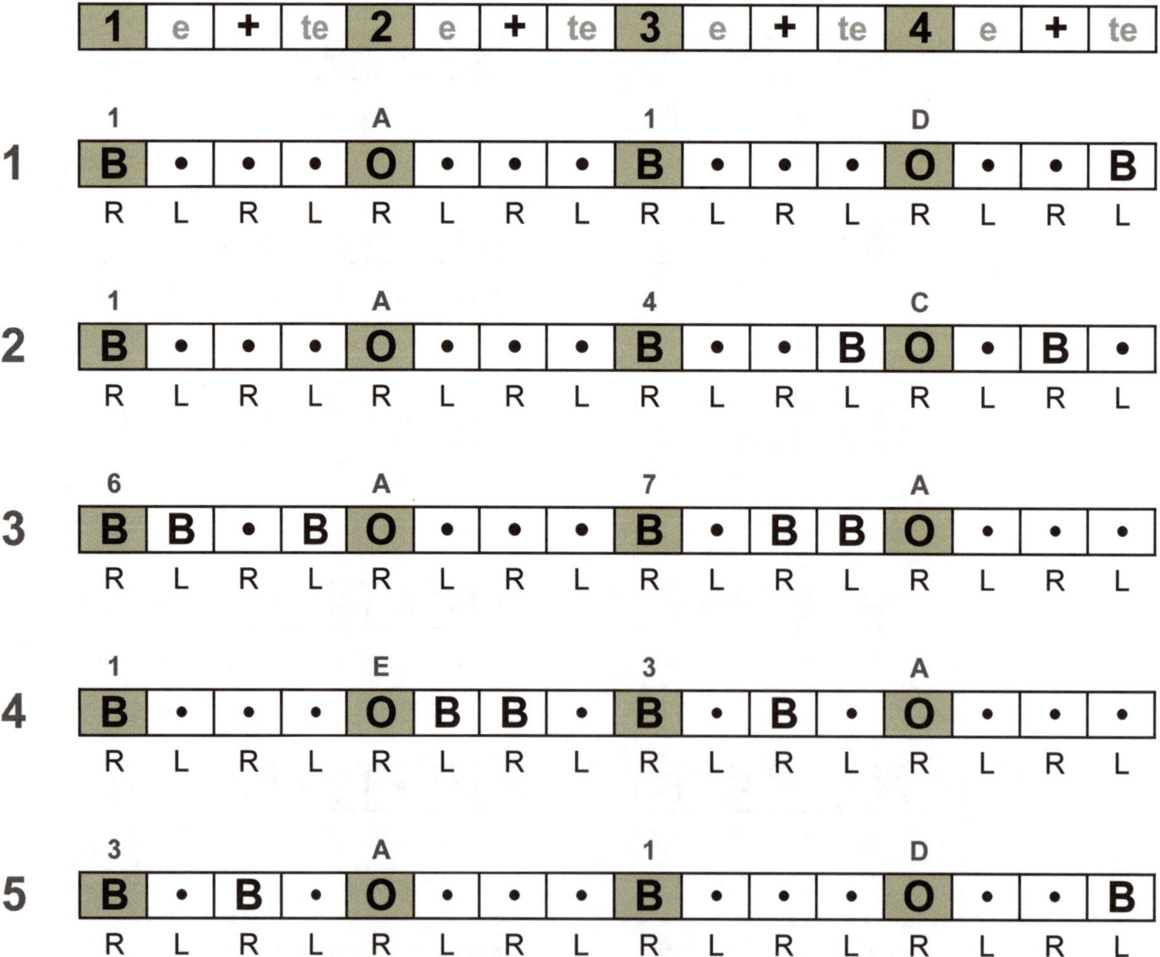

	1	e	+	te	2	e	+	te	3	e	+	te	4	e	+	te
	1				A				1				D			
1	B	•	•	•	O	•	•	•	B	•	•	•	O	•	•	B
	R	L	R	L	R	L	R	L	R	L	R	L	R	L	R	L
	1				A				4				C			
2	B	•	•	•	O	•	•	•	B	•	•	B	O	•	B	•
	R	L	R	L	R	L	R	L	R	L	R	L	R	L	R	L
	6				A				7				A			
3	B	B	•	B	O	•	•	•	B	•	B	B	O	•	•	•
	R	L	R	L	R	L	R	L	R	L	R	L	R	L	R	L
	1				E				3				A			
4	B	•	•	•	O	B	B	•	B	•	B	•	O	•	•	•
	R	L	R	L	R	L	R	L	R	L	R	L	R	L	R	L
	3				A				1				D			
5	B	•	B	•	O	•	•	•	B	•	•	•	O	•	•	B
	R	L	R	L	R	L	R	L	R	L	R	L	R	L	R	L

Ganztaktige 16tel Bassvariationen

1	e	+	te	2	e	+	te	3	e	+	te	4	e	+	te

	4				C				4				A			
6	B	•	•	B	O	•	B	•	B	•	•	B	O	•	•	•
	R	L	R	L	R	L	R	L	R	L	R	L	R	L	R	L

	5				A				3				A			
7	B	B	B	•	O	•	•	•	B	•	B	•	O	•	•	•
	R	L	R	L	R	L	R	L	R	L	R	L	R	L	R	L

	4				A				4				C			
8	B	•	•	B	O	•	•	•	B	•	•	B	O	•	B	•
	R	L	R	L	R	L	R	L	R	L	R	L	R	L	R	L

	3				H				1				D			
9	B	•	B	•	O	B	B	B	B	•	•	•	O	•	•	B
	R	L	R	L	R	L	R	L	R	L	R	L	R	L	R	L

	8				C				1				C			
10	B	B	B	B	O	•	B	•	B	•	•	•	O	•	B	•
	R	L	R	L	R	L	R	L	R	L	R	L	R	L	R	L

	7				C				7				D			
11	B	•	B	B	O	•	B	•	B	•	B	B	O	•	•	B
	R	L	R	L	R	L	R	L	R	L	R	L	R	L	R	L

	6				C				8				A			
12	B	B	•	B	O	•	B	•	B	B	B	B	O	•	•	•
	R	L	R	L	R	L	R	L	R	L	R	L	R	L	R	L

Kopiervorlage 16tel Bass - Variationen

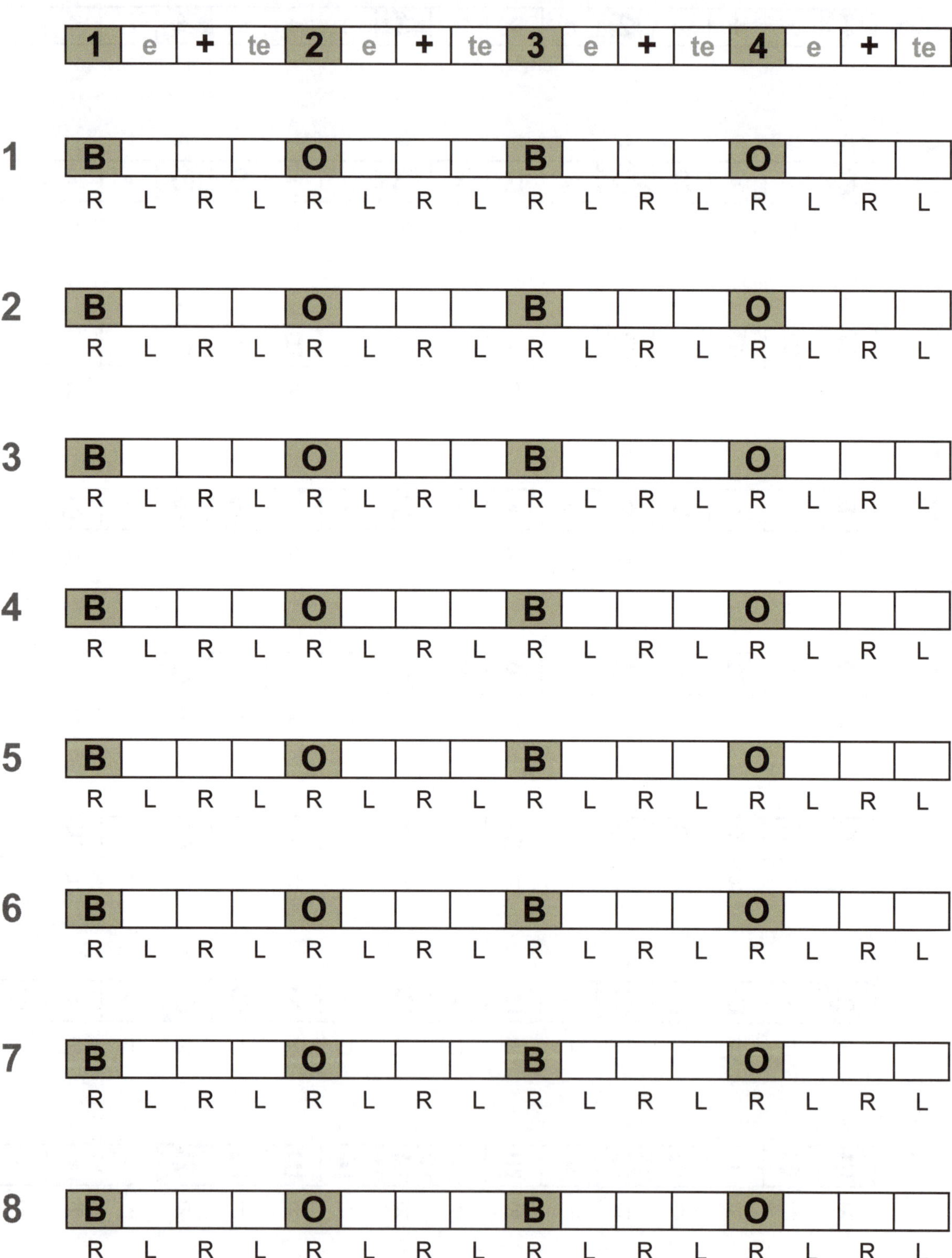

	1	e	+	te	2	e	+	te	3	e	+	te	4	e	+	te
1	B				O				B				O			
	R	L	R	L	R	L	R	L	R	L	R	L	R	L	R	L
2	B				O				B				O			
	R	L	R	L	R	L	R	L	R	L	R	L	R	L	R	L
3	B				O				B				O			
	R	L	R	L	R	L	R	L	R	L	R	L	R	L	R	L
4	B				O				B				O			
	R	L	R	L	R	L	R	L	R	L	R	L	R	L	R	L
5	B				O				B				O			
	R	L	R	L	R	L	R	L	R	L	R	L	R	L	R	L
6	B				O				B				O			
	R	L	R	L	R	L	R	L	R	L	R	L	R	L	R	L
7	B				O				B				O			
	R	L	R	L	R	L	R	L	R	L	R	L	R	L	R	L
8	B				O				B				O			
	R	L	R	L	R	L	R	L	R	L	R	L	R	L	R	L

Lindsey Stirling - Heist für Cajon

Dieser Titel eignet sich hervorragend zur Cajon Begleitung und für Vorführungen und enthält ganz viele 16tel Bassvariationen.

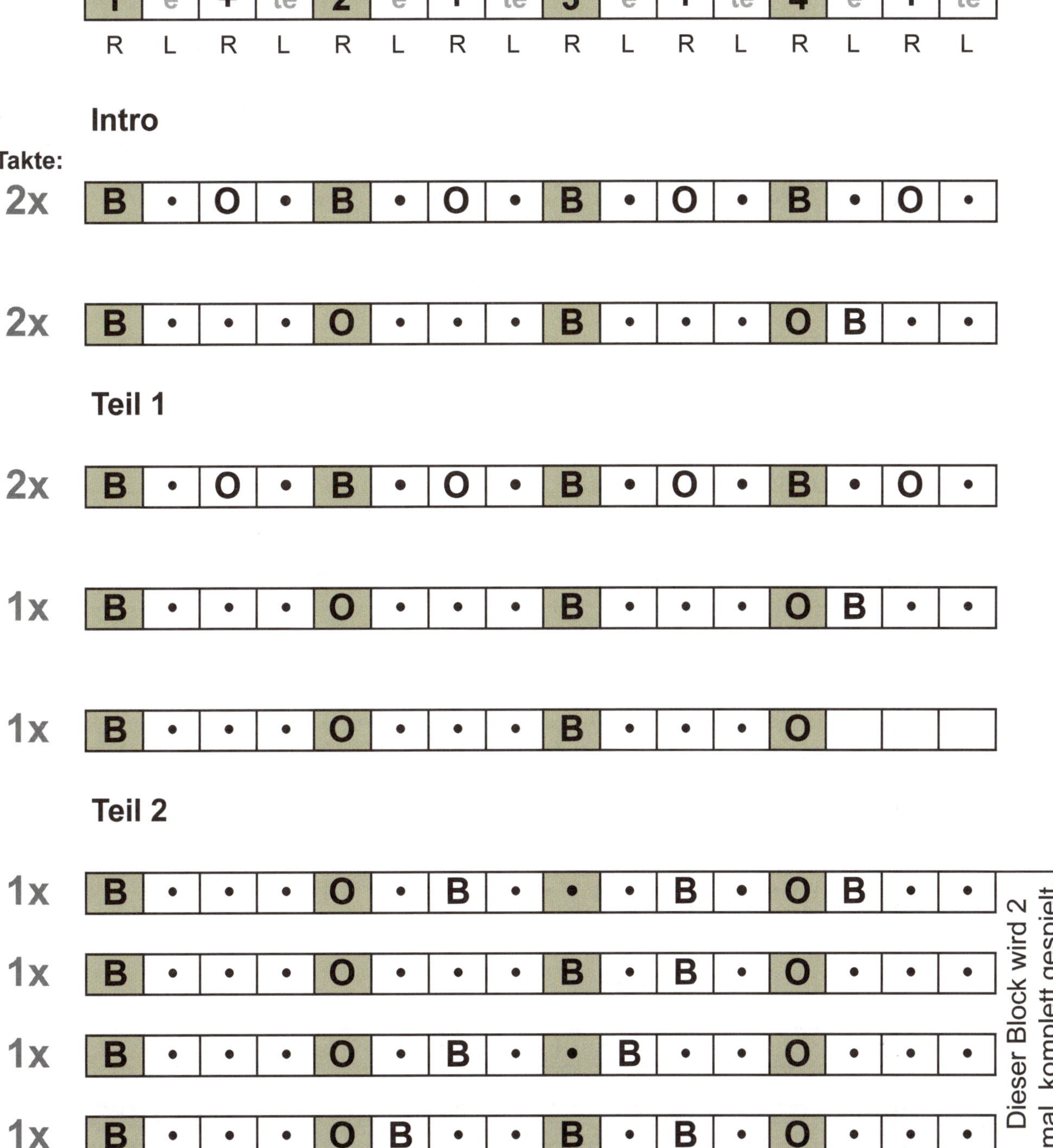

Takte:	1	e	+	te	2	e	+	te	3	e	+	te	4	e	+	te
	R	L	R	L	R	L	R	L	R	L	R	L	R	L	R	L
Intro																
2x	B	•	O	•	B	•	O	•	B	•	O	•	B	•	O	•
2x	B	•	•	•	O	•	•	•	B	•	•	•	O	B	•	•
Teil 1																
2x	B	•	O	•	B	•	O	•	B	•	O	•	B	•	O	•
1x	B	•	•	•	O	•	•	•	B	•	•	•	O	B	•	•
1x	B	•	•	•	O	•	•	•	B	•	•	•	O			
Teil 2																
1x	B	•	•	•	O	•	B	•	•	•	B	•	O	B	•	•
1x	B	•	•	•	O	•	•	•	B	•	B	•	O	•	•	•
1x	B	•	•	•	O	•	B	•	•	B	•	•	O	•	•	•
1x	B	•	•	•	O	B	•	•	B	•	B	•	O	•	•	•

Dieser Block wird 2 mal komplett gespielt.

Dieses Blatt wird komplett wiederholt und 2 mal von Anfang bis Ende durchgespielt. Danach kommt eine längere Spielpause im Song, bevor es mit Blatt 2 weitergeht.

Lindsey Stirling - Heist - Blatt 2

1	e	+	te	2	e	+	te	3	e	+	te	4	e	+	te

Teil 3

Takte:	1	e	+	te	2	e	+	te	3	e	+	te	4	e	+	te
2x	B	•	O	•	B	•	O	•	B	•	O	•	B	•	O	•
1x	B	•	•	•	O	•	•	•	B	•	•	•	O	B	•	•
1x	B	•	•	•	O	•	•	•	B	•	•	•	O			

Teil 4

	1	e	+	te	2	e	+	te	3	e	+	te	4	e	+	te
1x	B	•	•	•	O	•	B	•	•	•	B	•	O	B	•	•
1x	B	•	•	•	O	•	•	•	B	•	B	•	O	•	•	•
1x	B	•	•	•	O	•	B	•	•	B	•	•	O	•	•	•
1x	B	•	•	•	O	B	•	•	B	•	B	•	O	•	•	•

Teil 5

	1	e	+	te	2	e	+	te	3	e	+	te	4	e	+	te
2x	B	•	O	•	B	•	O	•	B	•	O	•	B	•	O	•
1x	B	•	•	•	O	•	B	•	•	B	•	•	O	•	•	•
1x	B	•	•	•	O	B	•	•	B	•	B	•	O	•	•	•

Teil 6

	1	e	+	te	2	e	+	te	3	e	+	te	4	e	+	te
2x	B	•	O	•	B	•	O	•	B	•	O	•	B	•	O	•
1x	B	•	•	•	O	•	•	•	B	•	•	•	O	B	•	•
1x	B	•	•	•	O	•	•	•	B	•	•	•	O			

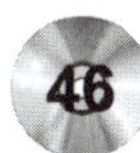

16tel Open-Kombinationen

Nachdem wir uns an die "Querschläge" der Bässe gewöhnt haben, kommen nun die Open Töne dran.

Anbei sind die wichtigsten Groove-Kombinationen aus der Rock- und Popmusik zusammengetragen.

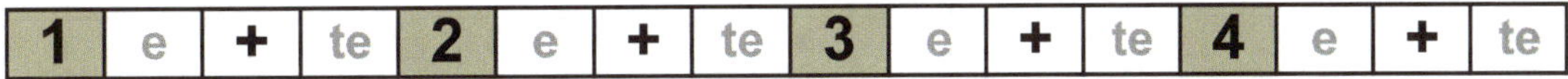

1	e	+	te	2	e	+	te	3	e	+	te	4	e	+	te

1
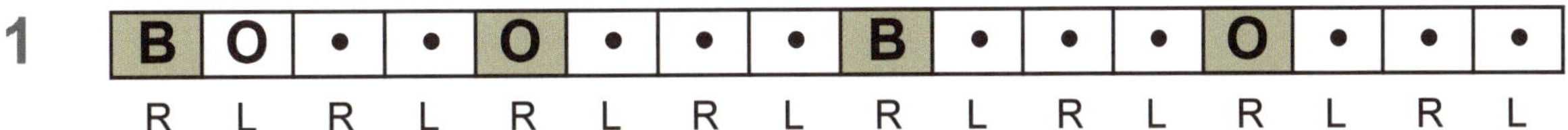

B	O	•	•	O	•	•	•	B	•	•	•	O	•	•	•
R	L	R	L	R	L	R	L	R	L	R	L	R	L	R	L

2
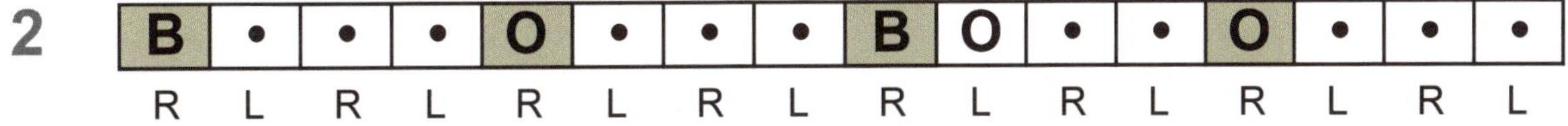

B	•	•	•	O	•	•	•	B	O	•	•	O	•	•	•
R	L	R	L	R	L	R	L	R	L	R	L	R	L	R	L

3
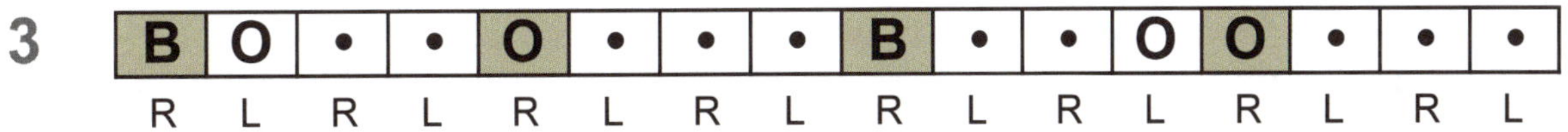

B	O	•	•	O	•	•	•	B	•	•	O	O	•	•	•
R	L	R	L	R	L	R	L	R	L	R	L	R	L	R	L

4

B	•	•	•	O	•	•	O	B	•	•	•	O	•	O	O
R	L	R	L	R	L	R	L	R	L	R	L	R	L	R	L

B = Bass   O = Open   • = Tip   (grau) = Fuß stampft mit

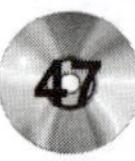

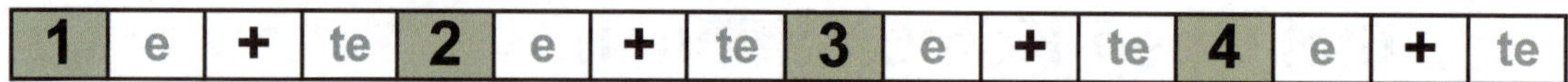

	1	e	+	te	2	e	+	te	3	e	+	te	4	e	+	te
5	B	•	B	•	O	•	•	O	•	•	B	•	O	•	•	•
	R	L	R	L	R	L	R	L	R	L	R	L	R	L	R	L
6	B	•	B	•	O	•	•	O	•	O	B	•	O	•	•	O
	R	L	R	L	R	L	R	L	R	L	R	L	R	L	R	L
7	B	O	•	•	O	•	B	•	•	•	B	•	O	•	•	•
	R	L	R	L	R	L	R	L	R	L	R	L	R	L	R	L
8	B	•	•	•	O	•	•	O	B	•	B	•	O	•	O	O
	R	L	R	L	R	L	R	L	R	L	R	L	R	L	R	L
9	B	•	•	•	O	•	•	O	B	O	•	•	O	•	B	•
	R	L	R	L	R	L	R	L	R	L	R	L	R	L	R	L
10	B	O	•	•	O	•	B	•	B	•	B	•	O	•	•	O
	R	L	R	L	R	L	R	L	R	L	R	L	R	L	R	L

B = Bass O = Open • = Tip (grau) = Fuß stampft mit

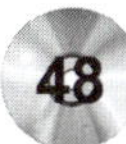

16tel Bass & Open Kombinationen

Hier werden nun einige der 16tel Kombinationen von den Bass und Open Kombinationen zusammengeführt.

Falls ihr mit dem ein oder anderen Rhythmus noch Schwierigkeiten habt, empfehle ich den Rhythmus langsam aufzubauen, wie im Cajon Tools Kapitel erläutert.

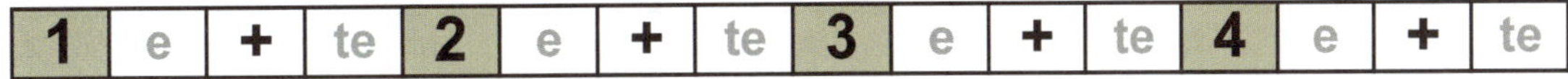

1	e	+	te	2	e	+	te	3	e	+	te	4	e	+	te

1

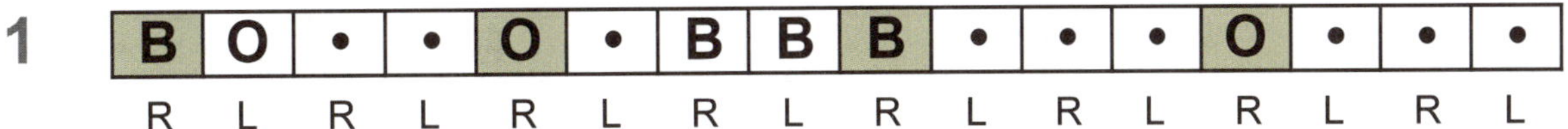

B	O	•	•	O	•	B	B	B	•	•	•	O	•	•	•
R	L	R	L	R	L	R	L	R	L	R	L	R	L	R	L

2

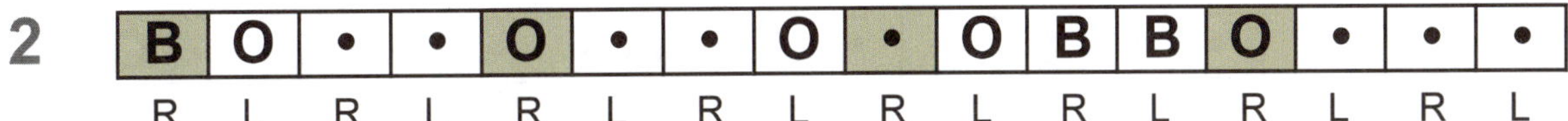

B	O	•	•	O	•	•	O	•	O	B	B	O	•	•	•
R	L	R	L	R	L	R	L	R	L	R	L	R	L	R	L

3

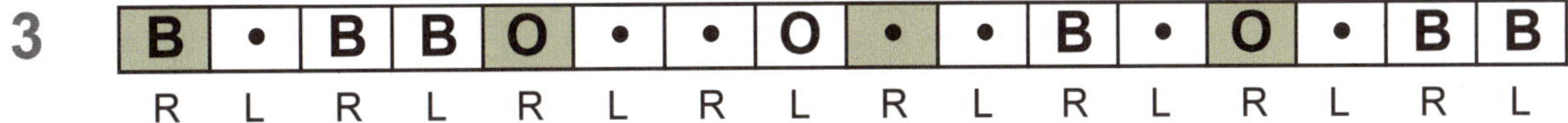

B	•	B	B	O	•	•	O	•	•	B	•	O	•	B	B
R	L	R	L	R	L	R	L	R	L	R	L	R	L	R	L

4

B	•	•	B	O	•	•	O	B	•	B	B	O	•	•	O
R	L	R	L	R	L	R	L	R	L	R	L	R	L	R	L

B = Bass   O = Open   • = Tip   (grau) = Fuß stampft mit

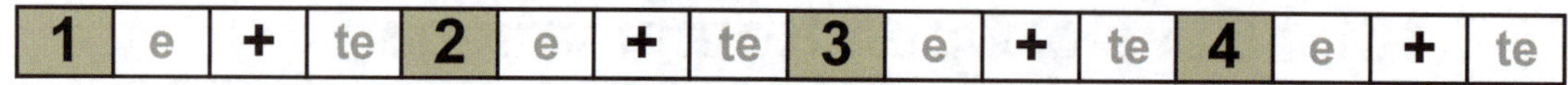

5	B	•	B	B	O	•	•	O	•	O	B	•	O	•	•	•
	R	L	R	L	R	L	R	L	R	L	R	L	R	L	R	L

6	B	O	B	•	O	•	•	O	•	O	B	•	O	•	•	•
	R	L	R	L	R	L	R	L	R	L	R	L	R	L	R	L

7	B	•	•	•	O	•	•	O	•	•	B	•	O	•	•	B
	R	L	R	L	R	L	R	L	R	L	R	L	R	L	R	L

8	B	B	•	B	O	•	•	B	B	•	•	•	O	•	O	O
	R	L	R	L	R	L	R	L	R	L	R	L	R	L	R	L

9	B	•	•	•	O	•	•	O	B	O	B	B	O	•	•	O
	R	L	R	L	R	L	R	L	R	L	R	L	R	L	R	L

10	B	O	•	•	O	•	B	•	B	B	B	B	O	•	•	O
	R	L	R	L	R	L	R	L	R	L	R	L	R	L	R	L

B = Bass O = Open • = Tip [grau] = Fuß stampft mit

Linear Drumming

Am Schlagzeug bedeutet die Stilistik Linear Grooves, dass die Hi-Hat, die Bassdrum und die Snaredrum in einer Linie hintereinander gespielt werden und nie gleichzeitig. Zumeist macht man das an der Cajon schon sowieso, zumindest beim Spiel mit 8tel oder 16tel Tips.

Beim Linear Groove an der Cajon erhöht sich der Spaßfaktor aber dann, wenn ich sämtliche Tips mit links und die Open- und Bass-Schläge mit rechts spiele. So schaffe ich mir mit der linken Hand den Freiraum, die Instrumentierung frei zu wählen. Entweder nur Tips, oder linke Hand auf der Hi-Hat, mit Bongosounds etc..

	1	e	+	te	2	e	+	te	3	e	+	te	4	e	+	te
1	B		•		O		•	•	B	•	•		O		•	
	R		L		R		L	L	R	L	L		R		L	
2	B	•	•	B	O		•	•	B		•		O		•	•
	R	L	L	R	R		L	L	R		L		R		L	L
3	B	•	•	B	O		•	•	B	•	•	B	O		•	•
	R	L	L	R	R		L	L	R	L	L	R	R		L	L
4	B		•	B	O		•	•	B	•	•	B	O		•	•
	R		L	R	R		L	L	R	L	L	R	R		L	L

B = Bass O = Open • = Tip (grau) = Fuß stampft mit !

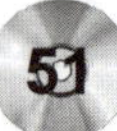

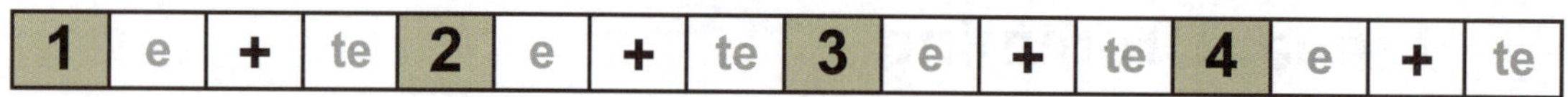

Nr.	1	e	+	te	2	e	+	te	3	e	+	te	4	e	+	te
5	B	•	•	B	O	•	•	B	•	•	B		O		•	•
	R	L	L	R	R	L	L	R	L	L	R		R		L	L
6	B	B	•	B	O		•	•	B		•		O		•	•
	R	R	L	R	R		L	L	R		L		R		L	L
7	B		•		O		•	•	B	B	•	B	O		•	•
	R		L		R		L	L	R	R	L	R	R		L	L
8	B	O	•	B	O		•	•	B		•		O		•	•
	R	R	L	R	R		L	L	R		L		R		L	L
9	B	B	•		O		•	•		B	B	•	O		•	•
	R	R	L		R		L	L		R	R	L	R		L	L
10	B	•	•	B	O	•	B	•	B	•	•	B	O		•	•
	R	L	L	R	R	L	R	L	R	L	L	R	R		L	L

B = Bass O = Open • = Tip (grau) = Fuß stampft mit

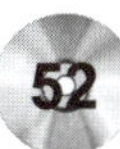

Songbeispiele

Zum Abschluß dieses Kapitels möchte ich euch einige Songs präsentieren, die sich hervorragend zum Mitspielen eignen. Es gibt einige Evergreens, die weltberühmt sind und mit nur einem Grundgroove, der von vorne bis zum Schluss durchläuft, ausgekommen sind. Um diese Sammlung komplett zu halten, habe ich auch Songs noch einmal dazugeschrieben, die an anderer Stelle bereits erwähnt waren.
Viel Spaß beim Jammen !

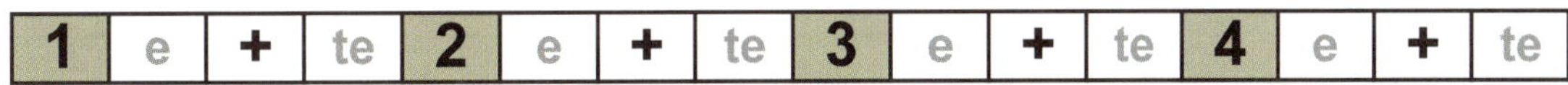

Michael Jackson - Billy Jean

1

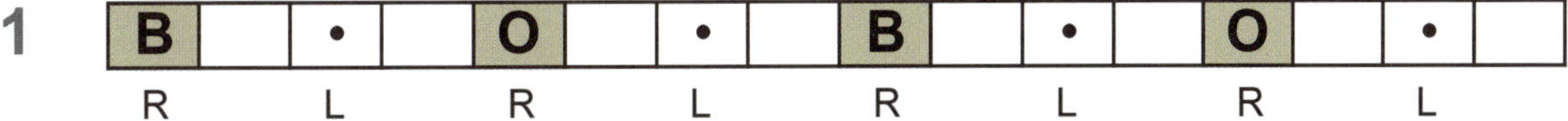

Lenny Krawitz - I'll be waiting

Pink Floyd - Another Brick in the wall - Part Two

2

B	•	•	•	O	•	•	•	B	•	•	•	O	•	•	•
R	L	R	L	R	L	R	L	R	L	R	L	R	L	R	L

B = Bass O = Open • = Tip (grau) = Fuß stampft mit

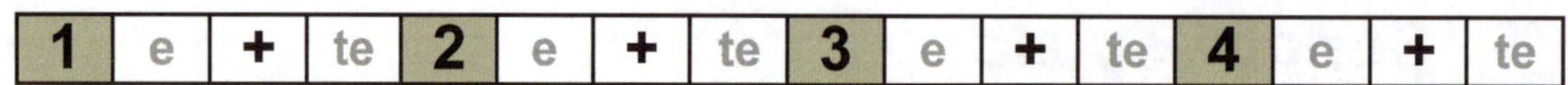

1	e	+	te	2	e	+	te	3	e	+	te	4	e	+	te

Uriah Heep - Lady in Black

3

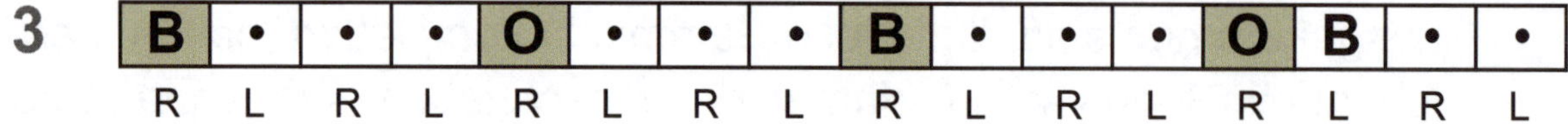

B	•	•	•	O	•	•	•	B	•	•	•	O	B	•	•
R	L	R	L	R	L	R	L	R	L	R	L	R	L	R	L

Bruce Springsteen - Streets of Philadelphia

4

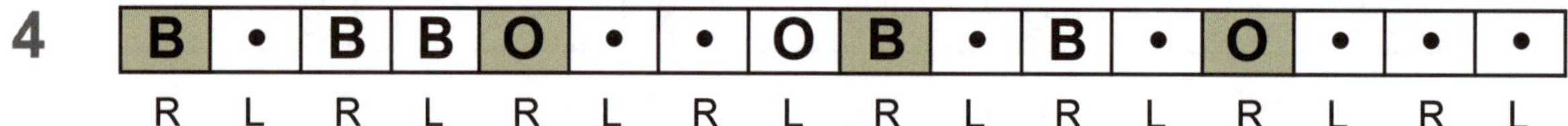

B	•	B	B	O	•	•	O	B	•	B	•	O	•	•	•
R	L	R	L	R	L	R	L	R	L	R	L	R	L	R	L

Coldplay - In my place

5

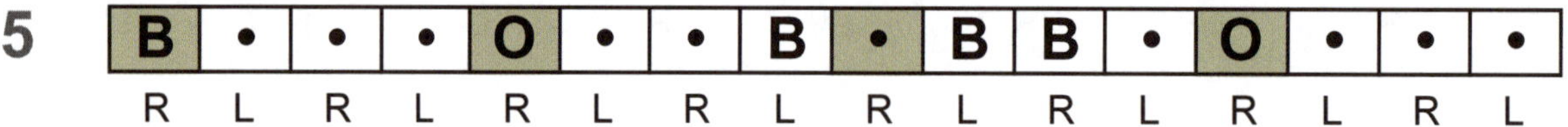

B	•	•	•	O	•	•	B	•	B	B	•	O	•	•	•
R	L	R	L	R	L	R	L	R	L	R	L	R	L	R	L

Coldplay - Clocks

6

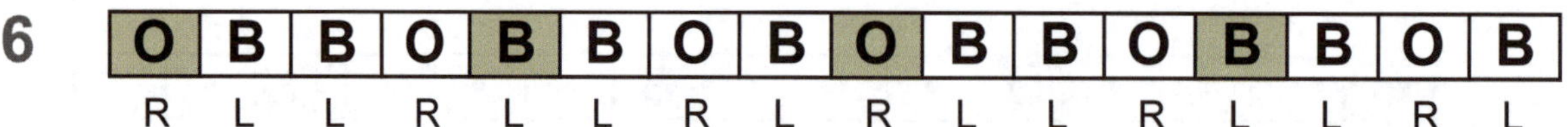

O	B	B	O	B	B	O	B	O	B	B	O	B	B	O	B
R	L	L	R	L	L	R	L	R	L	L	R	L	L	R	L

B = Bass   O = Open   • = Tip   (grau) = Fuß stampft mit

Ethno Beats

Beats aus Südamerika und Afrika

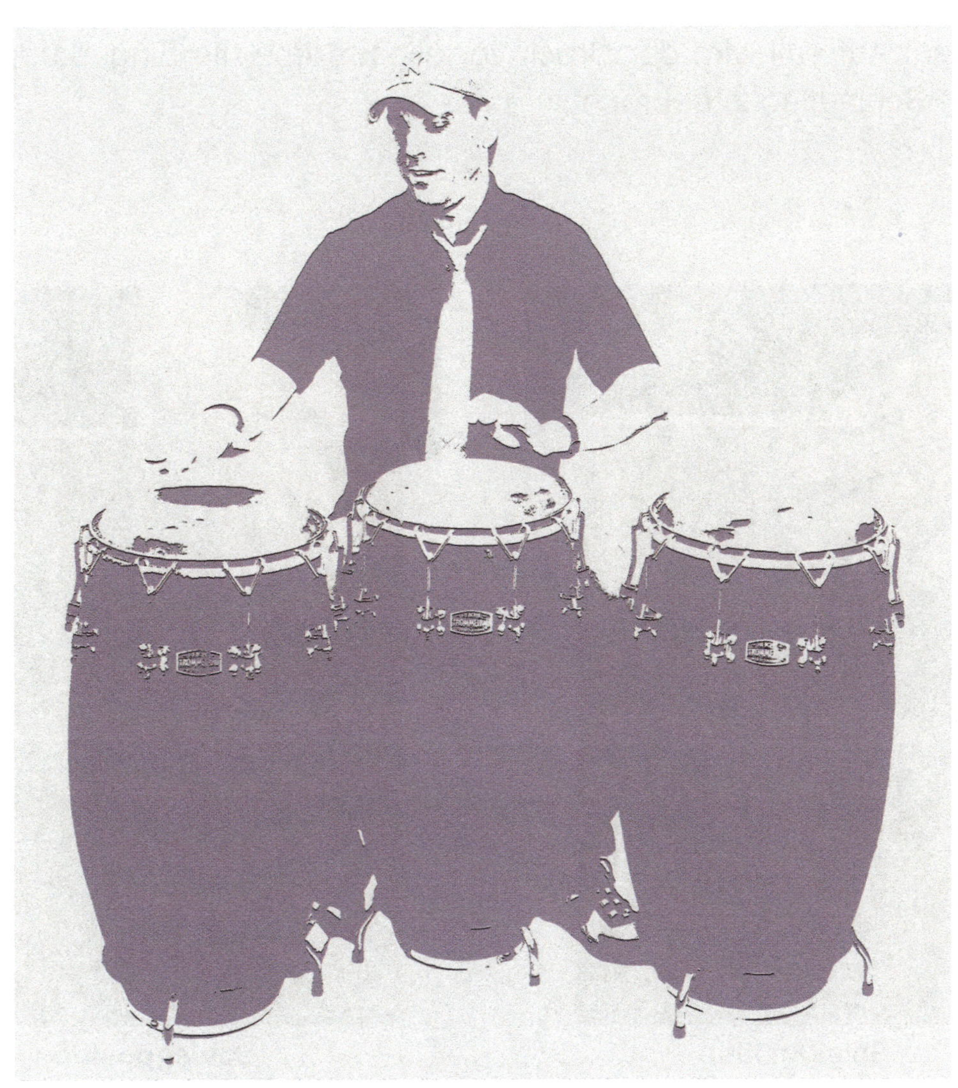

Der Slap (S)

Der Slap-Schlag wird knapp unter der obersten Kante der Cajon angeschlagen. Die Handfläche sollte dabei ein wenig zur oberen Kante gedreht werden. Der Slap wird wie eine Peitsche aus dem lockeren Handgelenk geschlagen.

Beim Aufprall wird der Druck vor allem durch die Fingerkuppen auf die Schlagfläche gebracht.

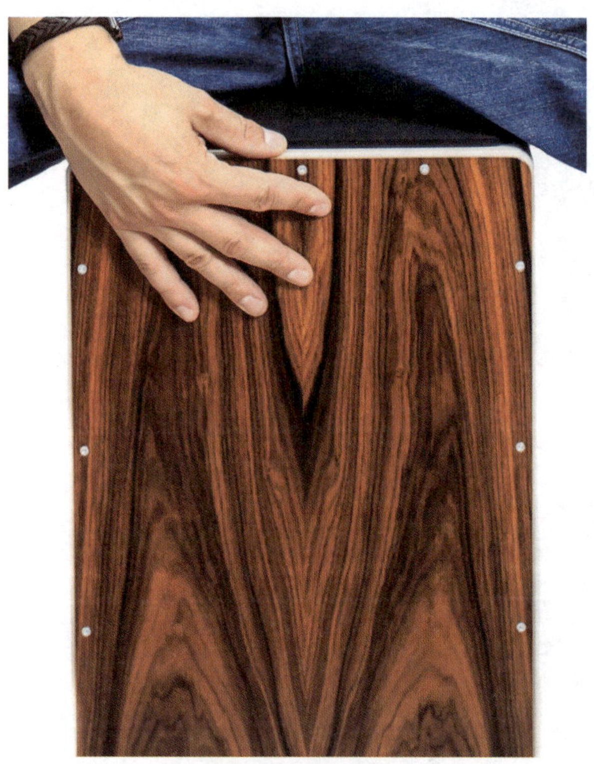

Spielposition

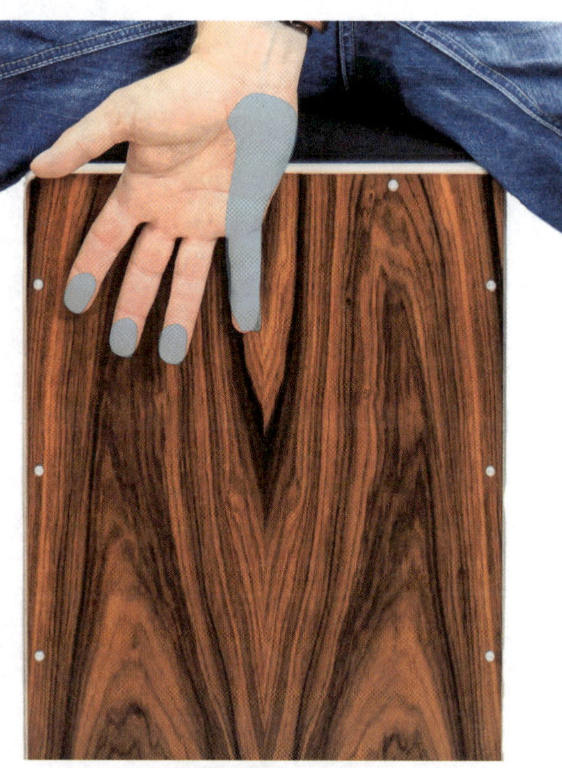

Schlagposition

Die richtige Ausholbewegung beim Slap-Schlag ist für den Klang maßgebend. Am wichtigsten ist bei **diesem Schlag die** Ausholbewegung aus dem Handglenk. Werden die Schläge **nicht aus dem Handgelenk** ausgeführt, gibt es keine Chance auf einen gelungenen Slap.

Richtig ausholen und die Finger in die Schlagfläche pressen und nicht zu stark schlagen. Ein guter Slap wird locker angeschlagen.

FALSCH !

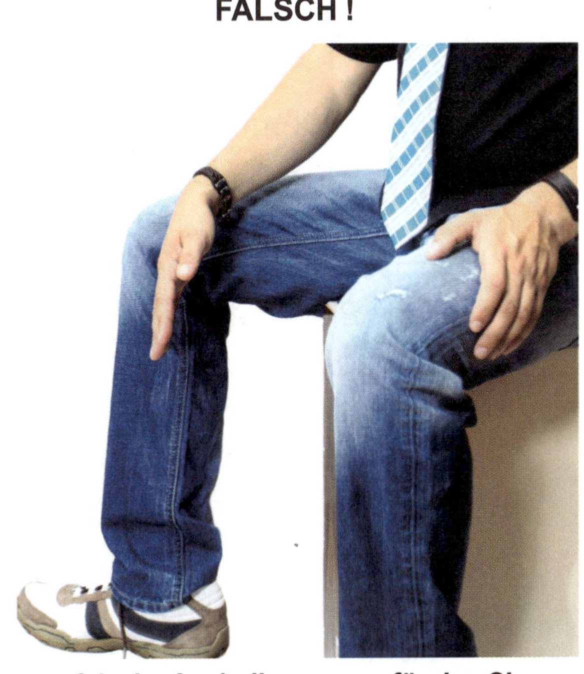

falsche Ausholbewegung für den Slap

RICHTIG !

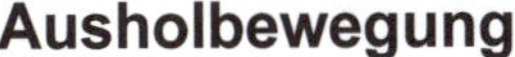

Ausholbewegung

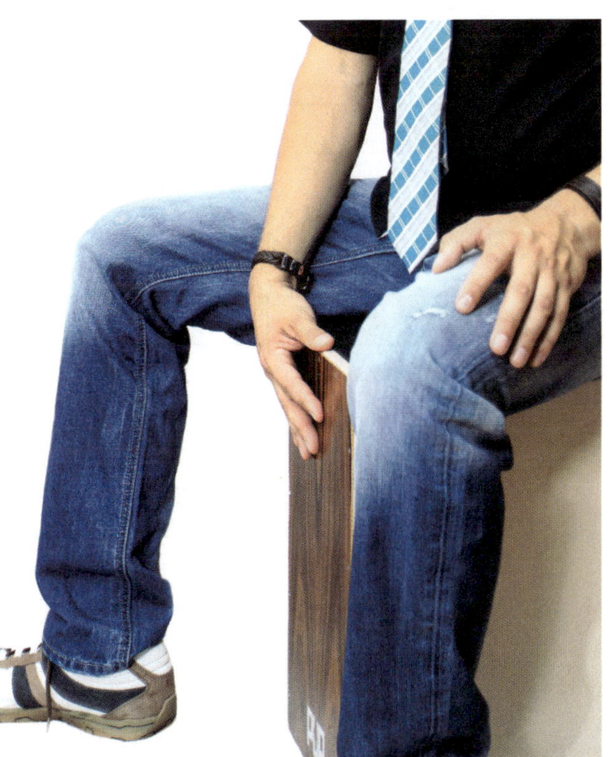

Anschlag

Plena

Der berühmteste Rhythmus aus Puerto Rico wird heute in vielen Songs in der Popmusik angewendet.
Ich selbst habe beispielsweise eine ganze Zeit lang House Music in Discotheken live mit dem Percussionset begleitet und für mich den Plena als Grundgroove an den Congas zu dieser Musik entdeckt. Aber auch Interpreten wie Shakira setzten gerne Grooves aus dieser Musik ein. Es gibt ganz viele artverwandte Rhythmen. Im Song Waka Waka ist z.B. die Rede vom Soca Rhythmus, der aber fast exakt so klingt wie der Plena.

Am wichtigsten ist beim Plena auf der Cajon, dass die rechte Hand stur den Bassbeat durchhält.

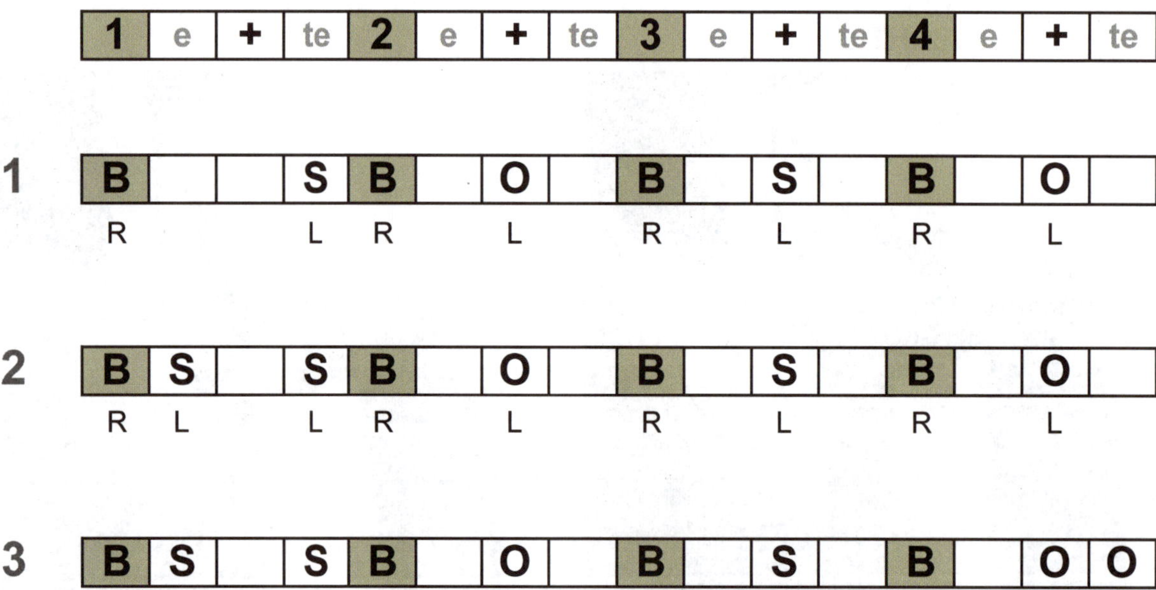

	1	e	+	te	2	e	+	te	3	e	+	te	4	e	+	te
1	B			S	B		O		B		S		B		O	
	R			L	R		L		R		L		R		L	
2	B	S		S	B		O		B		S		B		O	
	R	L		L	R		L		R		L		R		L	
3	B	S		S	B		O		B		S		B		O	O
	R	L		L	R		L		R		L		R		R	L

Versucht einmal, die Rhythmen miteinander zu kombinieren: Spielt z.B. Rhythmus 1, dann 2, dann wieder 1 und dann die 3. So erhält man schon ein kleines 4-taktiges Spielstück.

B = Bass O = Open • = Tip [grau] = Fuß stampft mit !

Plena Baukasten

Die Plena Musik ist relative einfach gestrickt. So könnt ihr mit ganz wenigen Bausteinen euren eigenen Plena zusammenbauen. Ihr könnt aus der untenstehenden Tabelle Stücke wahllos zusammensetzen.

Nutzt eine meiner Kopiervorlagen, um euer eigenes Plena Stück zu kreieren.

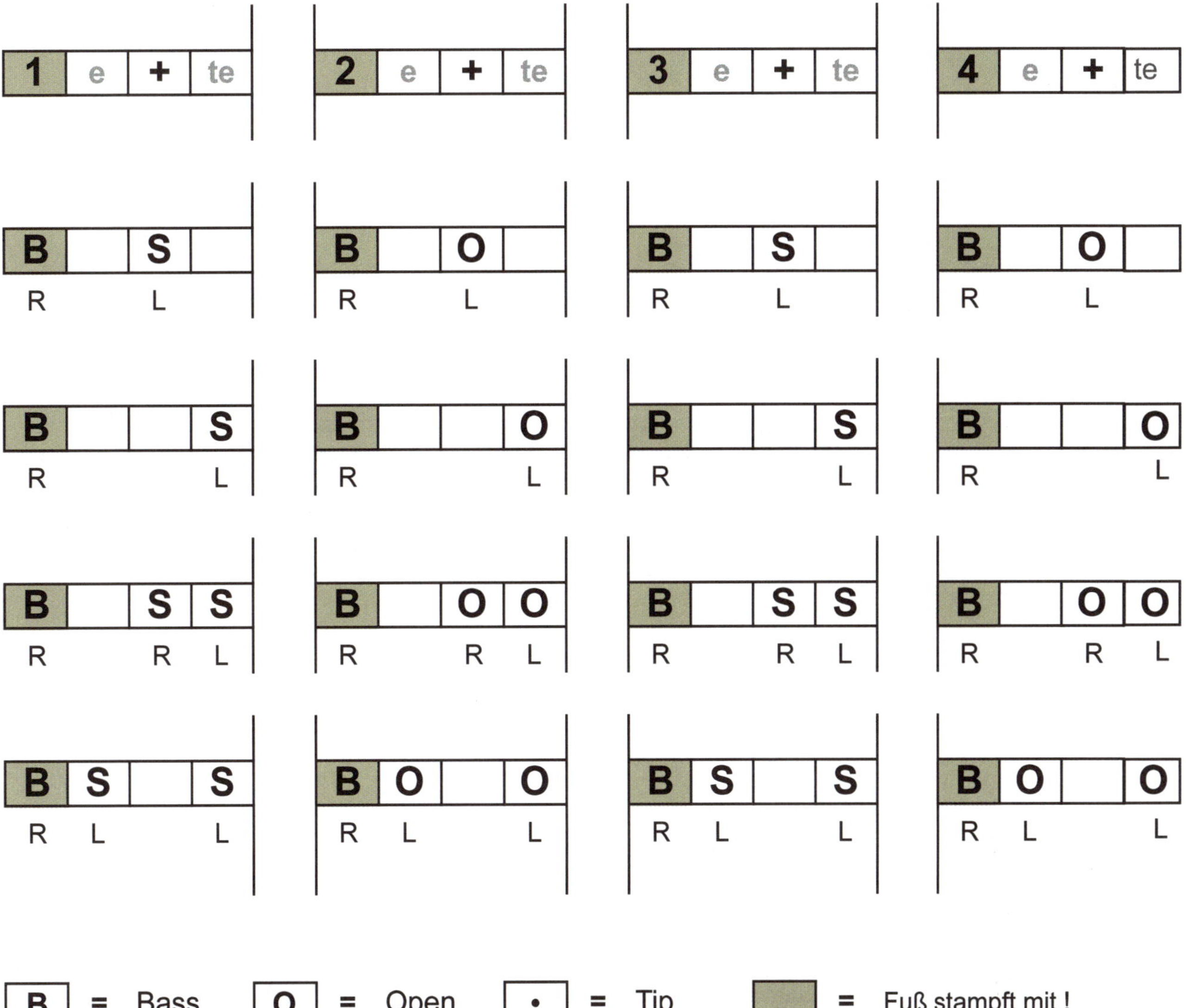

Shakira - Waka Waka

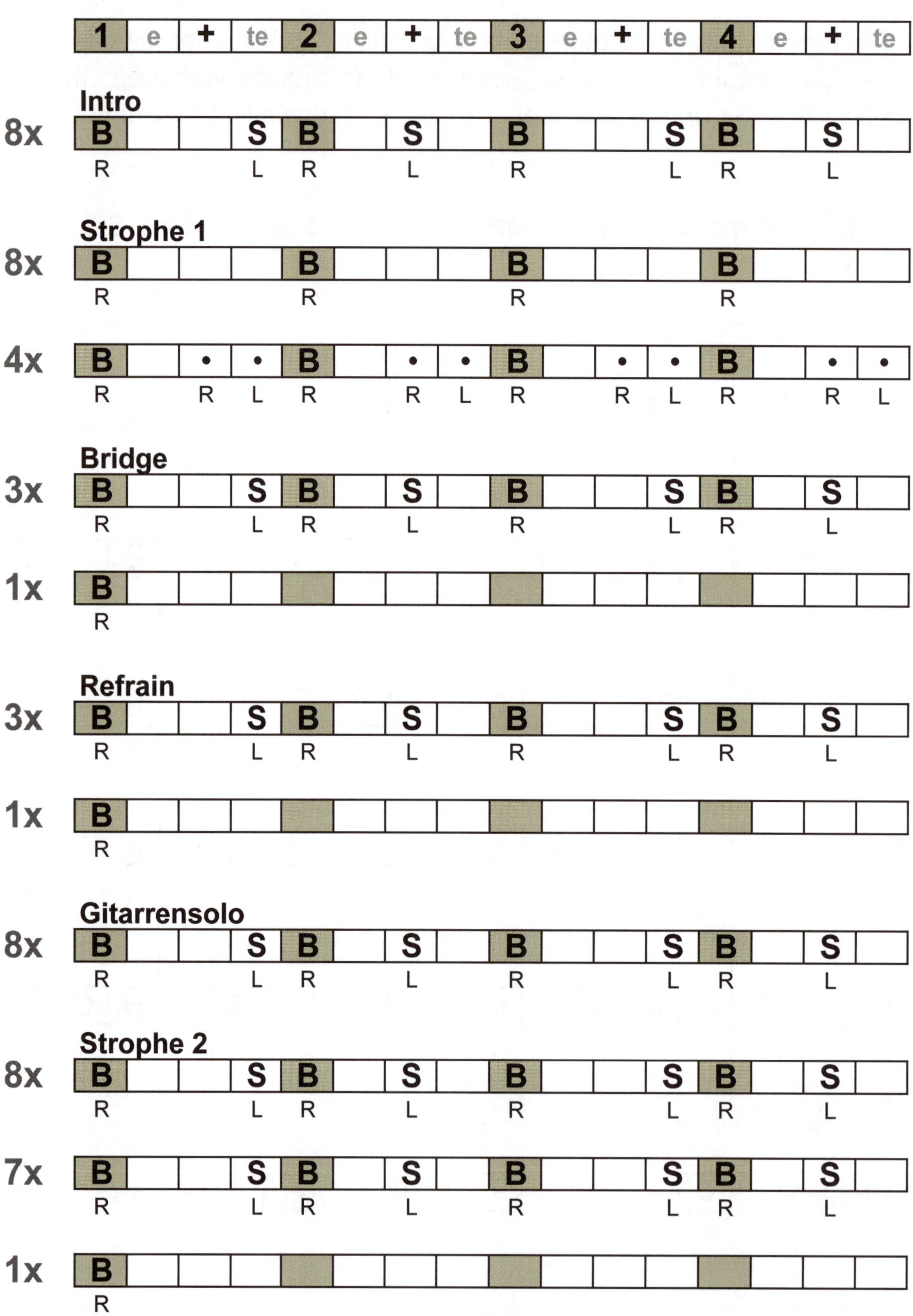

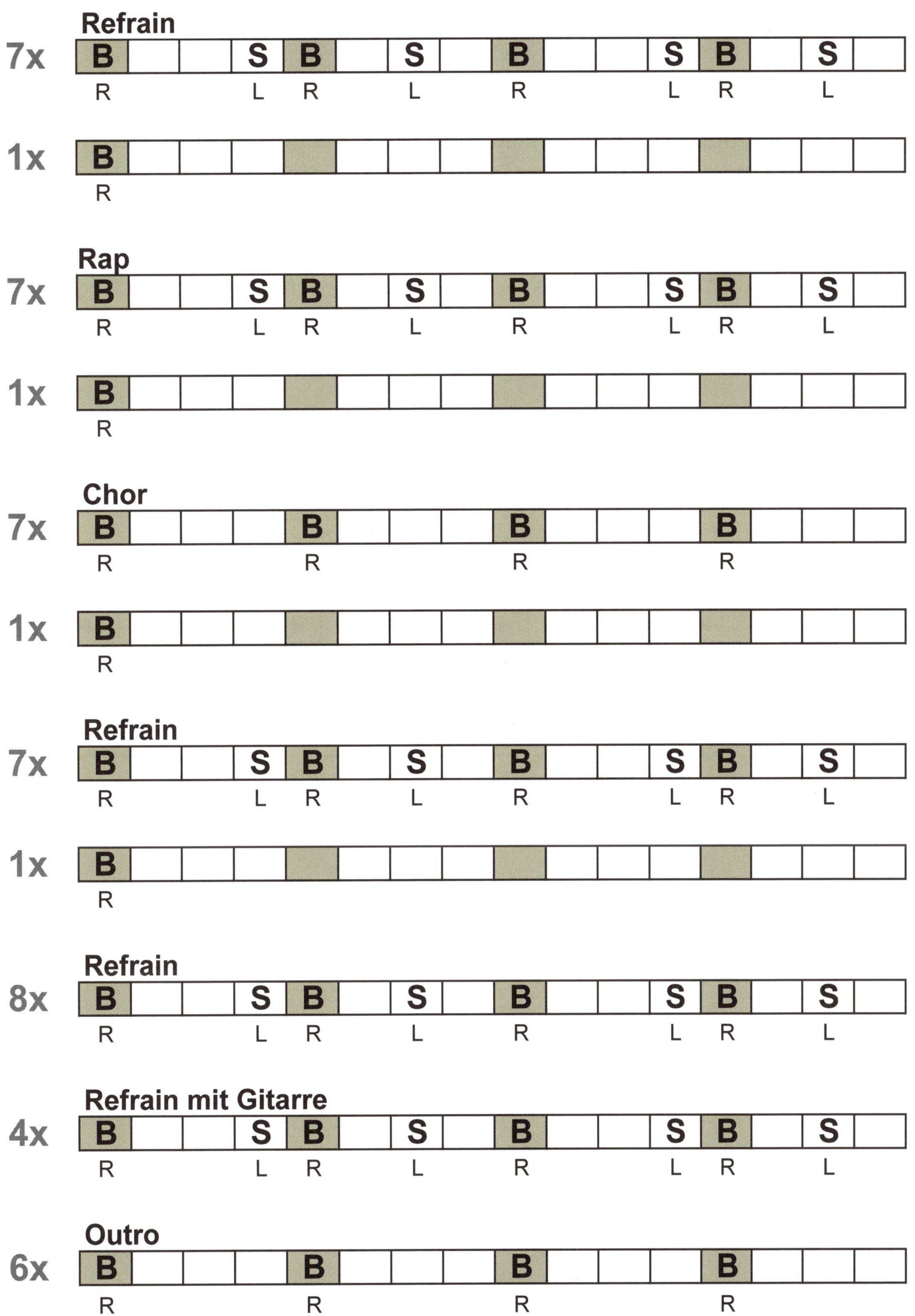
Refrain
7x B S B S B S B S
R L R L R L R L
1x B
R
Rap
7x B S B S B S B S
R L R L R L R L
1x B
R
Chor
7x B B B B
R R R R
1x B
R
Refrain
7x B S B S B S B S
R L R L R L R L
1x B
R
Refrain
8x B S B S B S B S
R L R L R L R L
Refrain mit Gitarre
4x B S B S B S B S
R L R L R L R L
Outro
6x B B B B
R R R R

Samba

Die Samba ist an der Cajon schon eine kleine Herausforderung. Der Grundbeat ist eigentlich eine pure Technik-Übung. Rechte wie linke Hand machen beide Bass- und Tipschläge nacheinander, die ineinander verschachtelt sind.

Diesen Rhythmus muss man lange trainieren, bis er richtig rollt, aber es lohnt sich, denn wenn es rollt, findet er in vielen Soli und Songbegleitungen Verwendung.

Es gibt 3 Grundvarianten des Rhythmus, die wichtig sind:

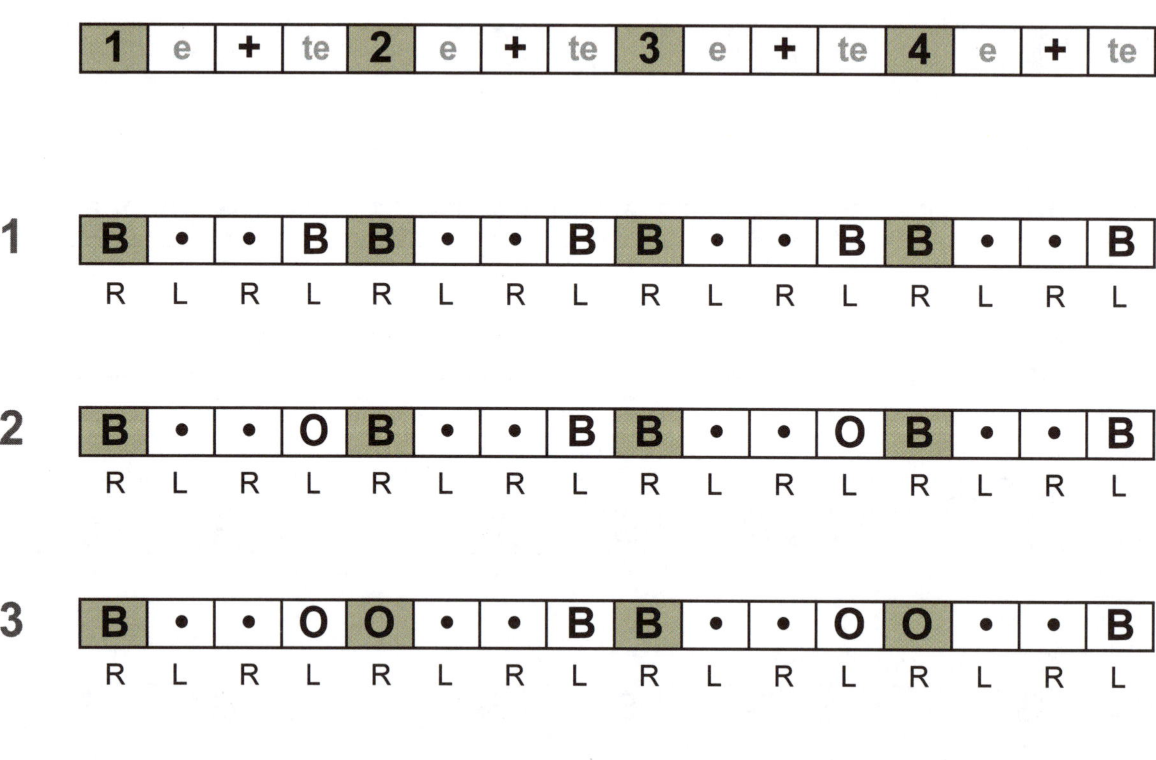

B = Bass O = Open • = Tip [grau] = Fuß stampft mit

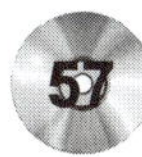

Die vorherigen 3 Varianten sind ganz klassischen Begleitrhythmen, es gibt aber noch eine ganze Menge andere schöne Variationen:

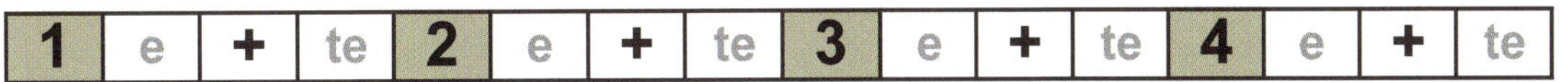

1	e	+	te	2	e	+	te	3	e	+	te	4	e	+	te

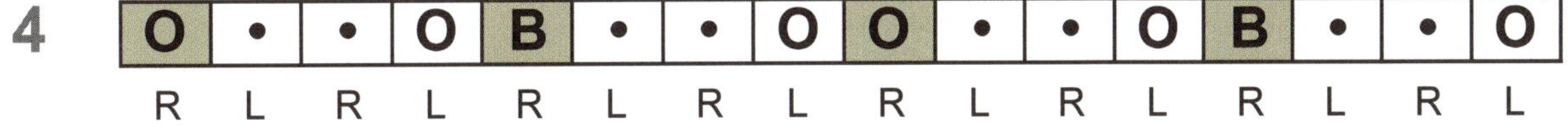

4	O	•	•	O	B	•	•	O	O	•	•	O	B	•	•	O
	R	L	R	L	R	L	R	L	R	L	R	L	R	L	R	L

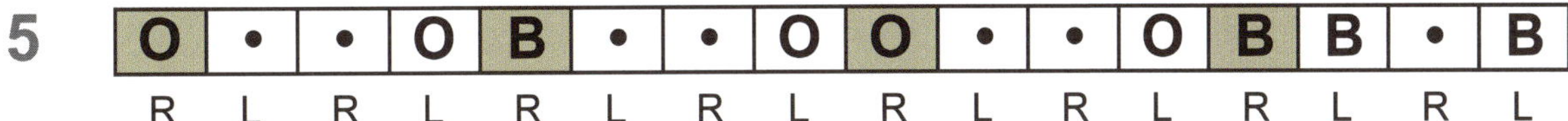

5	O	•	•	O	B	•	•	O	O	•	•	O	B	B	•	B
	R	L	R	L	R	L	R	L	R	L	R	L	R	L	R	L

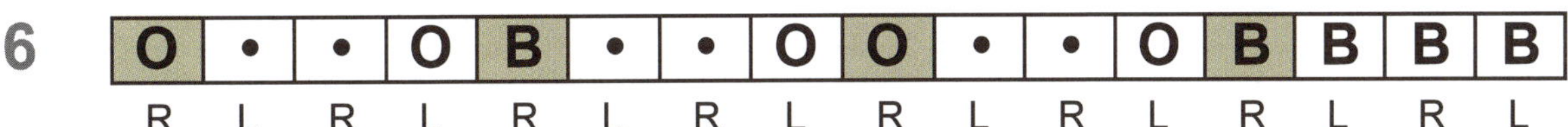

6	O	•	•	O	B	•	•	O	O	•	•	O	B	B	B	B
	R	L	R	L	R	L	R	L	R	L	R	L	R	L	R	L

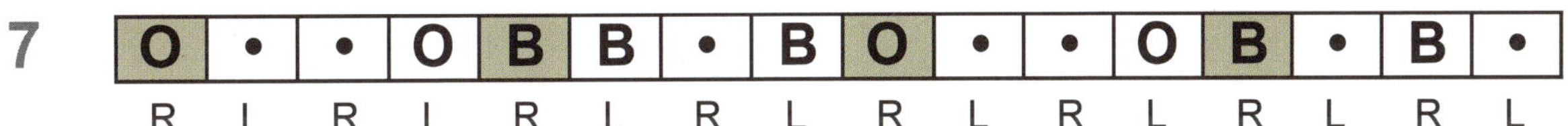

7	O	•	•	O	B	B	•	B	O	•	•	O	B	•	B	•
	R	L	R	L	R	L	R	L	R	L	R	L	R	L	R	L

8	O	•	•	B	B	•	•	O	O	•	•	B	B	B	•	B
	R	L	R	L	R	L	R	L	R	L	R	L	R	L	R	L

9	O	•	•	O	B	•	•	O	O	•	•	O	B	•	B	•
	R	L	R	L	R	L	R	L	R	L	R	L	R	L	R	L

B = Bass   O = Open   • = Tip   (grau) = Fuß stampft mit

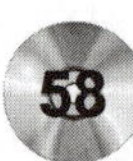

Tresillo

Der Tresillo ist wohl die bekannteste Rhythmusfigur der Welt. Ob in Afrika, Südamerika oder im Orient: Jede große Trommelkultur bedient sich dieses Rhythmus.

Am besten trainiert ihr diesen Rhythmus vorerst in der ersten Version. Dann könnt ihr die Hauptakzente nach Belieben in Open Schläge oder Bässe umwandeln. Schön ist es auch, Rhythmen untereinander zu kombinieren.

Manche Tresillo-Rhythmen sind durch die Position der Bass und Openschläge einer Stilrichtung zuzuordnen, wie beispielsweise der Rumba oder dem Bajao aus Brasilien.

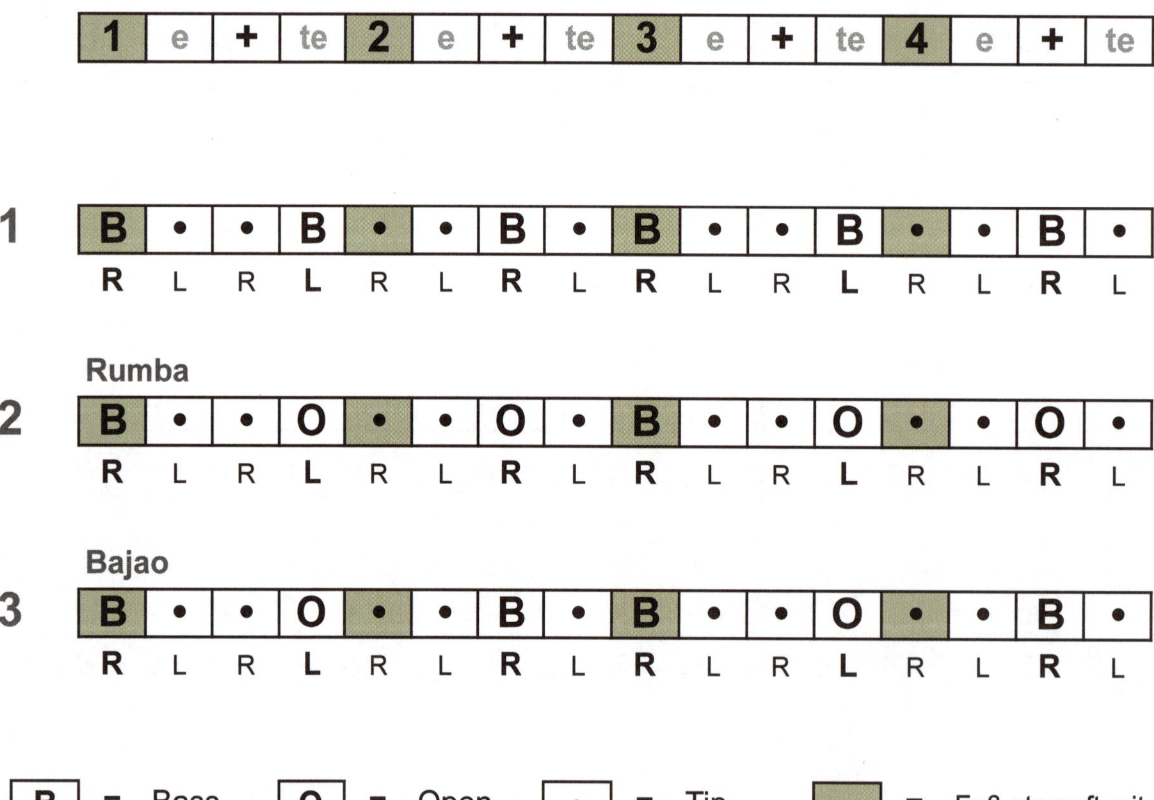

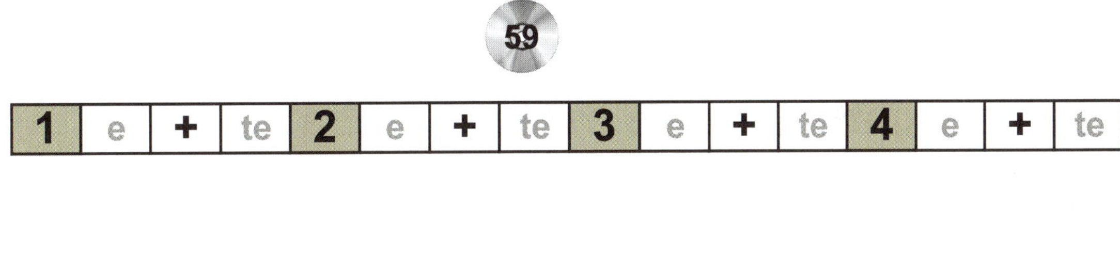

4

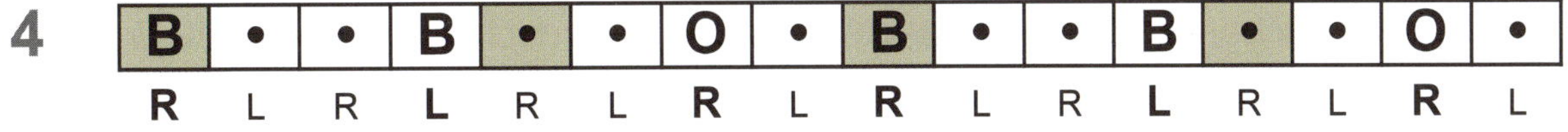

5

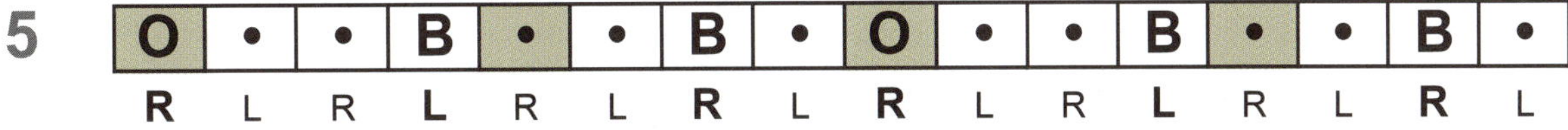

6

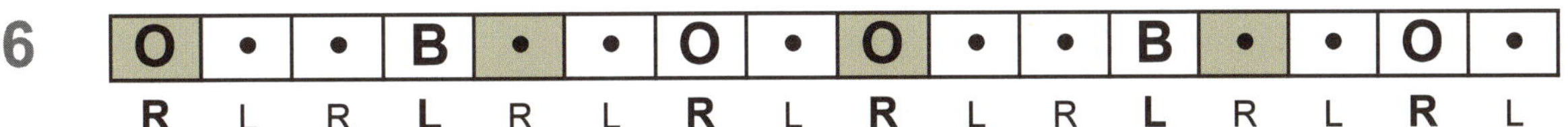

7

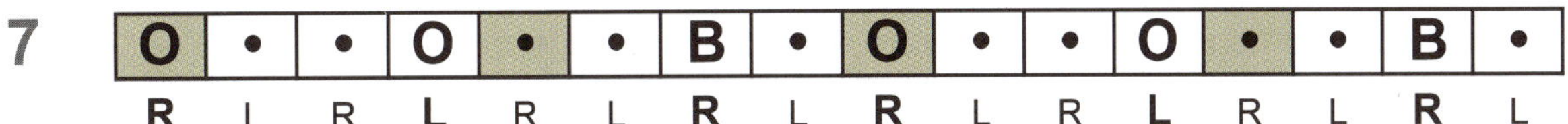

Der Tresillo ist auch in der modernen Musik vertreten. Oft ist er im Hintergrund von Popmusik an Congas oder Bongos zu hören und untermalt einen Schlagzeuggroove.

Normalerweise am Drumset gespielt, ist der Song **"Clocks" von Coldplay** auch eine schöne Variante, den Tresillo auf der Cajon mitzujammen. Hier empfiehlt sich aber ein anderer Handsatz, da das Wechseln zwischen Bass und Open sonst zu anstrengend wäre:

8

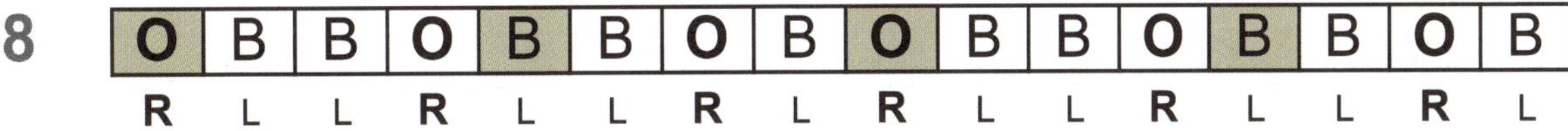

Cajon Duett "Tresillo meets Samba"

Dieses Duett ist für 2 Spieler oder 2 Cajon-Gruppen geeignet. Es eignet sich hervorragend zum Vortragen auf Auftritten jeglicher Art und ist ab einer Cajon Mittelstufe (sicher im Groove und sicher in den Grundschlägen) geeignet. Das Duett ist eine Hommage an zwei der berühmtesten Rhythmen der Welt: Den Tresillo und den Sambapuls, die sich wie ich finde, wunderbar und harmonisch ergänzen.

Das Intro auf dem ersten Blatt ist ein Call und Response, bei dem sich die Cajon 1 und Cajon 2 abwechseln.

Der Mittelteil ist ein ständiger Wechsel zwischen:
Beide Cajones spielen Grundgroove, Cajon 1 soliert...
Beide Cajones spielen Grundgroove, Cajon 2 soliert...
Beide Cajones spielen Grundgroove, Cajon 1 soliert...
Beide Cajones spielen Grundgroove, Cajon 2 soliert, etc...

Der Mittelteil kann auch nochmals als komplettes Blatt wiederholt werden, bevor man in den Schlussteil einsteigt. Damit verlängert sich das Spielstück. **Bei meiner Aufnahme habe ich den Mittelteil 2 mal gespielt.**

Der Schlussteil hat ganz am Ende einen Rumble. Ein Rumble ist ein gemeinsames Wirbeln und Lärmen auf beiden Cajones. Es empfiehlt sich, einen Spieler auszusuchen, der ein Signal für einen finalen lauten Schlag gibt.

Erklärung zur Taktangabe:

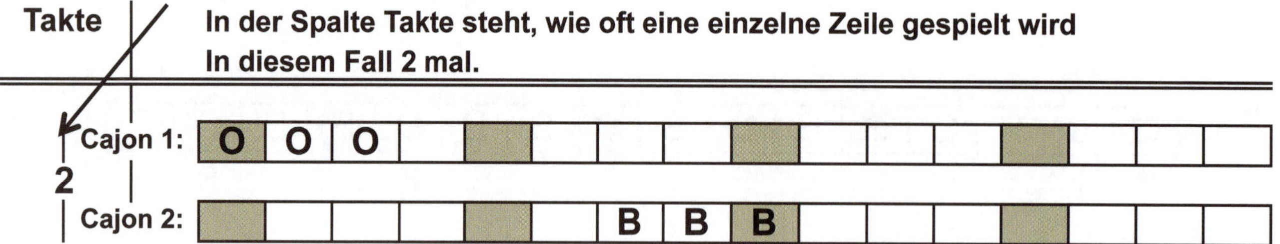

60 Cajon Duett komplett 61 Cajon Duett nur Stimme 1 62 Cajon Duett nur Stimme 2

Cajon Duett: "Tresillo meets Samba" - Teil 1 Intro

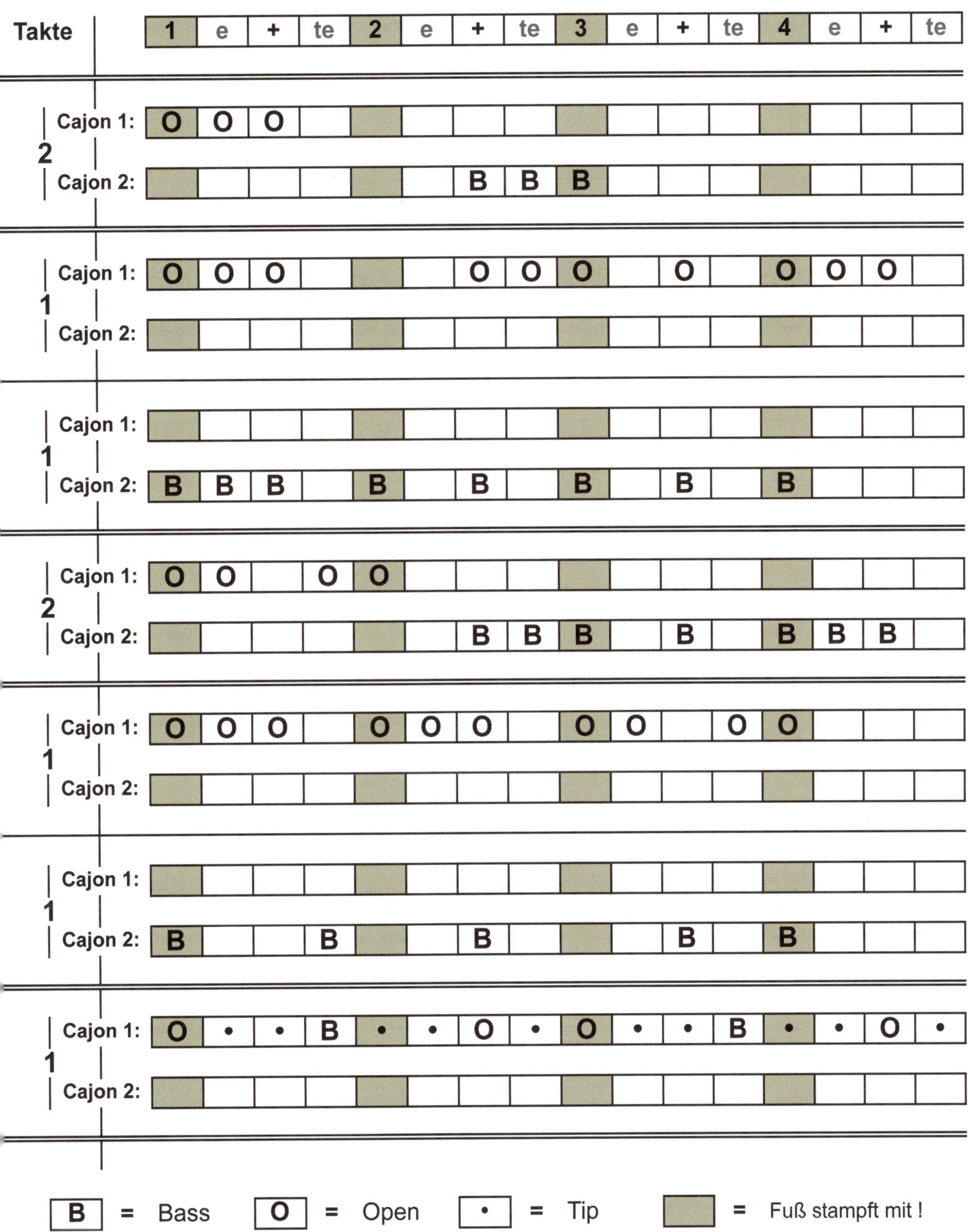

Takte		1	e	+	te	2	e	+	te	3	e	+	te	4	e	+	te
2	Cajon 1:	O	O	O													
	Cajon 2:							B	B	B							
1	Cajon 1:	O	O	O				O	O	O		O		O	O	O	
	Cajon 2:																
1	Cajon 1:																
	Cajon 2:	B	B	B		B		B		B		B		B			
2	Cajon 1:	O	O		O	O											
	Cajon 2:							B	B	B		B		B	B	B	
1	Cajon 1:	O	O	O		O	O	O		O	O		O	O			
	Cajon 2:																
1	Cajon 1:																
	Cajon 2:	B			B			B				B		B			
1	Cajon 1:	O	•	•	B	•	•	O	•	O	•	•	B	•	•	O	•
	Cajon 2:																

B = Bass O = Open • = Tip [grau] = Fuß stampft mit !

Cajon Duett: "Tresillo meets Samba" - Teil 2 Mittelteil

Takte																	
2	Cajon 1:	O	•	•	B	•	•	O	•	O	•	•	B	•	•	O	•
	Cajon 2:	B	•	•	O	B	•	•	B	B	•	•	O	B	•	•	B
2	Cajon 1:	O	•	•	B	•	•	O	•	O	•	•	B	•	•	O	•
	Cajon 2:	B	B	O	O	B	B	O	O	B	B	O	O	B	B	O	O
2	Cajon 1:	O	•	•	B	•	•	O	•	O	•	•	B	•	•	O	•
	Cajon 2:	B	•	•	O	B	•	•	B	B	•	•	O	B	•	•	B
2	Cajon 1:	O	B	B		O	B	B		O	B	B		O	B	B	
	Cajon 2:	B	•	•	O	B	•	•	B	B	•	•	O	B	•	•	B
2	Cajon 1:	O	•	•	B	•	•	O	•	O	•	•	B	•	•	O	•
	Cajon 2:	B	•	•	O	B	•	•	B	B	•	•	O	B	•	•	B
2	Cajon 1:	O	•	•	B	•	•	O	•	O	•	•	B	•	•	O	•
	Cajon 2:	B		O		B	O	B	O	B		O		B	O	B	O
2	Cajon 1:	O	•	•	B	•	•	O	•	O	•	•	B	•	•	O	•
	Cajon 2:	B	•	•	O	B	•	•	B	B	•	•	O	B	•	•	B
2	Cajon 1:	B		O		B		O		B	O	O	O	B	O	O	O
	Cajon 2:	B	•	•	O	B	•	•	B	B	•	•	O	B	•	•	B

Der Mittelteil wird wiederholt und komplett 2 mal gespielt.

Cajon Duett: "Tresillo meets Samba" - Teil 3 Schlussteil

Takte		1	e	+	te	2	e	+	te	3	e	+	te	4	e	+	te
1	Cajon 1:	O	•	•	B	•	•	O	•	O	•	•	B	•	•	O	•
	Cajon 2:	B	•	•	O	B	•	•	B	B	•	•	O	B	•	•	B
1	Cajon 1:	O		O	O	O		O		O	O	O		O		O	
	Cajon 2:	B	•	•	O	B	•	•	B	B	•	•	O	B	•	•	B
1	Cajon 1:																
	Cajon 2:	B	•	•	O	B	•	•	B	B	•	•	O	B	•	•	B
1	Cajon 1:																
	Cajon 2:	B	•	•	O	B	•	•	B	B	•	•	O	B			
2	Alle:	O		B	B	B		O		B	B	B		O		B	
1	Alle:	O		B		O		B		O		B		O		B	
1	Alle:	B		B		B		B		B		B		B			

Alle: Rumble ! →

Dzigbo

Der Dzigbo ist ein westafrikanischer Tanzrhythmus aus Ghana. Ich mag diese Rhythmus sehr, weil er etwas langsamer und getragen gespielt wird. Er hat mich immer an eine vor sich hintrabende Elefantenherde erinnert :-)

Ein besonderes Merkmal dieses Rhythmus ist, dass die Tips lauter gespielt werden als normal, damit der Rhythmus ordentlich groovt.

Ihr könnt meine Noten auf zwei Arten spielen:
Ich habe hier auf der ersten Seite den Dzigbo-Grundrhythmus und 2 Begleitstimmen ausnotiert. Diese eignen sich, um den Dzigbo in einem Trio zu arrangieren.

Auf der nächsten Seite findet ihr ein Solo.

Dieses Solo kann entweder der Spieler spielen, der den Dzigbo Grundrhythmus hat oder man kann diese Seite auch wirklich ganz alleine als Solo vortragen, ohne Mitspieler.

Ein Hinweis aus dem Fachjargon:

Wenn ein Tip sehr laut gespielt wird, so nennt man diesen auch oft Tap, eine Kreuzung aus Tip und Slap.

Der Tap wird ebenfalls mit den Fingerkuppen gespielt und darf aber keinesfalls **genau** den gleichen Ton erzeugen, wie der Open.

Dzigbo Ensemble

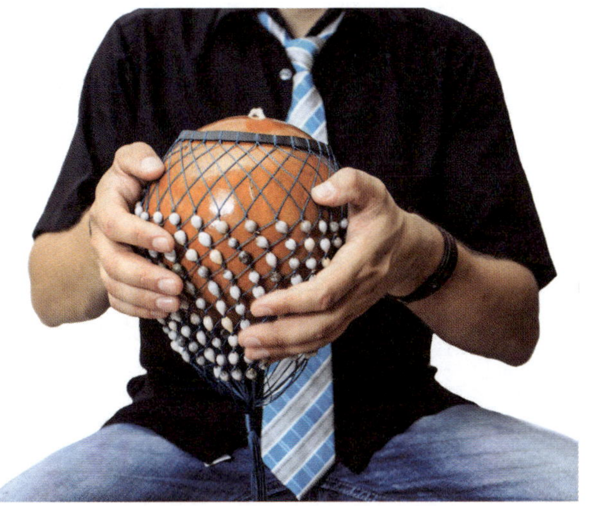

Stimme 1 ist eine Shekere Stimme. Die Shekere wird nur mit den Fingern gespielt (siehe Bild).

Hier funktioniert aber auch jeder leise, zischende Klang mit Shakern, Caxixis oder einer leise gespielten Hi Hat oder ganz leisen Tips auf einer Cajon.

1	e	+	te	2	e	+	te	3	e	+	te	4	e	+	te

Stimme 1: Shekere

1	e	+	te	2	e	+	te	3	e	+	te	4	e	+	te
X		X	X	X		X	X	X		X	X	X		X	X

Die Stimme 2 ist eigentlich die Glockenstimme des Dzigbo, die sich aber auch prima auf einer Cajon umsetzen lässt. Hier sind der Phantasie keine Grenzen gesetzt, probiert einfach aus, was euch am besten gefällt. Ich habe den Rhythmus in Bass und Open notiert. Bei der Umsetzung auf die Bongos oder auf eine Glocke übersetzt euch einfach die Noten in Bass=Dunkel und Open=Hell.

Stimme 2: Glockenstimme

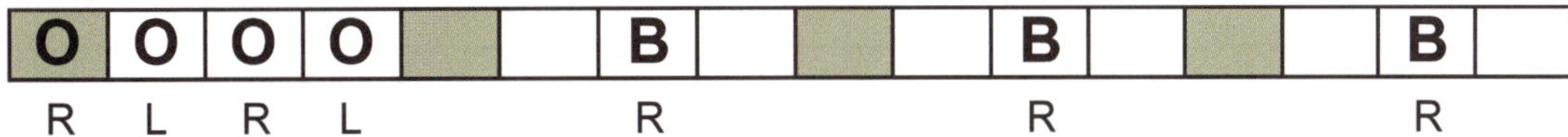

1	e	+	te	2	e	+	te	3	e	+	te	4	e	+	te
O	O	O	O			B				B				B	
R	L	R	L			R				R				R	

Stimme 3: Dzigbo Grundgroove

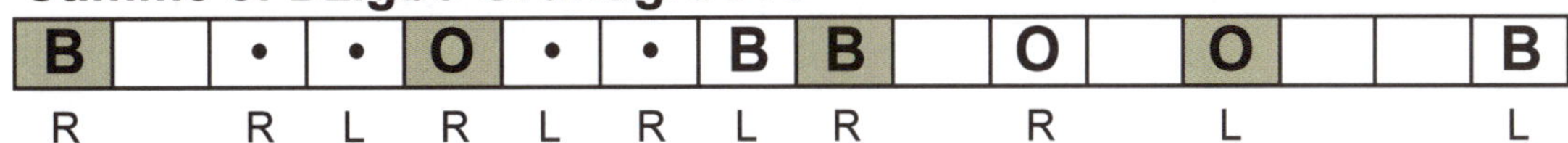

1	e	+	te	2	e	+	te	3	e	+	te	4	e	+	te
B		•	•	O	•	•	B	B		O		O			B
R		R	L	R	L	R	L	R		R		L			L

64 Dzigbo Trio mit Solo 65 Dzigbo Solo Playalong

Dzigbo Solo

Alle Zeilen können vorerst separat trainiert werden, sollen aber zum Schluss zu einem 8-taktigen Stück zusammengefügt werden. Der Anfang des Taktes bleibt immer gleich.

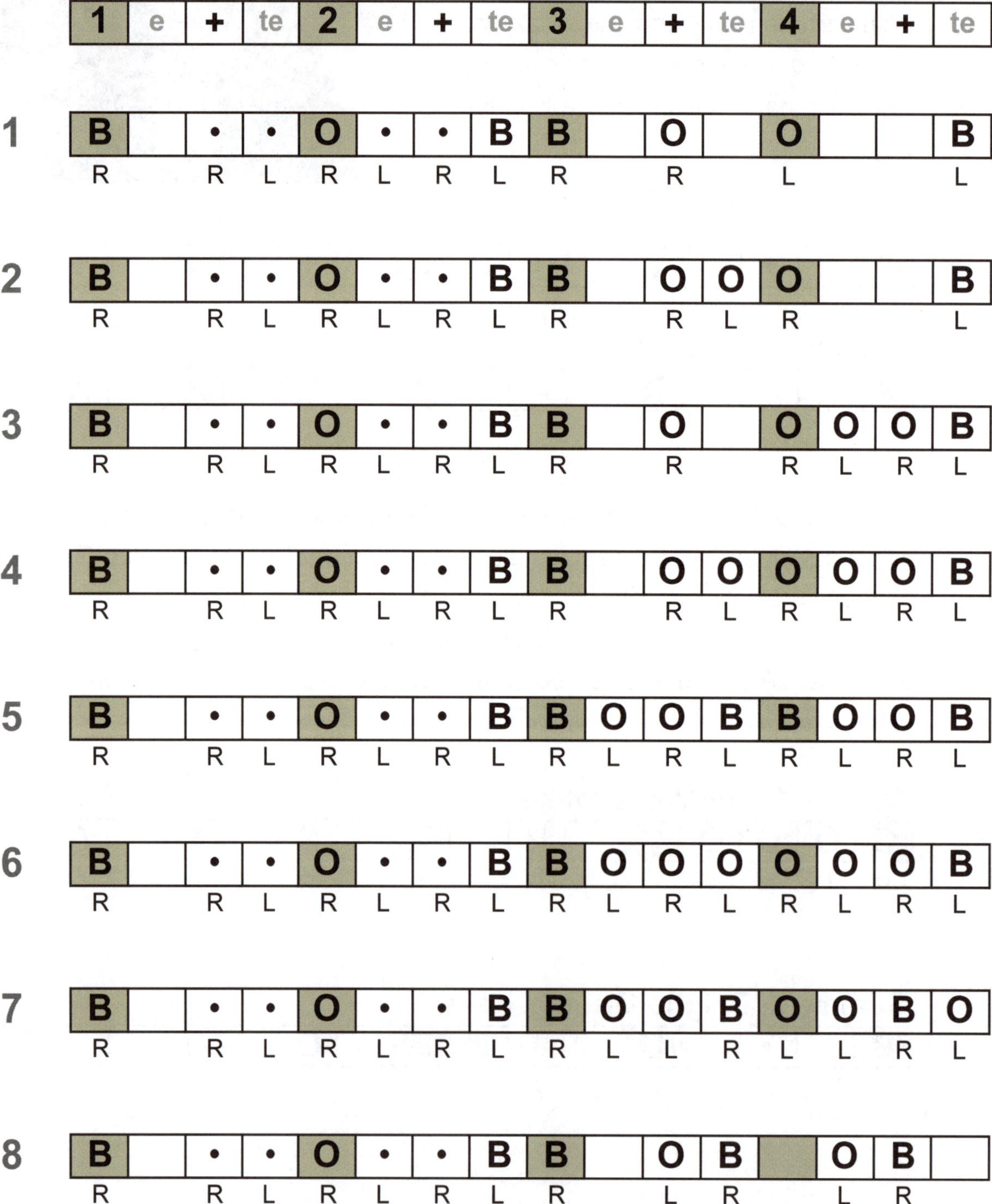

	1	e	+	te	2	e	+	te	3	e	+	te	4	e	+	te
1	B		•	•	O	•	•	B	B		O		O			B
	R		R	L	R	L	R	L	R		R		L			L
2	B		•	•	O	•	•	B	B		O	O	O			B
	R		R	L	R	L	R	L	R		R	L	R			L
3	B		•	•	O	•	•	B	B		O		O	O	O	B
	R		R	L	R	L	R	L	R		R		R	L	R	L
4	B		•	•	O	•	•	B	B		O	O	O	O	O	B
	R		R	L	R	L	R	L	R		R	L	R	L	R	L
5	B		•	•	O	•	•	B	B	O	O	B	B	O	O	B
	R		R	L	R	L	R	L	R	L	R	L	R	L	R	L
6	B		•	•	O	•	•	B	B	O	O	O	O	O	O	B
	R		R	L	R	L	R	L	R	L	R	L	R	L	R	L
7	B		•	•	O	•	•	B	B	O	O	B	O	O	B	O
	R		R	L	R	L	R	L	R	L	L	R	L	L	R	L
8	B		•	•	O	•	•	B	B		O	B		O	B	
	R		R	L	R	L	R	L	R		L	R		L	R	

Grooves mit Bongosounds

Bei den Grooves mit den Bongosounds könnt ihr die ganze Bandbreite der Cajon ausnutzen. Spielt sie auf der Seitenfläche der Cajon (siehe Technik-Kapitel) oder nutzt andere Trommelinstrumente in Kombination. Dabei wird der dunkle und helle Sound durch zwei verschieden gestimmte Trommeln erzeugt (z.B. Bongos, Congas), oder auf ein Einzelinstrument mit verschiedenen Schlagtechniken übertragen.

	1		+		2		+		3		+		4		+	
1	B		□		O		■		B		□		O		■	
	R		L		R		L		R		L		R		L	
2	B		□		O		■	■	B		□		O		■	■
	R		L		R		L	L	R		L		R		L	L
3	B		□	□	O		■	■	B		□	□	O		■	■
	R		L	L	R		L	L	R		L	L	R		L	L
4	B		□		O		■		B		□		O		■	■
	R		L		R		L		R		L		R		L	L
5	B		□		O		■		B		□	□	O	■	■	■
	R		L		R		L		R		L	L	R		L	L
6	B	•	□	•	O		■	■	B	□	•	□	O		■	■
	R	L	R	L	R		L	L	R	L	R	L	R		L	L

B = Bass   O = Open   • = Tip   (grau) = Fuß stampft mit !

Bongosounds: □ = Hell   ■ = Dunkel

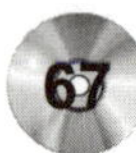

Bongofun "ONLY FOR CRAZY PEOPLE"

Ab und zu ist es doch auch ganz interessant, die Grenzen von Kombinationsmöglichkeiten auszuloten. Solche Rhythmen eignen sich dann wunderbar, um bei Vorstellungen zu glänzen .

In dem ersten Teil dieses Kapitels geht es um Kombinations- und Unabhängigkeitsübungen zwischen rechter und linker Hand, in Verbindung mit der versetzten Sitzposition und den Bongo Sounds. Von welchen ethnischen Rhythmen meine Übung beeinflusst ist, steht jeweils dabei. Zur besseren Übersicht steht hierbei rechte und linke Hand in zwei separaten Zeilen:

1		+		2		+		3		+		4		+	

Cabila

	1		+		2		+		3		+		4		+	
R	B	•			O	•			B		•		O		•	
L			□	□			■	■		□		□		■		■

Songo

	1		+		2		+		3		+		4		+	
R	O			B	O		B		O			B	O		B	
L			□			□		□		□	□			□		□

Ijexa

	1		+		2		+		3		+		4		+	
R	O				O		B		O				O		B	
L	□		□		■		■		□	□		□		■	■	

Bossa Nova

	1		+		2		+		3		+		4		+	
R	B			B	B			B	B			B	B	B		
L	□		□			□		□		□		□			■	■

Cascara und Clave

	1		+		2		+		3		+		4		+	
R	B		•	•		•		•	•		•		•	B		B
L	□			□			□				□		□			

Bongofun die Zweite:

Rutscht man auf der Cajon ein Stück zurück, ist es möglich mit beiden Händen jeweils links und rechts die oberste Bongoecke zu erreichen. Hier eröffnen sich nochmals neue "crazy" Spieltechniken, die dann Hand to Hand gespielt werden können.

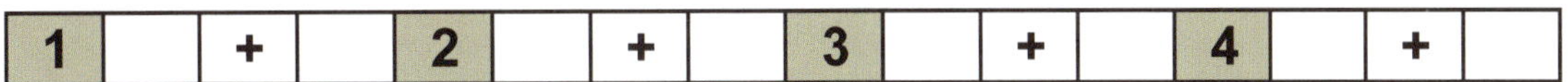

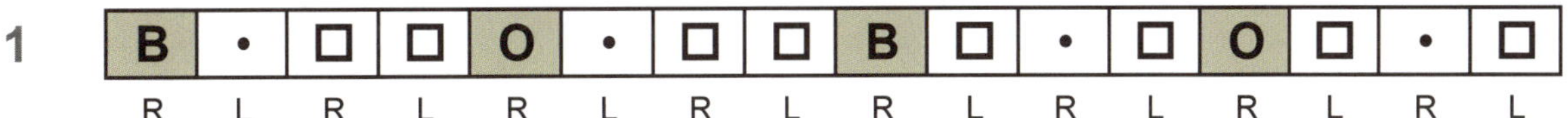

	1		+		2		+		3		+		4		+	
1	B	•	□	□	O	•	□	□	B	□	•	□	O	□	•	□
	R	L	R	L	R	L	R	L	R	L	R	L	R	L	R	L
2	B	•	□	□	O	□	•	□	B	•	□	•	O	□	B	□
	R	L	R	L	R	L	R	L	R	L	R	L	R	L	R	L
3	B	□	•	•	O	•	□	•	B	•	B	B	O	•	□	□
	R	L	R	L	R	L	R	L	R	L	R	L	R	L	R	L
4	B	•	□	□	O	B	□	B	B	•	□	•	O	□	B	□
	R	L	R	L	R	L	R	L	R	L	R	L	R	L	R	L

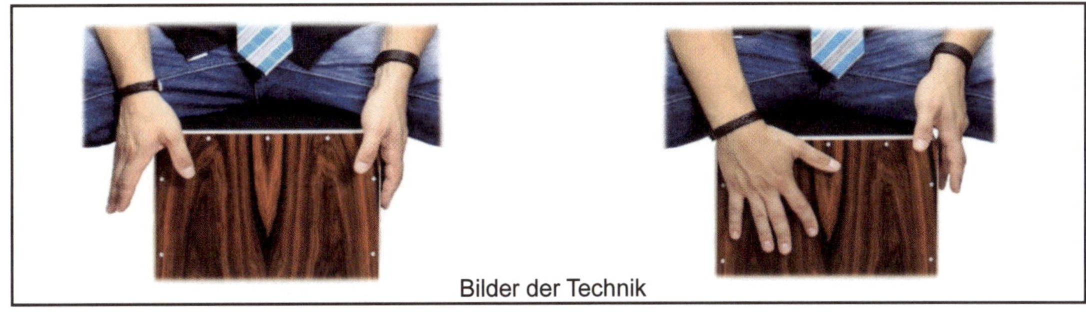

Bilder der Technik

B = Bass   O = Open   • = Tip   [grau] = Fuß stampft mit !

Bongosounds: □ = Hell   ■ = Dunkel

Clavesammlung

Clave-Rhythmen auf der Cajon spielen

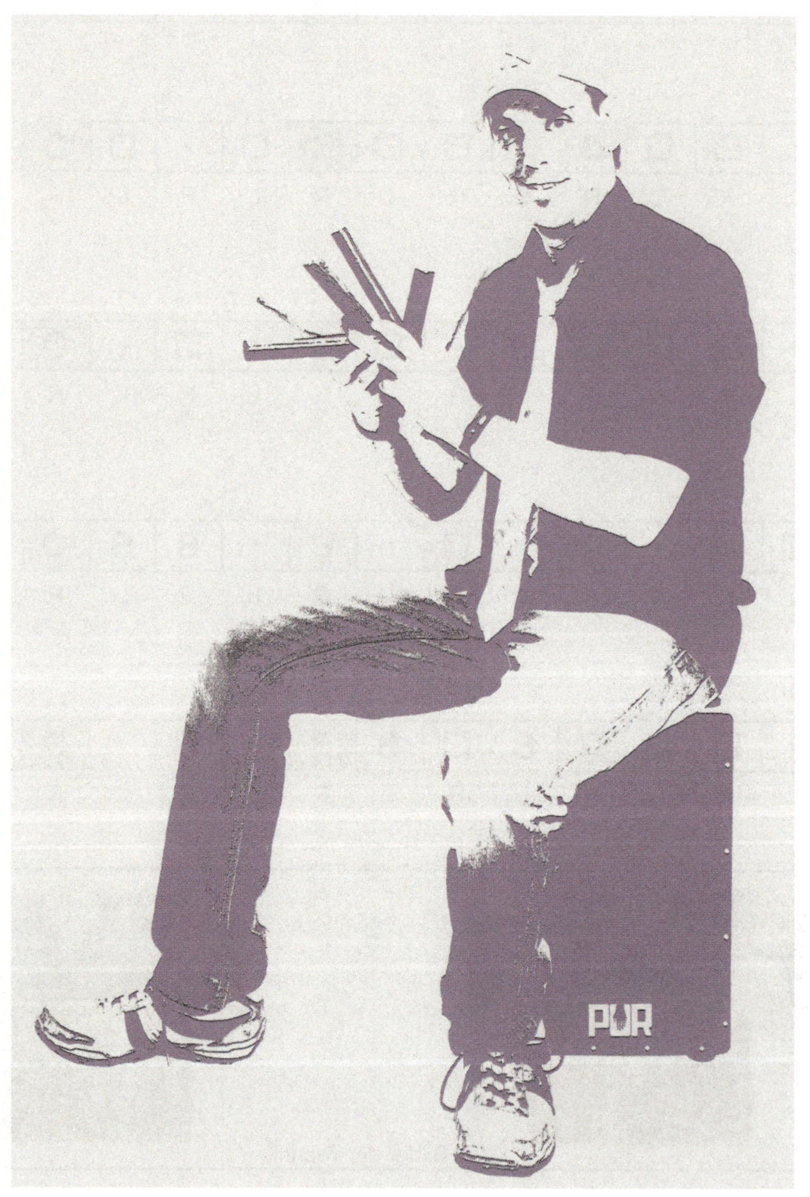

Clavesammlung

Die Claves, zu deutsch die Schlüssel, sind, wie der Name schon sagt, unser Zugang zu den Rhythmen dieser Welt.

Im Grunde genommen müssen wir uns als Europäer vorstellen, dass der gerade Rhythmus und die gleichbleibende Klatschfigur, die uns von Kindesbeinen an beigebracht wird, unsere Clave ist.

Jede Ethnie auf der Welt hat sich mit diesen traditionellen Claves einen anderen Zugang zu ihrer Musik verschafft. Wer sich nun mit den Stilen aus Afrika, Südamerika und Brasilien beschäftigen will, muss sich zunächst mit dem Aufbau deren Musik beschäftigen.

Darüber hinaus sind die Claves dieser Welt wunderschöne Vorlagen für allerlei Improvisationen auf sehr vielen Trommelinstrumenten.

Meine Clavesammlung

Nimmt man alle Claves zusammen, sogar auch die ternären, wird man schnell merken, dass es gar nicht so viele große Unterschiede in den verschiedenen Rhythmen gibt, und dass alle Claves irgendwie miteinander verwandt sind.

Einen guten Überblick über die gängigsten Claves und deren Verwandtschaft erhaltet ihr in der folgenden Tabelle.

Clave Sammlung

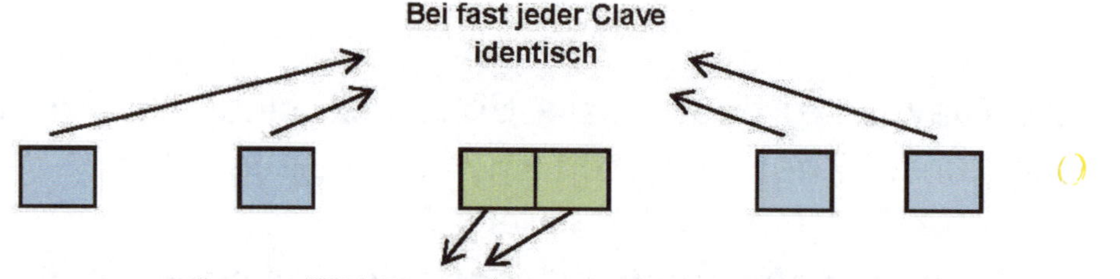

Clave Rhythmen in 4/4	1		+		2		+		3		+		4		+	
Rumba Clave	X			X				X			X		X			
Son Clave (3/2 oder Afro Clave)	X			X			X				X		X			
Bossa Clave	X			X			X				X			X		

Clave Rhythmen in 6/8	1	e	+	2	e	+	3	e	+	4	e	+
12/8tel Clave	X		X		X	X		X		X		X
Son Clave in 6/8tel	X		X		X			X		X		

Alle Clave Rhythmen können vorwärts wie rückwärts gespielt werden. Probiert es aus: Spielt zuerst die 2. Hälfte des Taktes, die 3 + 4 + und danach erst die 1 + 2 +

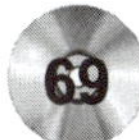

Die Sonclave auf die Cajon verteilen

Wir starten mit der Son Clave und kreieren die ersten Rhythmen damit auf der Cajon.

	1	e	+	te	2	e	+	te	3	e	+	te	4	e	+	te
1	B	•	•	B	•	•	B	•	•	•	B	•	B	•	•	•
	R	L	R	L	R	L	R	L	R	L	R	L	R	L	R	L
2	B	•	•	B	•	•	B	•	•	•	O	•	O	•	•	•
	R	L	R	L	R	L	R	L	R	L	R	L	R	L	R	L
3	O	•	•	O	•	•	O	•	•	•	B	•	B	•	•	•
	R	L	R	L	R	L	R	L	R	L	R	L	R	L	R	L
4	B	•	•	B	•	•	O	•	•	•	B	•	O	•	•	•
	R	L	R	L	R	L	R	L	R	L	R	L	R	L	R	L
5	B	•	•	B	•	•	O	•	•	•	B	•	B	•	•	•
	R	L	R	L	R	L	R	L	R	L	R	L	R	L	R	L
6	O	•	•	O	•	•	B	•	•	•	B	•	B	•	•	•
	R	L	R	L	R	L	R	L	R	L	R	L	R	L	R	L

Tipp: Mit Hinzufügen von nur einem Openschlag auf der 2 erhaltet ihr einen schönen Popgroove!

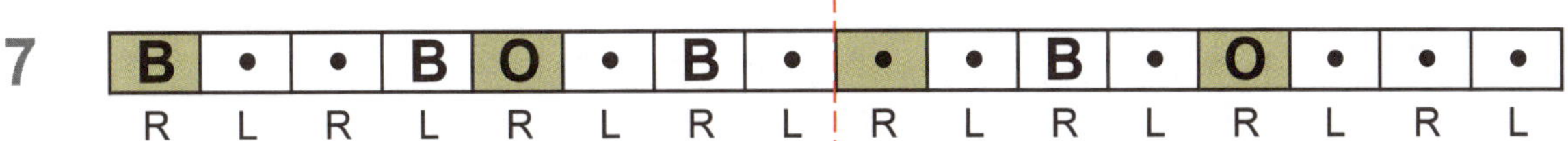

7	B	•	•	B	O	•	B	•	•	•	B	•	O	•	•	•
	R	L	R	L	R	L	R	L	R	L	R	L	R	L	R	L

Denkt auch hier daran, dass alle Rhythmen auch auf der 3 gestartet werden können!

Die Rumbaclave auf die Cajon verteilen

Alle Rhythmen der Sonclave können auch in der Rumbaclave gespielt werden.

	1	e	+	te	2	e	+	te	3	e	+	te	4	e	+	te
1	B	•	•	B	•	•	•	B	•	•	B	•	B	•	•	•
	R	L	R	L	R	L	R	L	R	L	R	L	R	L	R	L
2	B	•	•	B	•	•	•	B	•	•	O	•	O	•	•	•
	R	L	R	L	R	L	R	L	R	L	R	L	R	L	R	L
3	O	•	•	O	•	•	•	O	•	•	B	•	B	•	•	•
	R	L	R	L	R	L	R	L	R	L	R	L	R	L	R	L
4	B	•	•	B	•	•	•	O	•	•	B	•	O	•	•	•
	R	L	R	L	R	L	R	L	R	L	R	L	R	L	R	L
5	B	•	•	B	•	•	•	O	•	•	B	•	B	•	•	•
	R	L	R	L	R	L	R	L	R	L	R	L	R	L	R	L
6	O	•	•	O	•	•	•	B	•	•	B	•	B	•	•	•
	R	L	R	L	R	L	R	L	R	L	R	L	R	L	R	L

Tipp: Mit Hinzufügen von nur einem Openschlag auf der 2 erhaltet ihr einen schönen Popgroove!

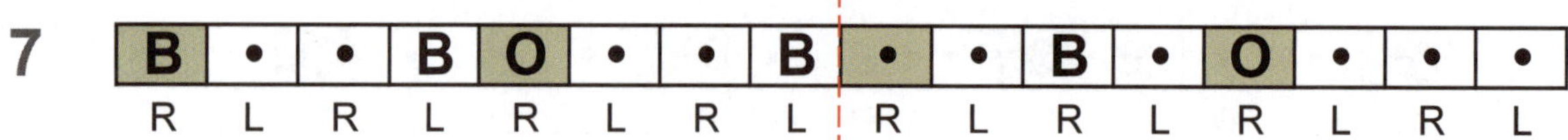

7	B	•	•	B	O	•	•	B	•	•	B	•	O	•	•	•
	R	L	R	L	R	L	R	L	R	L	R	L	R	L	R	L

Denkt auch hier daran, dass alle Rhythmen auch auf der 3 gestartet werden können!

Die Bossaclave auf die Cajon verteilen

Alle Rhythmen der Sonclave können auch in der Bossaclave gespielt werden.

	1	e	+	te	2	e	+	te	3	e	+	te	4	e	+	te
1	B	•	•	B	•	•	B	•	•	•	B	•	•	B	•	•
	R	L	R	L	R	L	R	L	R	L	R	L	R	L	R	L
2	B	•	•	B	•	•	B	•	•	•	O	•	•	O	•	•
	R	L	R	L	R	L	R	L	R	L	R	L	R	L	R	L
3	O	•	•	O	•	•	O	•	•	•	B	•	•	B	•	•
	R	L	R	L	R	L	R	L	R	L	R	L	R	L	R	L
4	B	•	•	B	•	•	O	•	•	•	B	•	•	O	•	•
	R	L	R	L	R	L	R	L	R	L	R	L	R	L	R	L
5	B	•	•	B	•	•	O	•	•	•	B	•	•	B	•	•
	R	L	R	L	R	L	R	L	R	L	R	L	R	L	R	L
6	O	•	•	O	•	•	B	•	•	•	B	•	•	B	•	•
	R	L	R	L	R	L	R	L	R	L	R	L	R	L	R	L

Tipp: Mit Hinzufügen von nur einem Openschlag auf der 3 erhaltet ihr einen schönen Popgroove!

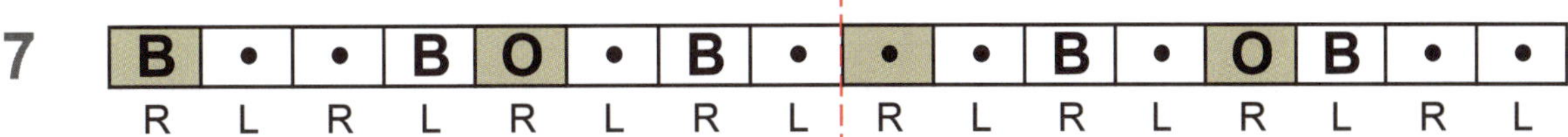

7	B	•	•	B	O	•	B	•	•	•	B	•	O	B	•	•
	R	L	R	L	R	L	R	L	R	L	R	L	R	L	R	L

Denkt auch hier daran, dass alle Rhythmen auch auf der 3 gestartet werden können!

Auf der Cajon mit den Claves improvisieren

Hier habe ich euch ein kleines Stück zusammengestellt, wie man mit den Clave improvisieren kann. Sehr wirkungsvoll ist hierbei die Fußarbeit. Probiert, ein Instrument mit dem Fuß auf den Beat mitzuspielen. Hier könnt ihr euch ein komplettes Musikstück zusammenstellen: Wiederholt jede Reihe 4 mal und spielt alle Reihen ohne Pause hintereinander.

		1	e	+	te	2	e	+	te	3	e	+	te	4	e	+	te
1	4x	B	•	•	B	•	•	B	•	•	•	B	•	•	O	•	•
		R	L	R	L	R	L	R	L	R	L	R	L	R	L	R	L
2	4x	B	•	•	B	•	•	B	•	•	•	B	•	O	•	O	O
		R	L	R	L	R	L	R	L	R	L	R	L	R	L	R	L
3	4x	B	•	•	B	•	•	B	•	•	•	O	O	B	B	B	B
		R	L	R	L	R	L	R	L	R	L	R	L	R	L	R	L
4	4x	B	•	•	B	•	•	•	B	•	•	O	•	O	•	O	•
		R	L	R	L	R	L	R	L	R	L	R	L	R	L	R	L
5	4x	•	•	B	•	B	•	•	•	O	•	•	O	•	•	O	•
		R	L	R	L	R	L	R	L	R	L	R	L	R	L	R	L
6	4x	B	•	•	B	O	•	B	•	•	•	B	•	O	•	•	•
		R	L	R	L	R	L	R	L	R	L	R	L	R	L	R	L
7	4x	O	•	•	O	•	•	O	•	•	•	B	B	B	•	B	•
		R	L	R	L	R	L	R	L	R	L	R	L	R	L	R	L

Cajon Bauanleitung

Cajones selbst bauen und tunen

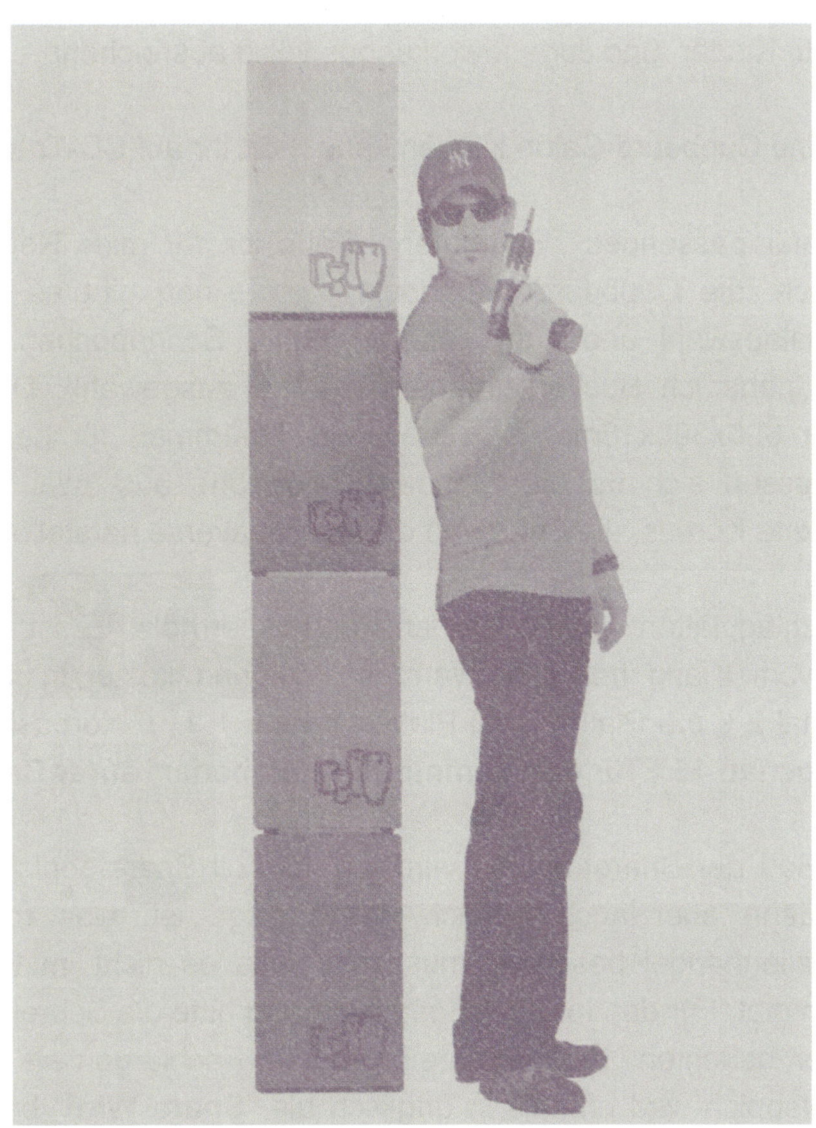

Die Cupboard Cajon

Weil ich ein leidenschaftlicher Instrumententüftler bin, hatte ich zum Spaß mal die Idee, eine Cajon ausschließlich aus Baumarkt-Artikeln und so möglichst günstig herzustellen. Das Ergebnis war eine gut klingende Cajon für rund 30 Euro und die Anleitung dazu findet ihr in diesem Kapitel. Eine Cajon dieser Art ist klanglich natürlich nicht der Ersatz für eine Kaufcajon. Sie ist aber trotzdem als Einstiegsinstrument oder für Kinder- und Jugendworkshops völlig ausreichend.

Wie eine Cupboard-Cajon klingen kann, hört ihr auf CD-Track 73.

Als dafür passendes Baumaterial habe ich für mich Regalbretter (in Englisch: die Cupboards) entdeckt. Zum einen gibt es eine riesige Materialauswahl und zum anderen echte Schnäppchen. Für meine Cajon habe ich Buchenleimholz für 11 € ausgewählt. Das Maß der Bretter 800x300x18mm ist zudem ein Traummaß für den Cajonbau. Hier lassen sich für die Standard-Cajonhöhe aus zwei Brettern der komplette Korpus, die Füße und die Snaretraverse herstellen.

Als Schlagplatten verwendete ich Pappelsperrholz. Es ist ein weiches, aber vom Klang her sehr warmes Holz und kostet in 4 mm Dicke maximal 2 € pro Platte. Zwei Platten zu 2 € + 11 € Korpusholz machen dann **genau 15 € für den kompletten Holzbedarf eurer Cajon**.

Zum Bau der Snaretraverse wird ein 10 Zoll Snareteppich gebraucht, was dann aber auch wirklich das Einzige ist, was man sich im Musikalienhandel besorgen muss und was es nicht im Baumarkt zu kaufen gibt. Für den Internet-Bestellvorgang bitte die Schreibweise beim Suchen beachten. 10 Zoll schreibt man im Fachjargon als **10"** und der Snareteppich wird oftmals in englisch als "**Snare Wire**" betitelt. Unter: "**Snare Wire 10"** solltet ihr Produkte für rund 5 € im Netz oder im Fachhandel finden.

Werkzeug:
Außer dem "normalen Haushaltswerkzeug" wie Akkubohrer und Schleifpapier braucht ihr zwei Spanngurte und zumindest, wenn ihr keine eigene habt, für 10 Minuten bei einem Bekannten oder der Familie Zugang zu einer Tischkreissäge.

Zur besseren Übersicht hier nun ein kompletter Material- und Werkzeugüberblick:

Material:	Preis:
2 Bretter Buchenleimholz 800x300x18mm	11 €
2 Platten Pappelsperrholz 500x300x4mm	4 €
12 x Spaxschrauben 3,5x30mm	1 €
4 x Spaxschrauben 2,5x12mm	1 €
Holzleim	3 €
10" Snareteppich	5 €
1 kleines Stück doppelseitiges Klebeband	
1 kleines Stück Schaumstoff	
Treppenlack	4 €
(bei drei Anstrichen Lack für ca. 5 qm)	
Optional: Pulverbeize und 4 Filzgleiter für Stühle	4 €
Gesamt:	33 €

Werkzeug:

Tischkreissäge
Stichsäge oder Lochbohrer 120 mm
Akkubohrer
3 mm Holzbohrer-Einsatz
Schleifpapier oder Schleifmaschine (evtl. Oberfräse)
2 Spanngurte
Bleistift
Maßstab
1 Lappen

Beschnittvorlage:

Step 1: Beide Bretter wie folgt zurechtschneiden

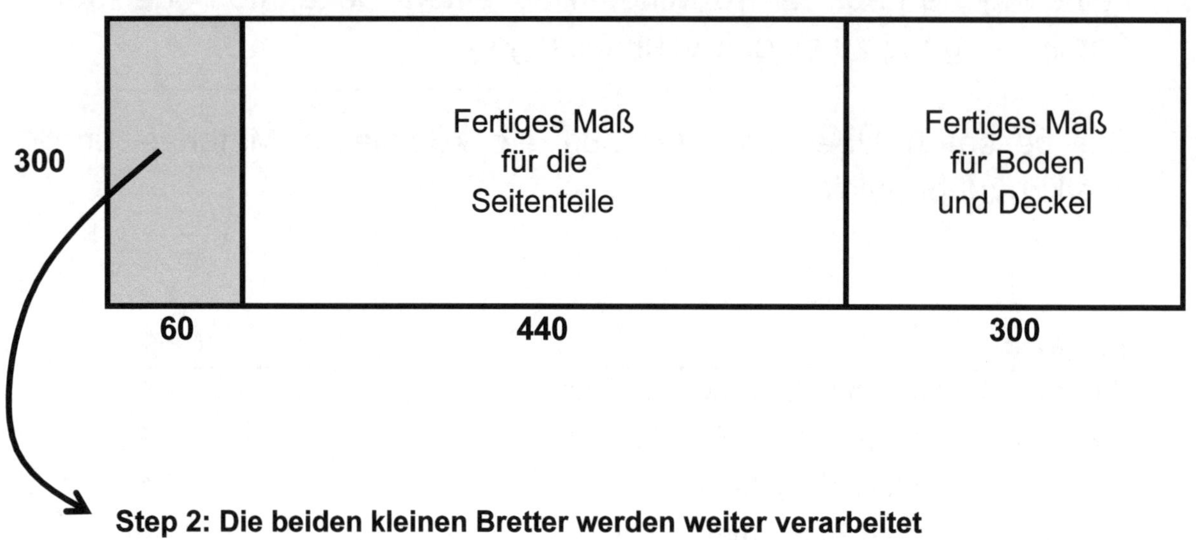

Step 2: Die beiden kleinen Bretter werden weiter verarbeitet

Brett 1

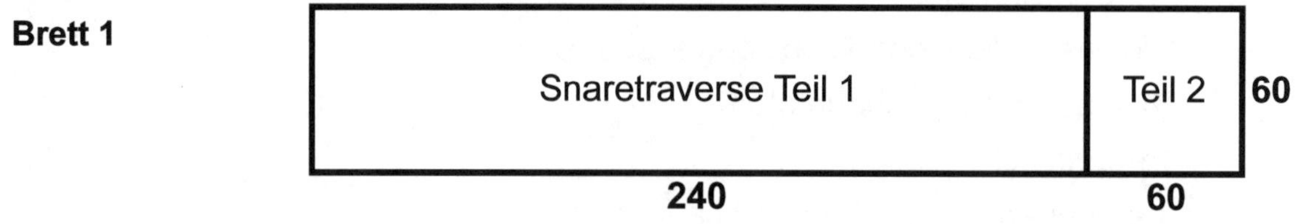

Brett 2

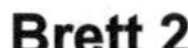

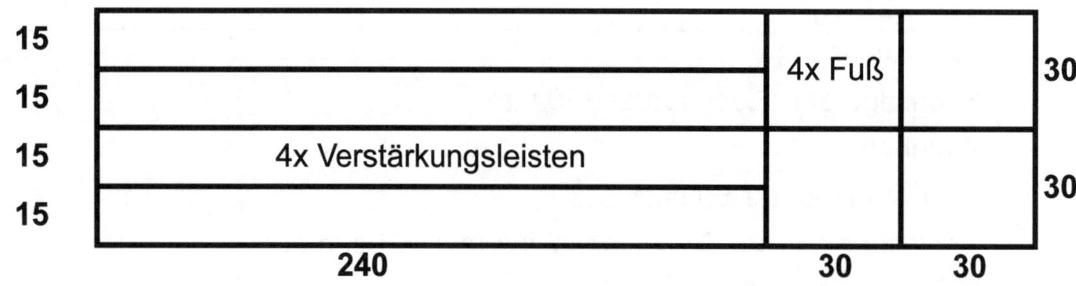

Step 2:

Die gewonnenen 4 Verstärkungsleisten werden nun auf den Boden und den Deckel aufgebracht. Ich klebe und schraube die Leisten. Als Schrauben verwende ich 3,5x30mm Spax.

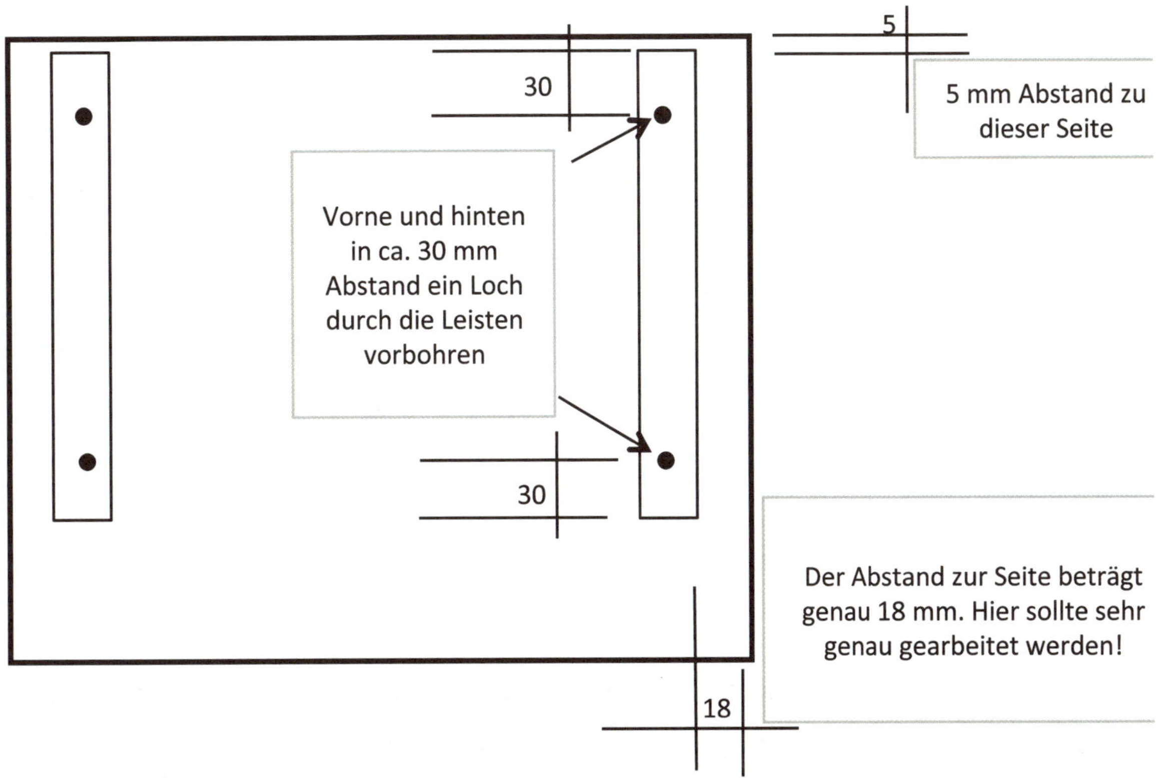

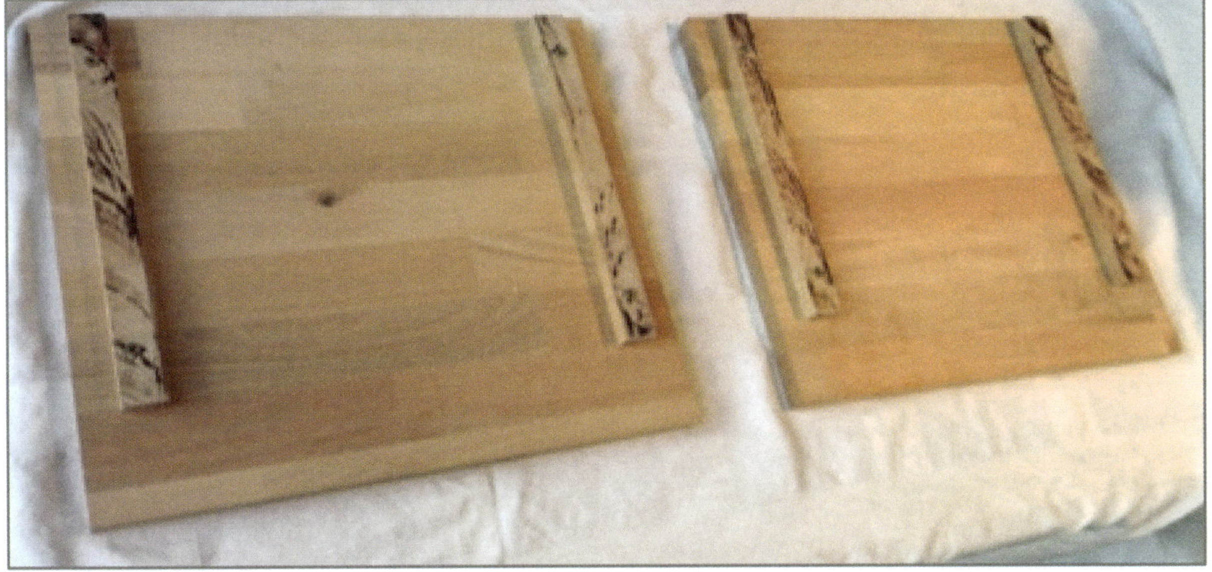

Step 3:

Der Boden der Cajon wird vorbereitet:
An **EINEM** der beiden Bretter werden nun drei Bohrlöcher für die spätere Snaretraverse gesetzt.

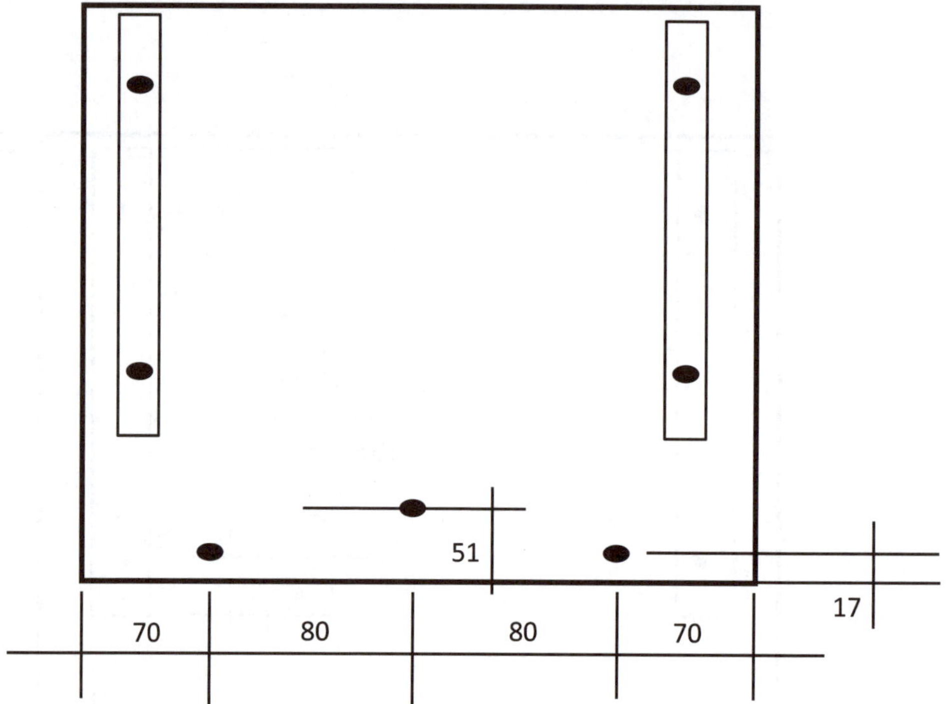

Step 4:

Auf der Rückseite dieses Brettes können nun schon die Füße arretiert werden. Ebenfalls durchgebohrt und festgeklebt, und mit den gleichen Schrauben 3,5 x 30 mm arretiert. Unter die Füße könnt ihr später Filzgleiter für Stühle, oder einfache Teppichreste kleben.

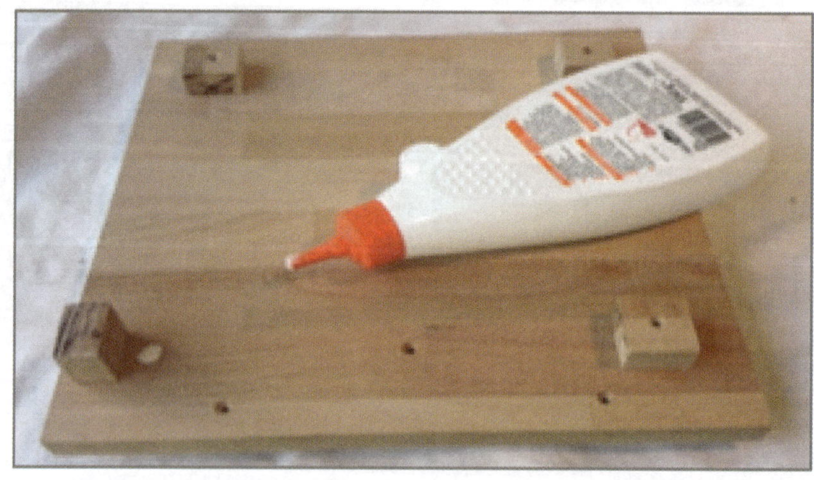

Step 5:

Das Herzstück, die Snaretraverse wird gebaut.

Bau Übersicht:

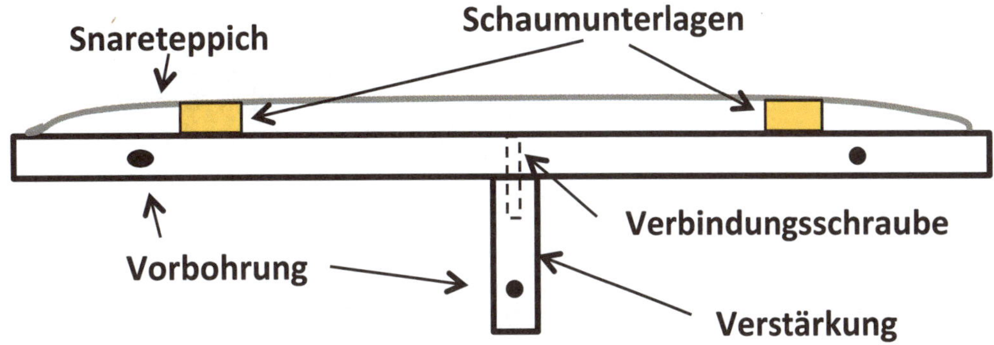

Schritt 1: In der Mitte der Snaretraverse wird ein Loch vorgebohrt. Durch dieses Loch wird nun die Verstärkung mittig an die Snaretraverse geschraubt und geklebt, wieder mit der gleichen Schraubengröße.

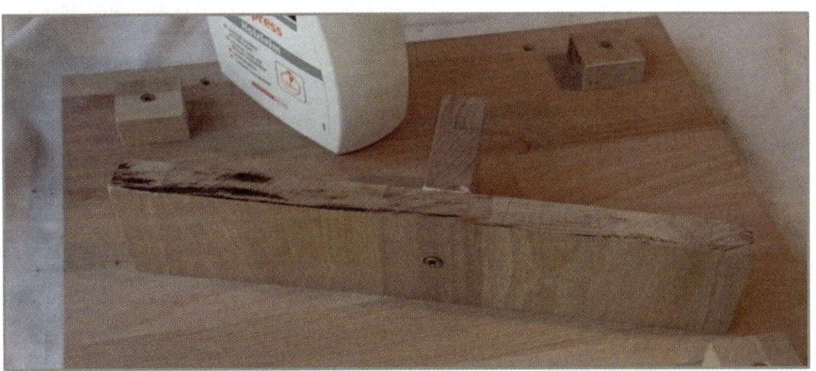

Schritt 2: Aus Schaumstoff schneidet ihr zwei 60 mm lange und ca. 10-15 mm hohe Böckchen aus. Diese können aus Putzschwämmen, alten Spülschwämmen etc... gewonnen werden.

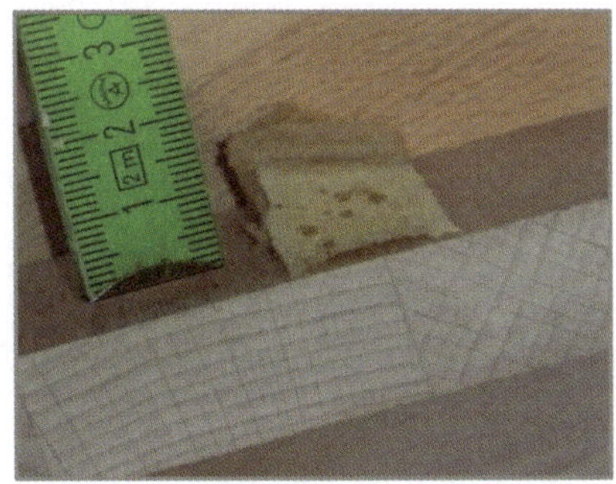

Schritt 3: Im Abstand von ca. 60 mm von außen werden diese mittels doppelseitigem Klebeband auf der Traverse festgeklebt.

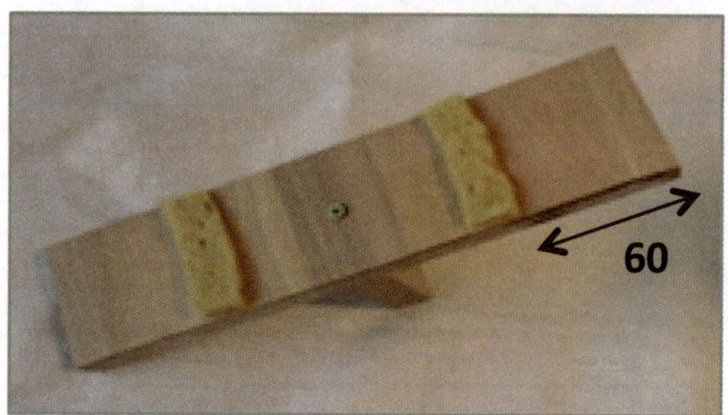

Schritt 4: Der Snareteppich wird mit vier 2,5x12 mm Spax-Schrauben unter Spannung auf die Traverse geschraubt.

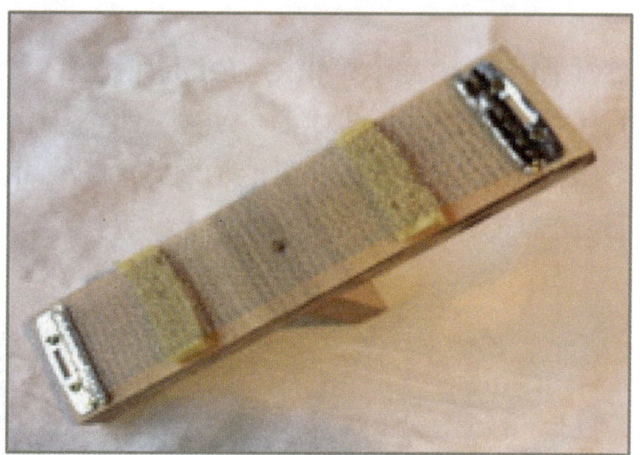

Schritt 5: Zum Abschluss werden nun die Vorbohrlöcher zur Befestigung **mittig** in die Hölzer der Traverse gebohrt.

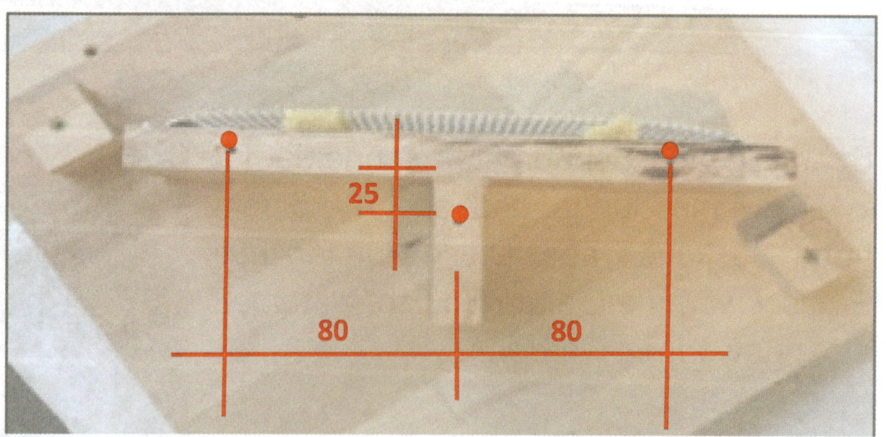

Step 6:

Die Snaretraverse kann als nun mit drei 3,5 x 30 mm Schrauben an den Boden arretiert werden. Hierzu verwende ich ebenfalls als Verstärkung ein wenig Leim.

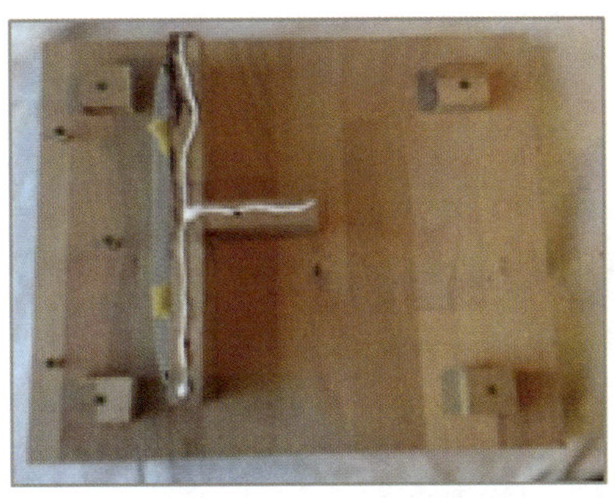

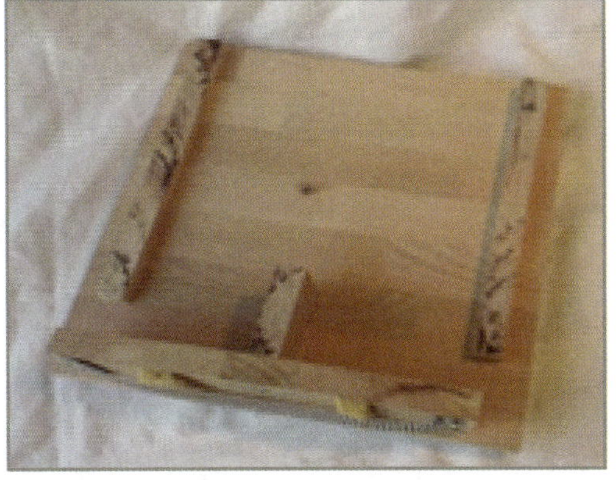

Step 7:

Die Hochzeit von Boden, Deckel und Seitenteilen.
Auf dem Boden- und Deckelteil wird nun großzügig an allen vier Kanten Leim verteilt.

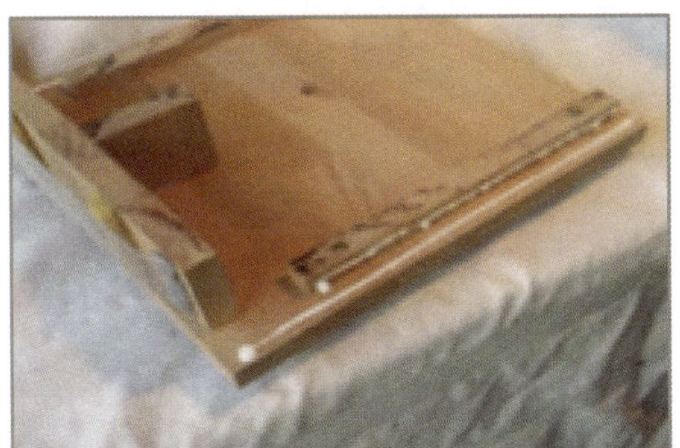

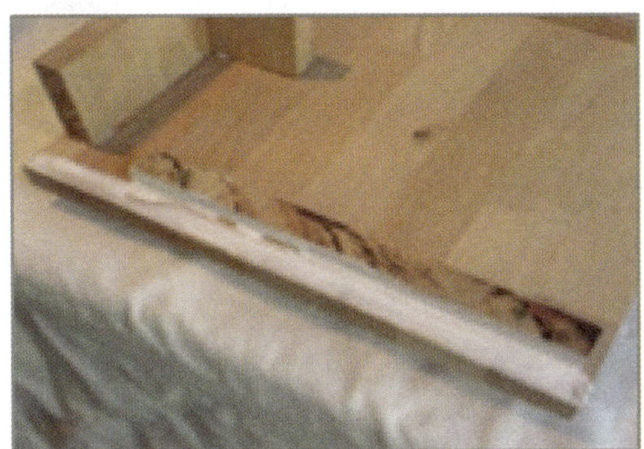

Step 8:

Mit Hilfe der Spanngurte wird der Korpus nun arretiert. Hierbei achtet bitte jetzt sehr genau darauf, dass die Bretter zueinander passen. An den markierten Ecken (siehe Bild) muss genau ausgerichtet werden und es darf nichts überstehen.

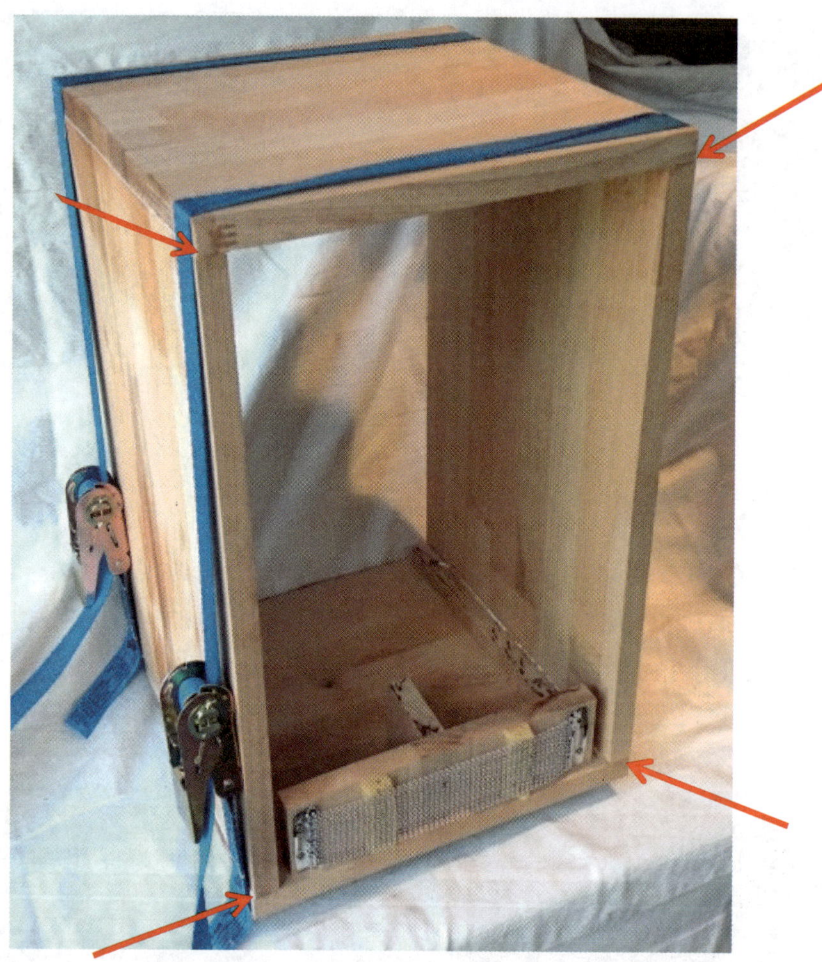

Solange der Leim noch feucht ist, können Reste des Leims einfach mit einem nassen Lappen entfernt werden.

Step 9:

Die Pappel-Schlagplatten werden zunächst auf das Cajonmaß des Korpus passgenau zurechtgesägt. Mit Hilfe der Spanngurte werden diese auf einem Tisch mit gerader Fläche auf die Schlagflächen gepresst.

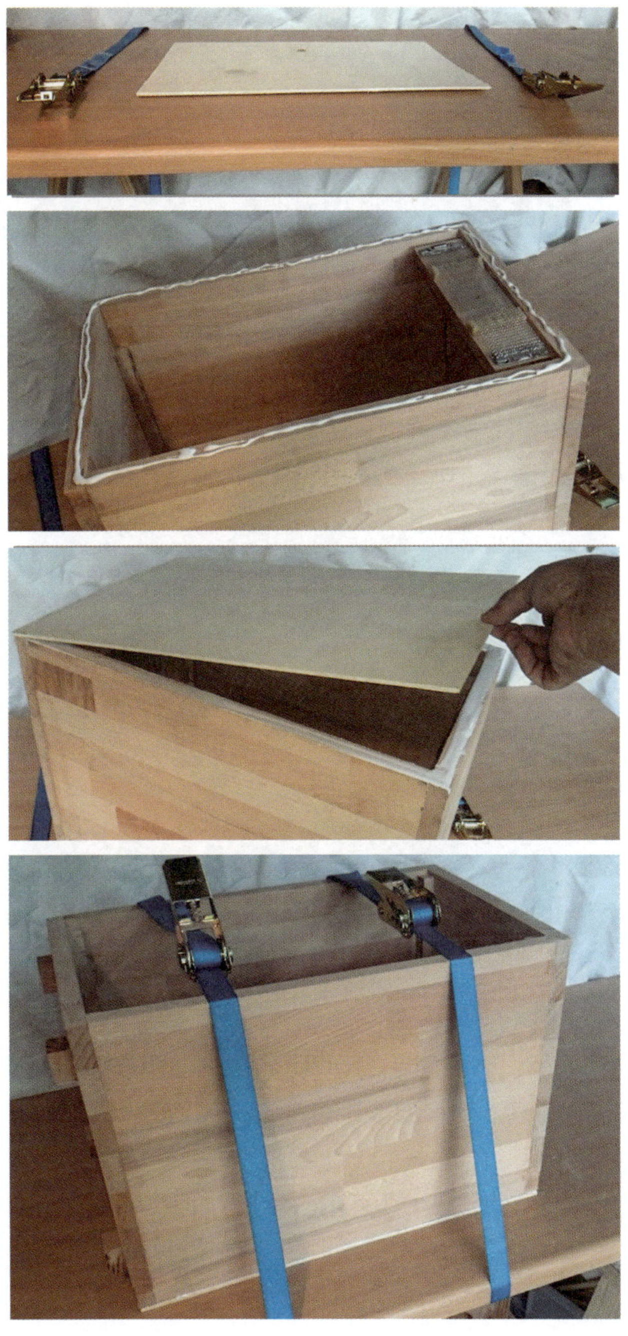

Step 10:

Die Rückwand wird auf die gleiche Weise fixiert.

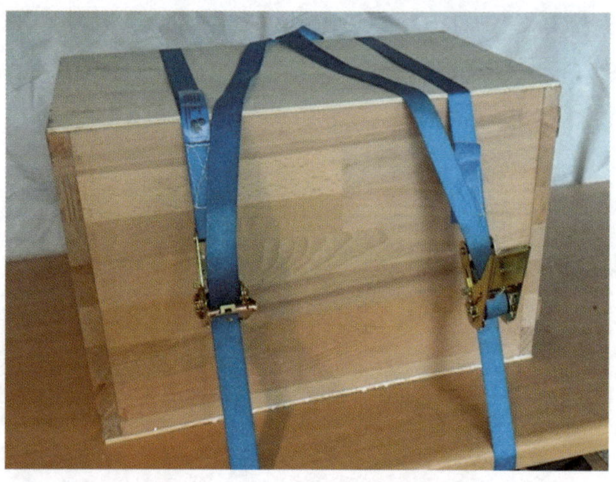

Step 11:

Das Schall-Loch wird mit Hilfe einer Stichsäge oder eines Lochbohrers in die Rückwand gesägt. Ein 120 mm Durchmesser hat sich hier bewährt. Als Schablone kann ganz prima jede handelsübliche CD verwendet werden.

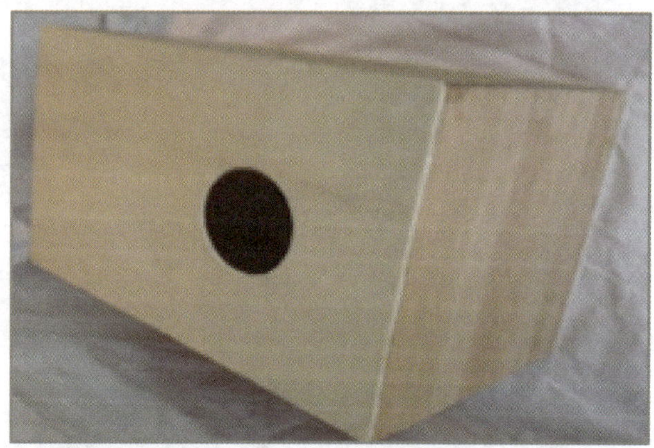

Ist der Leim vollständig getrocknet und das Loch gesägt, ist ab diesem Zeitpunkt die Cajon fertig und spielbereit.

Es folgen nun nur noch die Schleif- und Gestaltungsarbeiten.

Die Schlagflächen beizen

Eine immer gern verwendete Methode zur Verschönerung der Cajon ist das Beizen. In meinem Beispiel beize ich in Orange die Front- und Rückplatte.

Wichtig beim Beizen der Schlagplatten in separater Farbe ist, dass gebeizt wird, bevor die Kanten der Platten abgeschliffen werden. So sind die Übergänge nachher sauberer. Ich schleife die Oberflächen der Schlagplatten lediglich in 180er Körnung vor.

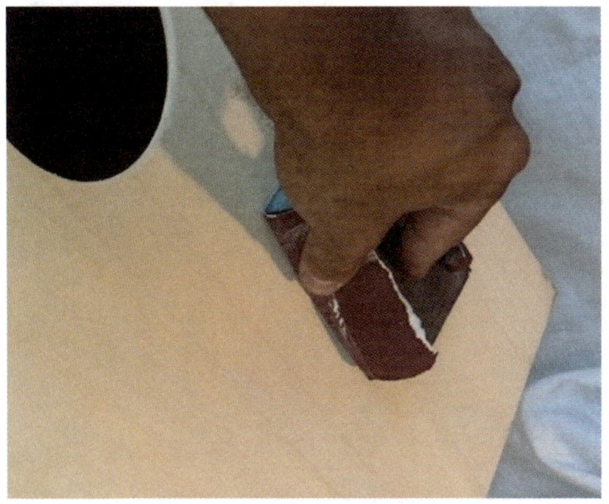

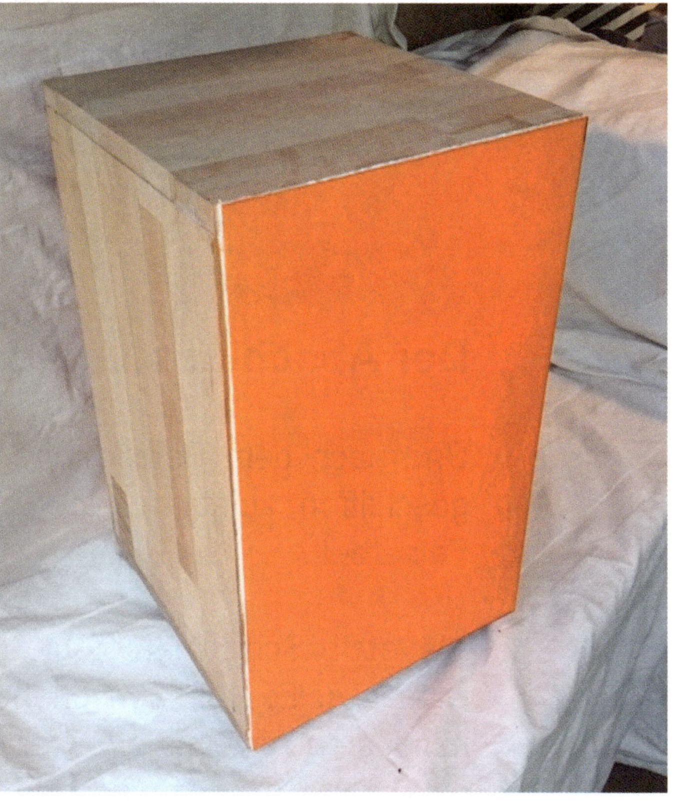

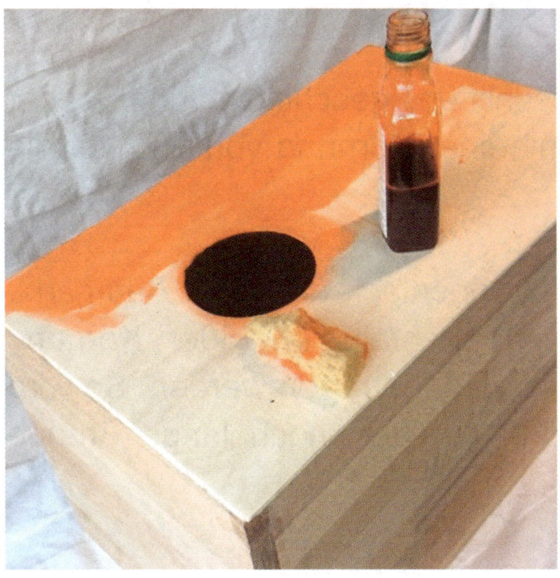

Die Kanten schleifen

Das Schleifen der Kanten und Ecken ist mit einem ganz normalen Schleifblock auch gut machbar. Eine Schleifmaschine ist für Workshopgeber ein Muss, eine Oberfräse erleichtern die Arbeit natürlich ungemein.
Je runder und gleichmäßiger die Kanten nacher abgefräst sind, desto schöner und professioneller die Cajon.

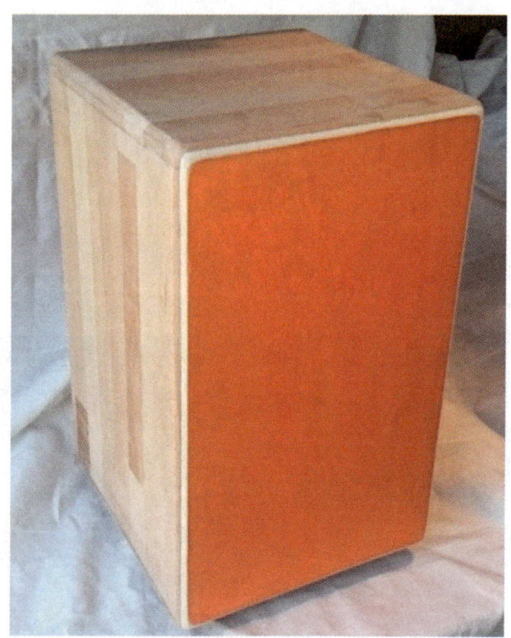

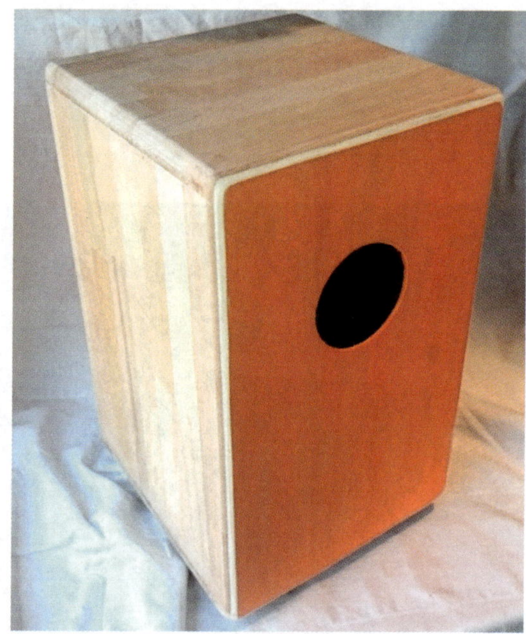

Der Abschluss und das Finish

Und nach dem Beizen wird geschliffen, geschliffen, und wieder geschliffen, zuletzt rundherum mit einer Körnung von 180, für die Feinarbeit.

Als letzte Schicht empfehle ich Treppenlack aus dem Baumarkt. Dieser sollte mit Zwischenschliff, ebenfalls in 180er Körnung mindestens zweimal, besser dreimal aufgetragen werden. So wird euch eure Cajon, wasserfest und putzbar, noch lange Freude bereiten.

Ich wünsche euch ganz, ganz viel Spaß mit eurer Kiste!

Notenvorlage 1

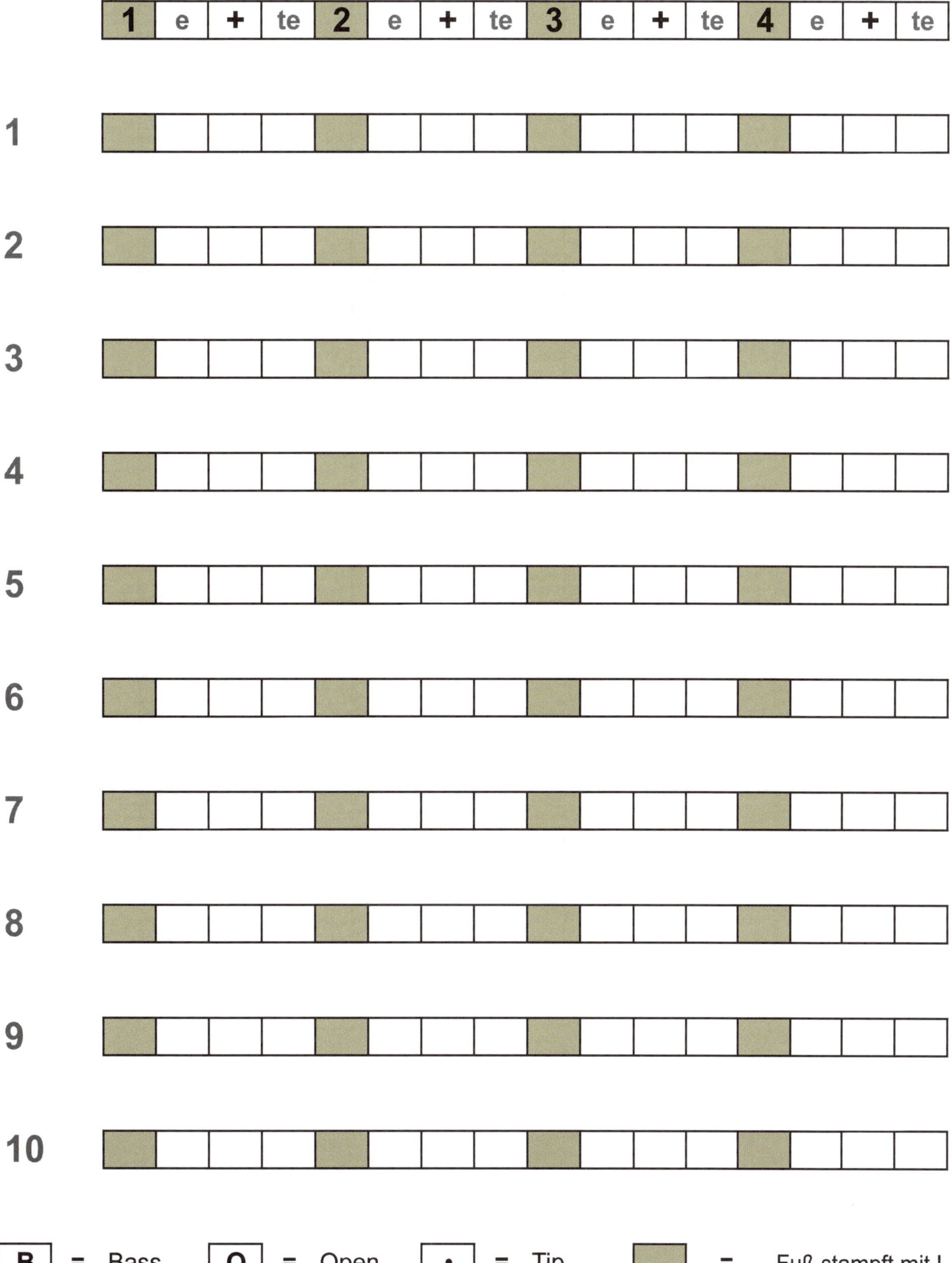

Notenvorlage 2

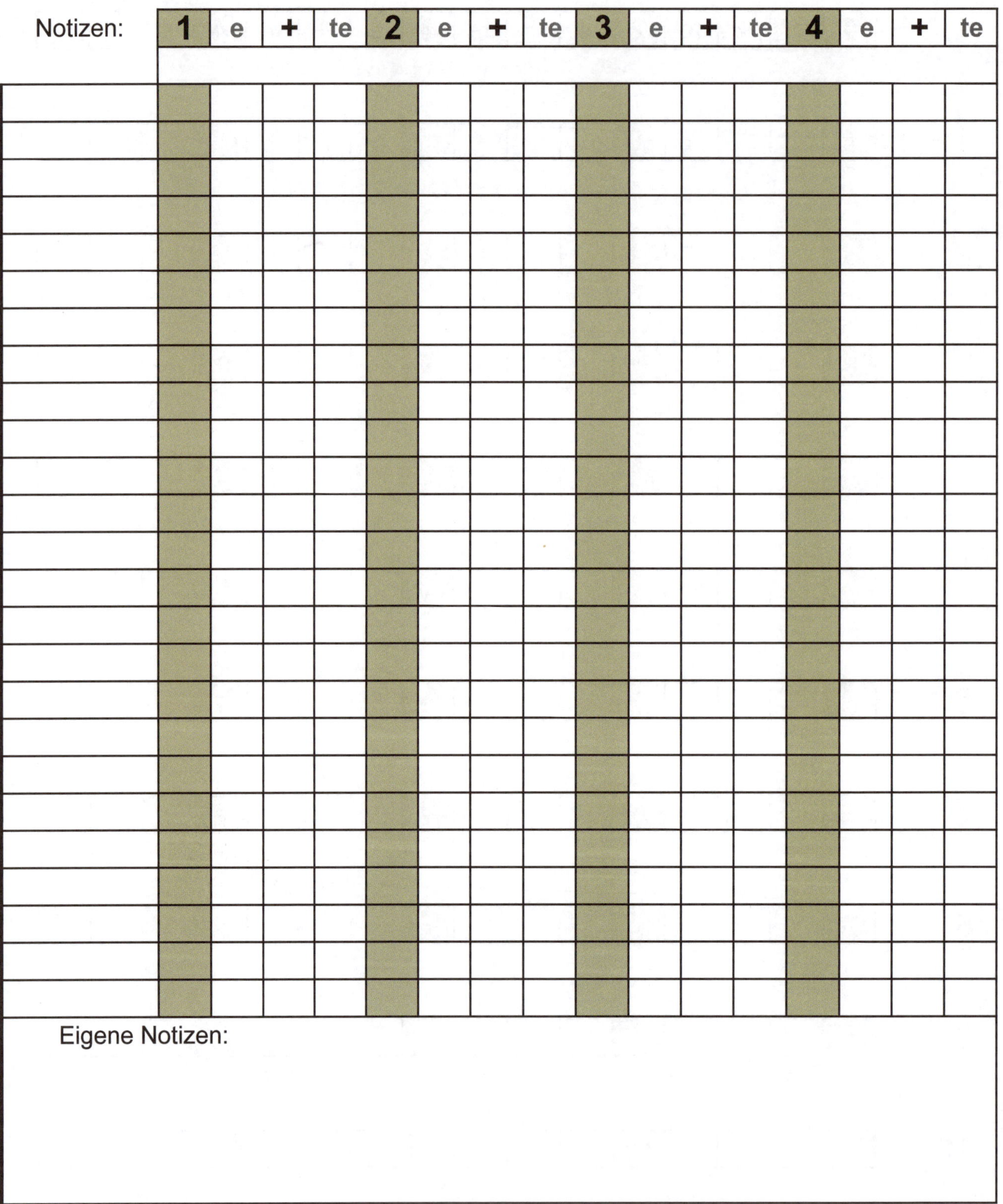

B = Bass **O** = Open **•** = Tip ▒ = Fuß stampft mit !

Leu-Verlag Drum- und Percussion-Lehrbücher und DVDs für den Musikunterricht

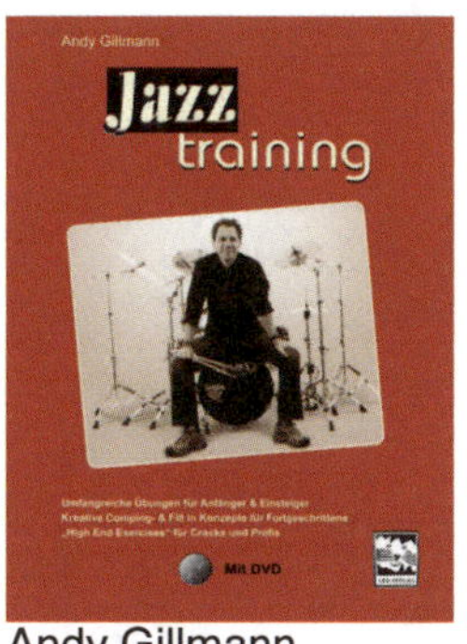

Andy Gillmann
Jazztraining, Buch mit DVD
Von der 1.Session zur Band: Basics, Swing, Fills+Grooves, Shuffle, Besen, 3/4 Swing, Jazzcharts, 3 Bassplayalongs, 7 Playalongsongs, Leseübungen. 192 Seiten incl. Hybrid-DVD plus Audioteil.
978-3-89775-123-1 38,-

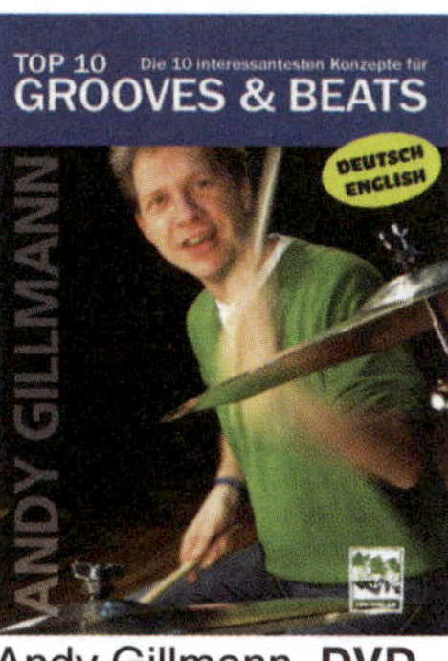

Andy Gillmann **DVD**
Top 10 Grooves & Beats
f. Anfänger/Fortgeschrittene: 8tel, 16tel, Rechte Hand, Ternäre Grooves, Paradiddles, Linear Phrasing, Ghostnote-Grooves, Bass-Drum-Technik, pdf-Notation zu den Kapiteln. 140 min. DVD 9 deutsch/engl.
978-3-89775-111-8 39,80

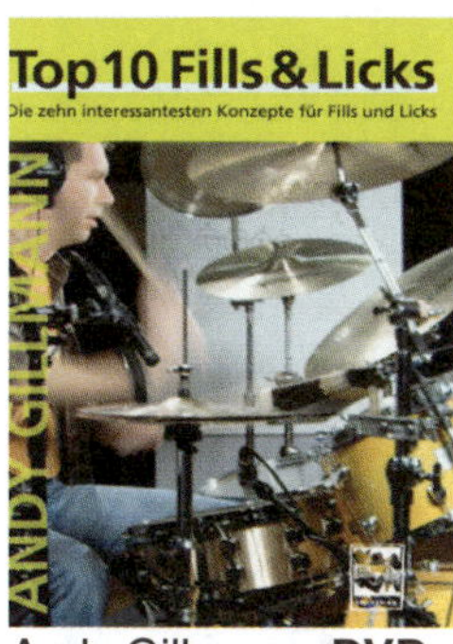

Andy Gillmann **DVD**
Top 10 Fills & Licks
f. Anfänger/Fortgeschrittene
Die besten Fills, aus denen sich eine Menge Licks entwickeln: Alle Stile/Tempi, ternär/ binär+pdf-Notation.
120 min. DVD + Bonus
978-3-89775-105-7 39,80

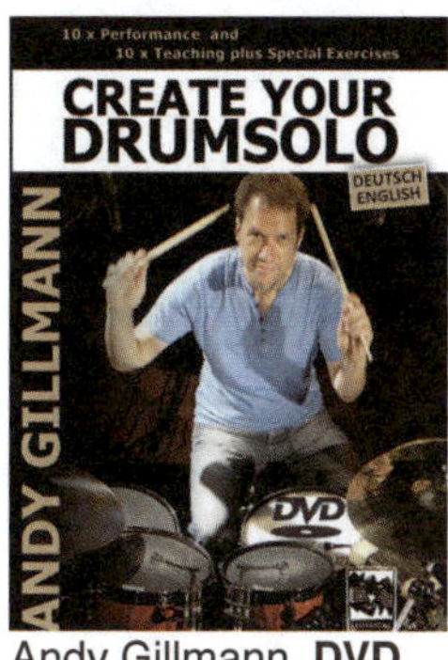

Andy Gillmann **DVD**
Create your Drumsolo
10 verschiedene Typen Soli, Diverse Übungen zu den Soli, Solo-Aufbau und Gestaltung, Four-Way Coordination und Polyrhytmik. Workout in drei Perspektiven. Noten E-book 200 min. DVD deutsch/engl.,
978-3-89775-141-5 39,80

Manni von Bohr **DVD**
Focus on Feet
DVD 1: Ultimative Fußtechnik für Anfänger, Fortgeschrittene und Profis
DVD 2: Beispiele mit Songs und Soloperformance
180 min. Deutsch mit engl. UT
978-3-89775-054-8 39,80

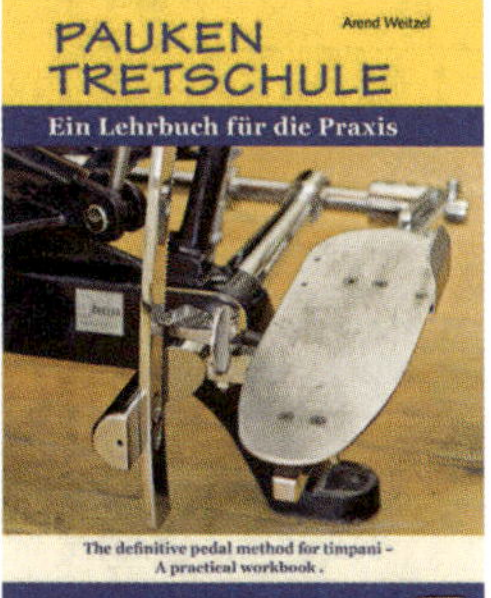

Arend Weitzel
Pauken Tretschule
Mit 56 praktische Übungen Aufstellung, Sitzposition, Einstellung der Tonanzeigen, Übungen für eine und für zwei Pauken, Umstimmstrategien. Geeignet für alle Pedalsysteme.
deutsch-englisch
40 Seiten, Farbabbildungen
978-3-89775-139-2 22,-

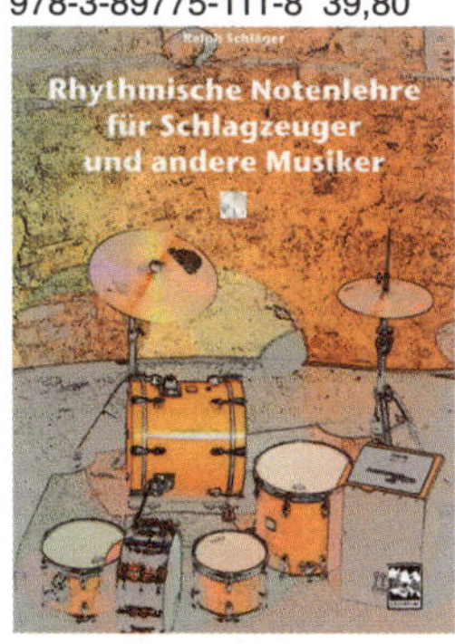

Ralph Schläger
Rhythmische Notenlehre
Für Schlagzeuger und Musiker Grundlage für solides Schlagzeugspiel. Stockhaltung, Schlagtechnik, rhythmische Notation, Souveränes Notenlesen, Rhythmisches Hören und Notenbild.
128 Seiten, incl. CD
978-3-89775-142-2 19,80

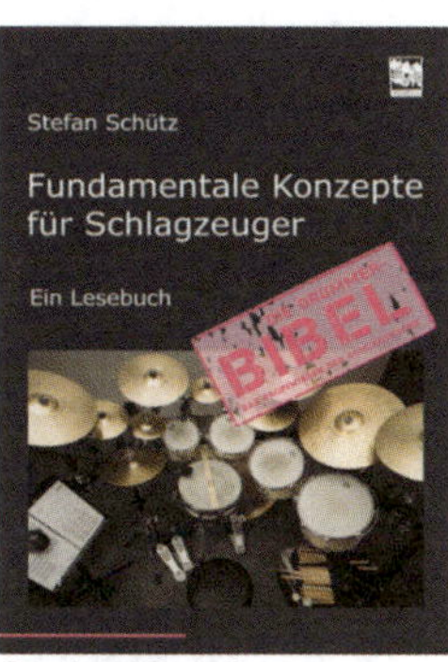

Stefan Schütz
Fundamentale Kozepte für Schlagzeuger 3. Auflage
Leitfaden für Schlagzeuger, Lehrer und Schüler zu den grundlegenden Fragen des Schlagzeugspielens und für bewussteres Spielen. 128 S.
978-3-89775-103-3 16,80
Ausgabe in Englisch :
978-3-89775-127-9 16,80

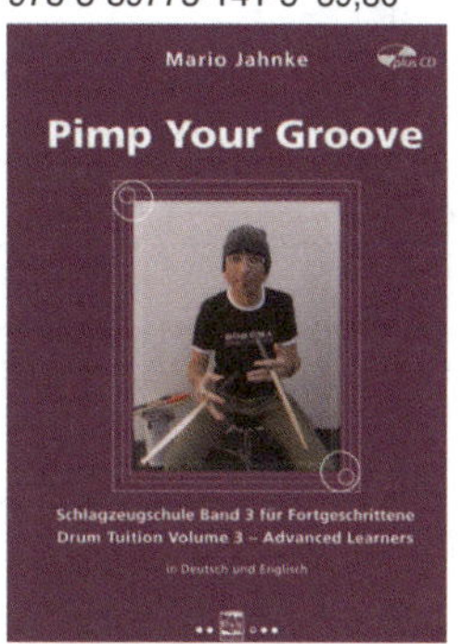

Mario Jahnke dt./engl.
Pimp Your Groove
High Level Spieltechniken, Unabhängigkeit, Virtuosität. Neues Vier-/Fünf-Wege Groovekonzept für eigene Groovebausteine.
108 Seiten, Spiralb. Mit CD.
978-3-89775-129-3 29,80

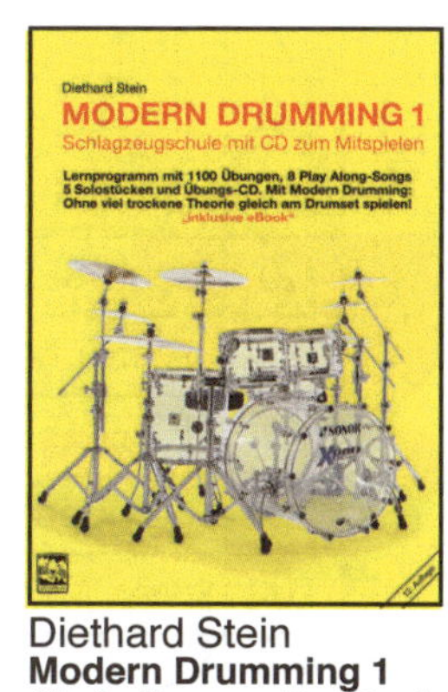

Diethard Stein
Modern Drumming 1
15. Auflage, mit e-Book
Das Lernprogramm mit 1100 Übungen, 8 Playalong Songs und 5 Solostücken.
176 Seiten incl. CD
978-3-928825-24-5 24,90
Ausgabe in Englisch:
978-3-89775-128-6 24,90

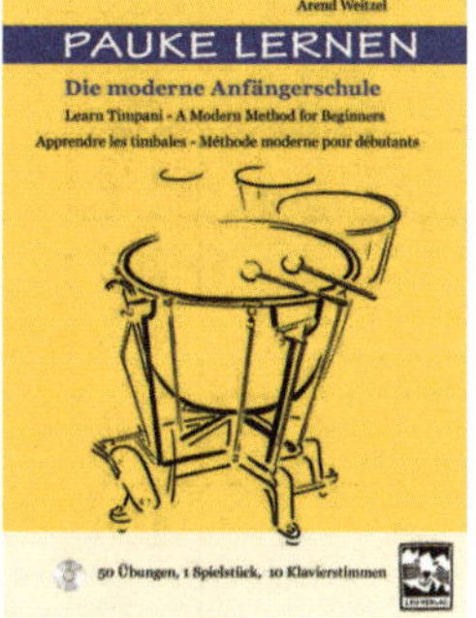

Arend Weitzel
Pauke lernen
Die moderne Anfängerschule. Ein didaktisch völlig neuartiges Schulwerk für Paukenanfänger mit 50 Übungen, 10 Klavierstimmen und 1 Spielstück.
48 Seiten + 24 Seiten, incl.CD
978-3-89775-132-3 19,80

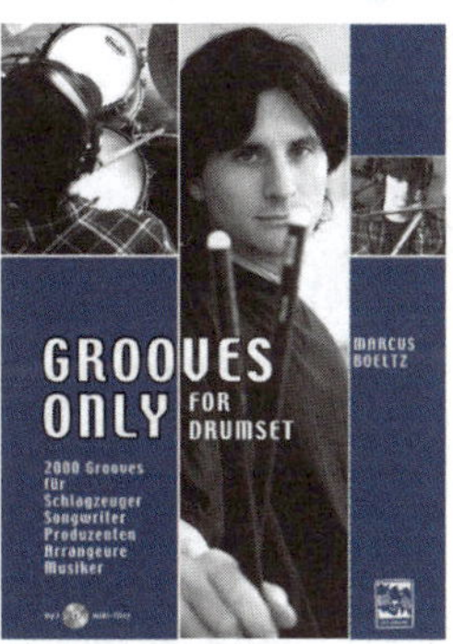

Marcus Boeltz
Grooves only
2000 Grooves für Drummer, Songwriter, Produzenten, Arrangeure, Musiker. Idealer Unterrichtsbegleiter und Fundus für passende Grooves. Copyrightfreie Audio/midifiles 216 Seiten incl. mp3-midi-CD
978-3-89775-134-7 29,80

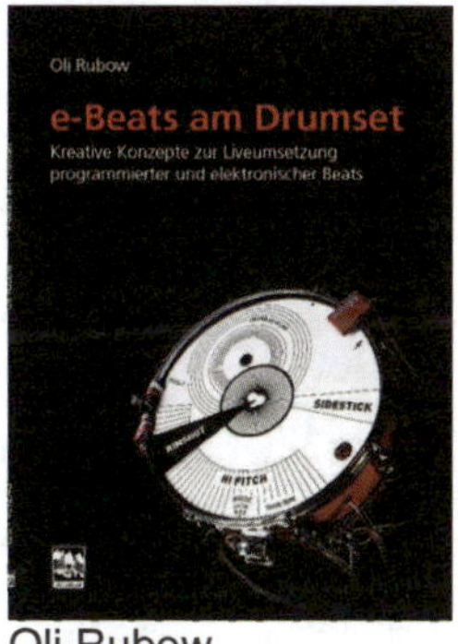

Oli Rubow
e-Beats am Drumset
Die Liveumsetzung programmierter u.elektronischer Beats. Styleguide für modernes Spiel. 99 Hörbeispiele, Notenbeisp. Fotos und 270 Plattentipps.
112 Seiten incl. CD
978-3-89775-092-0 24,90

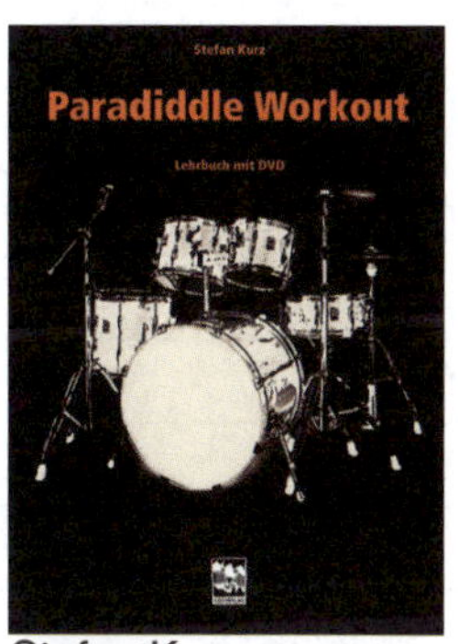

Stefan Kurz
Paradiddle Workout
Paradiddle Pattern, die mit Snareübungen beginnen und aufs Set übertragen werden. Die DVD zeigt die wichtigen Basiskonzepte detailliert.
168 Seiten incl. DVD
978-3-89775-153-8 24,80

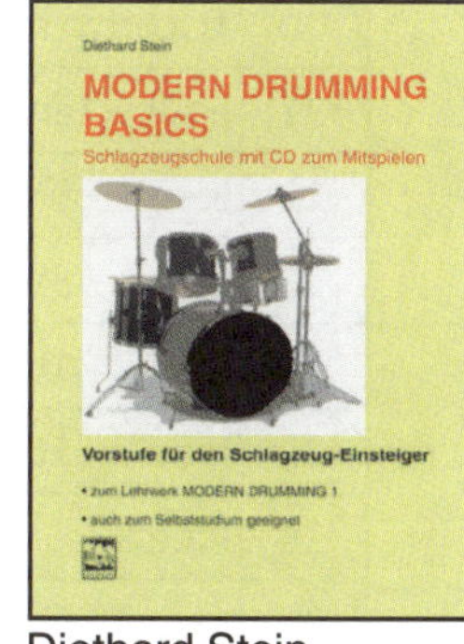

Diethard Stein
Modern Drumming Basics
Vorstufenlehrgang ab 8 Jahre mit vielen Übungen und fünf Playalong Songs.
192 Seiten incl. CD
978-3-89775-057-9 24,90

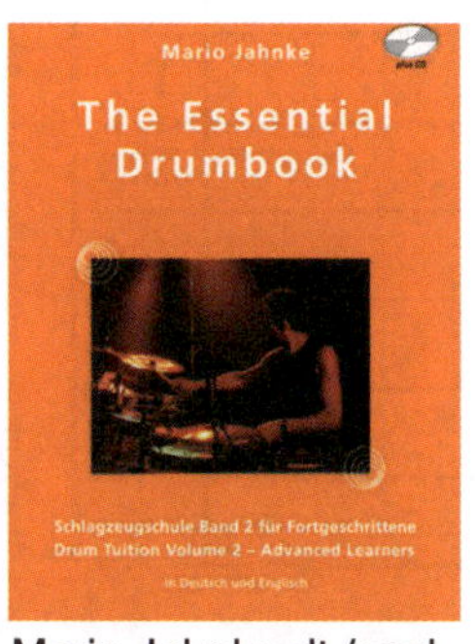

Mario Jahnke dt./engl.
The Essential Drumbook
128 Seiten, Spiralb. Mit CD.
978-3-89775-129-3 24,80

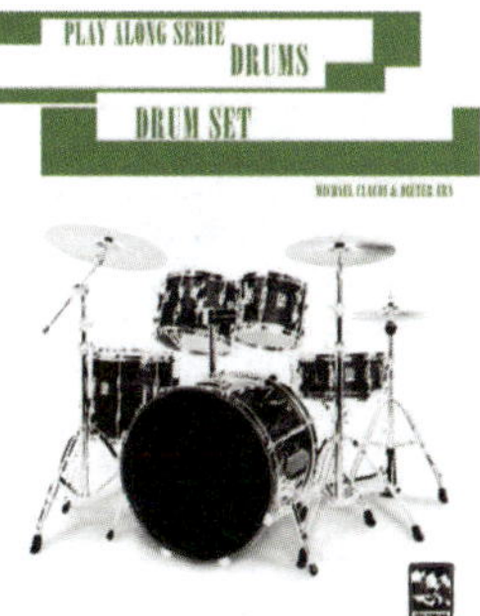

M. Claudi / Dieter Ern
Playalong Drumset mit CD
20 Stücke in allen Stilistiken
978-3-89775-117-0 19,80

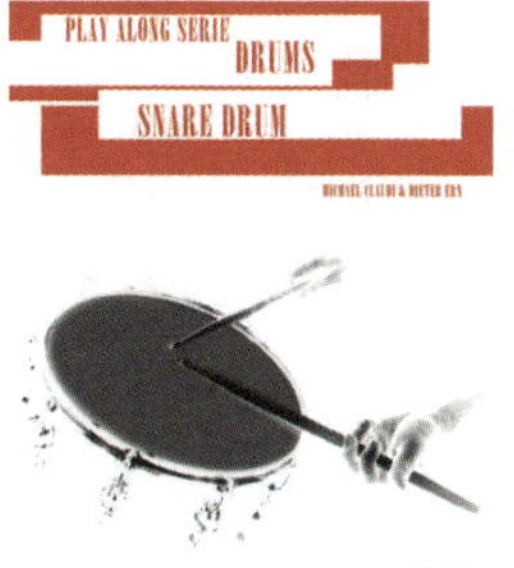

M. Claudi / Dieter Ern
Playalong Snaredrum mit CD
28 Stücke in allen Stilistiken
978-3-89775-086-9 19,80

Christoph Caskel
Snaredrum step by step
Kleinschrittiger Lehrgang für das Spiel nach Noten, das Schritt für Schritt sicherer werden und automatischer ablaufen soll. 132 Seiten
978-3-89775-089-0 14,80

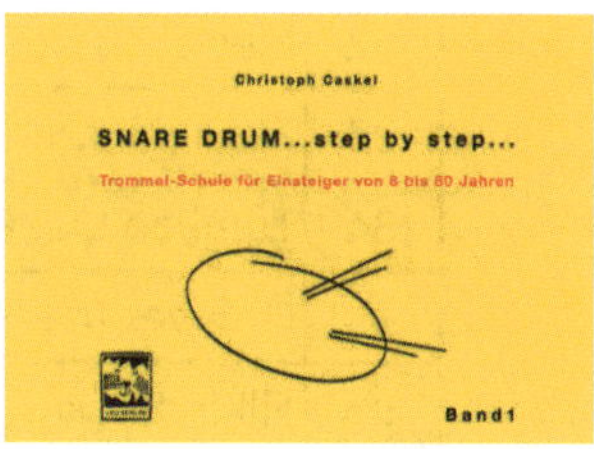

LEU-VERLAG
Kolpingstraße 5
86356 Neusäß
Tel. 0821-48043091
leuverlag@aol.com
www.leu-verlag.de

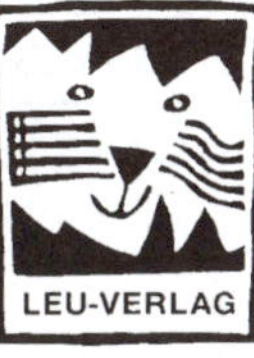

Cajon & Rhythm Basics

Track	Inhalt	Seite	Track	Inhalt	Seite
1	Cajon Mikrofonierung	16	39	Fill-In - Idee 3	87
2	Cajon Mikrofonierung 2	17	40	Kombination der Baukästen	88
3	Der Bass	21	41	Kombination der Baukästen	89
4	Der Open	23	42	Songaufbau Grundübung	92
5	Der Tip	25	43	Songs richtig zählen	93
6	Cajon Warm Up	27	44	16tel Bassvariationen	98
7	Cajon Warm Up 2	28	45	16tel Bassvariationen	99
8	Klatschübung Beat und Offbeat	32	46	16tel Open Variationen	103
9	Klatschübung Achtel	34	47	16tel Open Variationen	104
10	Klatschübung 16tel	35	48	16tel Open/Bass Variationen	105
11	Klatschübung kombiniert	37	49	16tel Open/Bass Variationen	106
12	Klatschübung kombiniert	38	50	Linear Drumming	107
13	Silben Rhythmen	44	51	Linear Drumming	108
14	Silben Rhythmen	45	52	Songbeispiele	109
15	Silben Rhythmen	46	53	Songbeispiele	110
16	Silben Rhythmen	47	54	Der Slap	112
17	Rhythmen lernen	51	55	Plena	114
18	Akzentübung	54	56	Samba	118
19	Akzentübung	55	57	Samba	119
20	Tischrhythmen auf Cajon	56	58	Tresillo	120
21	Baukasten Nettospielweise	60	59	Tresillo	121
22	Idee 1 - 8tel Spielweise	64	60	Cajon Duett komplett	123
23	Idee 1 - 8tel Spielweise	65	61	Cajon Duett nur Stimme 1	123
24	Idee 2 - 16tel Spielweise	66	62	Cajon Duett nur Stimme 2	123
25	Idee 2 - 16tel Spielweise	67	63	Dzigbo Trio	127
26	Idee 3 - Grooves mit Shaker	68	64	Dzigbo Trio mit Solo	128
27	Idee 3 - Grooves mit Shaker	69	65	Dzigbo Trio Solo Playalong	128
28	Idee 4 - Grooves mit Begleitung	71	66	Grooves mit Bongosounds	129
29	Idee 4 - Grooves mit Begleitung	72	67	Bongofun 1	130
30	Technik Bongosounds	73	68	Bongofun 2	131
31	Idee 5 - Grooves mit Tumbao	74	69	Son Clave	135
32	Idee 5 - Grooves mit Tumbao	75	70	Rumba Clave	136
33	Fussostinati	76	71	Bossa Clave	137
34	Tumbao und Fussostinati	78	72	Clave Improvisation	138
35	Grooves mit Fußbegleitung	79	73	Soundbeispiel Cupboard Cajon	140
36	Fill-In Baukasten Beispiel	82			
37	Fill-In - Idee 1	85		Bonustrack	
38	Fill-In - Idee 2	86	74	Soundbeispiel Vinodrum	11